INSPIRE MAGIC

魔法講盟

兩岸知識服務領航家
開啟智慧變現的斜槓志業

"

別人有方法，我們有您無法想像的魔法，
別人談如果，我們可以保證讓您有結果，
別人有大樓，我們有替您建構 IP 的大師！
助您將知識變現，創造獨特價值，

知識的落差就是財富的落差，魔法講盟將趨勢和新知融合相乘，
結合培訓界三大顯學：激勵 · 能力 · 人脈
只為幫助每個人享有財務自由、時間自由和富足的心靈！

Business & You · 區塊鏈 · WWDB642 · 密室逃脫 · 創業/阿米巴經營
公眾演說 · 講師培訓 · 出書出版 · 自動賺錢機器 · 八大名師 · 無敵談判
網路/社群營銷 · 真永是真讀書會 · 大咖聚 · MSIR · 春翫 · 秋研 · 冬

創造高倍數斜槓槓桿，讓財富自動流進來！

魔法講盟 專業賦能，
賦予您 5 大超強利基！
助您將知識變現，
生命就此翻轉！

Beloning
　　Becoming

1 輔導弟子與學員們與大咖對接，斜槓創業以被動收入財務自由，打造屬於自己的自動賺錢機器。

2 培育弟子與學員們成為國際級講師，在大、中、小型舞台上公眾演說，實現理想或開課銷講。

3 協助弟子與學員們成為兩岸的暢銷書作家，用自己的書建構專業形象與權威地位。

4 助您找到人生新方向，建構屬於您自己的 π 型人生，實現指數型躍遷，「真永是真」是也。

5 台灣最強區塊鏈培訓體系：國際級證照＋賦能應用＋創新商業模式。

魔法講盟是您成功人生的最佳跳板！邀您共享智慧饗宴 只要做對決定，您的人生從此不一樣！

唯有第一名與第一名合作，才可以發揮更大的影響力，
如果您擁有世界第一‧華人第一‧亞洲第一‧台灣第一的課程，
歡迎您與行銷第一的我們合作。

學會將賺錢系統化，
過著有錢又有閒的自由人

打造自動
賺錢機器
斜槓創業
ES → BI

保證賺大錢！跳晉複業人生！
數位實體雙贏，改寫你的財富未來式！

您的賺錢機器可以是……

讓一切流程自動化、系統化，

在本薪與兼差之餘，還能有其他現金自動流進來！

您的賺錢機器更可以是……

投資大腦，善用費曼式、晴天式學習法，

把知識變現，產生智能型收入，讓您的人生開外掛！

打造自動賺錢機器

全方位課程，滿足您的多元需求！

開啟多重收入模式，打造自動賺錢金流。

教您如何打造系統、為您解鎖創富之秘，推銷是加法、行銷是乘法、贏利模式是次方！讓您花跟別人相同的時間，賺進十倍速的收入！

$ 五日行銷戰鬥營

～三種行銷必勝絕學＋接 建 初 追 轉 完銷系統

- ▶ 2021 期 11/13 六 、11/14 日 ▶▶ 上課地點：新店矽谷
  11/20 六 、11/21 日 、11/27 六 ▶▶ 上課地點：中和魔法教室
- ▶ 2022 期 5/14 六 、5/15 日 ▶▶ 上課地點：新店矽谷
  5/21 六 、5/22 日 、5/28 六 ▶▶ 上課地點：中和魔法教室

$ MSIR 多元收入培訓

- ▶ 每年 12 月的每個星期二 14:30 ～ 20:30

$ 營銷魔法學

- ▶ 每月的第一個星期二 14:00 ～ 17:30

$ 十倍速自動賺錢系統

- ▶ 每年 2、5、8、11 月的第一個星期二 14:00 ～ 17:30

24 小時全自動幫您贏利，啟動複業人生，創造水庫型收入流！

報名或了解更多、2023 年日程請掃碼查詢或撥打真人客服專線

（02）8245-8318 或上官網　新·絲·路·網·路·書·店　silkbook●com　www.silkbook.co

魔法講盟

公眾演說
A⁺ to A⁺⁺
國際級講師培訓

收人 / 收錢 / 收心 / 收魂

培育弟子與學員們成為國際級講師，
在大、中、小型舞台上公眾演說，
一對多銷講實現理想！

面對瞬時萬變的未來，
您的競爭力在哪裡？
你想展現專業力、擴大影響力，
成為能影響別人生命的講師嗎？
學會以課導客，讓您的影響力、收入翻倍！

我們將透過完整的「公眾演說班」與「國際級講師培訓班」培訓您，教您怎麼開口講，更教您如何上台不怯場，讓您在短時間抓住公眾演說的撇步，好的演說有公式可以套用，就算你是素人，也能站在群眾面前自信滿滿地侃侃而談。透過完整的講師訓練系統培養開課、授課、招生等管理能力，系統化課程與實務演練，把您當成世界級講師來培訓，讓您完全脫胎換骨成為一名超級演說家，晉級 A 咖中的 A 咖！

為您揭開成為紅牌講師的終極之秘！
不用再羨慕別人多金又受歡迎了！

從現在開始，替人生創造更多的斜槓，擁有不一樣的精彩！

國際級講師　Speaker

兩岸授課　Teaching

提供舞台　Stage

實戰指導　Coach

演說技巧　Technique

雙重保證，讓你花同樣的時間卻產生數倍以上的效果！

保證 ▶ 成為專業級講師

　　「公眾演說班」培訓您鍛鍊出自在表達的「演說力」，把客戶的人、心、魂，錢都收進來。「講師培訓班」教您成為講師必備的開課、招生絕學，與以「課」導「客」的成交撇步！一邊分享知識、經驗、技巧，助您有效提升業績；另一方面讓個人、公司、品牌、產品快速打開知名度，以擴大影響半徑並創造更多合作機會！

★──○ **公眾演說班**
2021 年 9/4 六、9/5 日、9/25 六、9/26 日
2022 年 9/17 六、9/18 日、9/24 六、9/25 日

★──○ **講師培訓班**
2021 年 12/11 六、12/12 日、12/18 六
2022 年 12/10 六、12/11 日、12/17 六

保證 ▶ 有舞台

　　在「公眾演說班」與「講師培訓班」的雙重培訓下，獲得系統化專業指導後，一定不能錯過「八大名師暨華人百強講師評選 PK 大賽」，成績及格進入決賽且績優者，將獲頒「亞洲百強講師」尊榮；參加總決賽的選手，可與魔法講盟合作，將安排至兩岸授課，賺取講師超高收入，擁有舞台發揮和教學收入的實際結果，是您成為授證講師最佳的跳板！決賽前三名更可登上亞洲八大名師＆世界華人八大明師的國際舞台，一躍成為國際級大師！

★──○ **八大名師暨華人百強講師評選 PK 大賽**
2021 場 3/23 二
2022 場 3/8 二

★──○ **亞洲八大名師大會**
2021 場 6/19 六、6/20 日
2022 場 6/18 六、6/19 日

★──○ **世界八大明師大會**
2021 場 7/24 六、7/25 日
上課地點：新店矽谷

報名或了解更多、2022、2023 年日程請掃碼查詢或
撥打真人客服專線 (02) 8245-8318 或上官網 新絲路網路書店 silkbook ○ com www.silkbook.com

史上最強 寫書&出版實務班

全國最強 **4** 天培訓班，
見證人人出書的奇蹟。

素人崛起，從出書開始！
讓您借書揚名，建立個人品牌，
晉升專業人士，
帶來源源不絕的財富。

　　由出版界傳奇締造者、超級暢銷書作家王晴天及多位知名出版社社長聯合主持，親自傳授您寫書、出書、打造暢銷書佈局人生的不敗秘辛！教您如何企劃一本書、如何撰寫一本書、如何出版一本書、如何行銷一本書。

- 理論知識
- 實戰教學
- 個別指導諮詢
- 保證出書

P 企劃

P 出版

W 寫作

M 行銷

當名片式微，
出書取代名片才是王道！！

《改變人生的首要方
法～出一本書》▶▶▶

新絲路視頻5
**改變人生的
10個方法**
5-1寫一本書

想成為某領域的權威或名人？出書就是正解！

透過「出書」，能迅速提升影響力，建立「專家形象」。在競爭激烈的現代，「出書」是建立「專家形象」的最快捷徑。

國內首創出版一條龍式的統包課程：從發想一本書的內容到發行行銷，不談理論，直接從實務經驗累積專業能力！鑽石級的專業講師，傳授寫書、出版的相關課題，還有陣容堅強的輔導團隊，以及坊間絕無僅有的出書保證，上完四天的課程，絕對讓您對出書有全新的體悟，並保證您能順利出書！

書的面子與裡子，全部教給你！

★出版社不說的暢銷作家方程式★

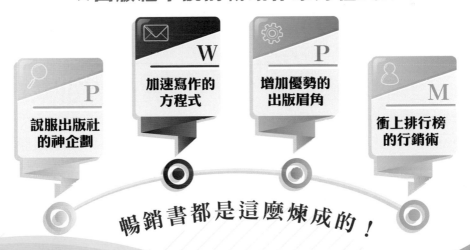

P 說服出版社的神企劃

W 加速寫作的方程式

P 增加優勢的出版眉角

M 衝上排行榜的行銷術

暢銷書都是這麼煉成的！

保證出書！您還在等什麼？

寫書&出版實務班

2021 場 8/14 六、8/15 日、8/21 六、10/23 六
2022 場 8/13 六、8/14 日、8/20 六、10/29 六

報名或了解更多、2023 年日程請掃碼查詢 或撥打真人客服專線
(02) 8245-8318 或上官網 silkbook●com 新‧絲‧路‧網‧路‧書‧店 www.silkbook.com

全球華人圈最偉大的高端演講
Knowledge Feast Lecture
真理指引の知識服務

真永是真

真・真讀書會

～真讀書會來了!!解你的知識焦慮症

　　原來你參加的讀書會都是假的!?在這個訊息爆炸，人們的吸收能力遠不及知識產生速度的年代，你是否苦於書海浩瀚如煙，常常不知從哪裡入手？王晴天大師以其三十年的人生體驗與感悟，帶您一次讀通、讀透上千本書籍，透過「真永是真・真讀書會」解決您「沒時間讀書」、「讀完就忘」、「抓不到重點」的困擾。在大師的引導下，上千本書的知識點全都融入到每一場演講裡，讓您不僅能「獲取知識」，更「引發思考」，進而「做出改變」；如果您想體驗有別於導讀會形式的讀書會，歡迎來參加**「真永是真・真讀書會」**，真智慧也！

真永是真，讓您獲得不斷前進的原動力，
找到人生的方向並建構兀型人生！

華人圈最高端的講演式讀書會
真永是真・真讀書會

助你破除思維盲點、讓知識成為力量,提升自我軟實力!

邀您一同追求真理 · 分享智慧 · 慧聚財富!

🕐 **時間 ▶** **2021 亞洲八大場 06/19（六）13:00 ～ 16:00**
2021 專場 11/06（六）13:30 ～ 21:00
2022 專場 11/05（六）13:30 ～ 21:00
2023 專場 11/04（六）13:30 ～ 21:00

📍 **地點 ▶** 新店台北矽谷國際會議中心
（新北市新店區北新路三段 223 號捷運 🚇 大坪林站）

報名或了解更多、2024 年以後日程請掃碼查詢或撥打真人客服專線
(02) 8245-8318 或上官網 新・絲・路・網・路・書・店 silkbook○com www.silkbook.com

> ❝ 一次取得永久參與「真永是真」頂級知識饗宴貴賓級禮遇,為
> 您開啟終身學習之旅,明智開悟,更能活用知識、活出見識! ❞

★持有「真永是真 VVIP 無限卡」
者可永久參加真永是真高端演講相關
活動,享受尊榮級禮遇並入座
VIP 貴賓席。

保證永久
有效

掃碼購買
立即擁有 ▶

國際級證照＋賦能應用＋創新商業模式

2020 年「斜槓」一詞非常火紅，邁入 2021 年之後您是否有想過要斜槓哪個項目呢？區塊鏈絕對是首選，在 2021 年比特幣頻頻創歷史新高，各個國家發展的趨勢、企業應用都是朝向區塊鏈，LinkedIn 研究 2021 年最搶手技術人才排行，「區塊鏈」空降榜首，區塊鏈人才更是在人力市場中稀缺的資源。

魔法講盟 為因應市場需求早在 2017 年即開辦區塊鏈國際證照班，培養區塊鏈人才已達數千位，對接的資源也已觸及台灣、大陸、馬來西亞、新加坡、香港等國家。是唯一在台灣上課就可以取得中國大陸與東盟官方認證的機構，取得證照後就可以至中國大陸及亞洲各地授課＆接案，並可大幅增強自己的競爭力與大半徑的人脈圈！

由國際級專家教練主持，即學・即賺・即領證！

區塊鏈國際證照班 2021年 4/17（六）、4/18（日） ▶ 9:00 起
地點：中和魔法教室

01 我們一起創業吧！

為什麼有的人創業成功賺大錢，有的人創業賠掉畢生積蓄還負債累累？你知道創業是有步驟、有方法、有公式、可借力嗎？創業絕對不是有錢、有技術、有市場等就可以成功的，「我們一起創業吧」課程將深度剖析創業的秘密，結合區塊鏈改變產業的趨勢，為各行業賦能，提前布局與準備，帶領你朝向創業成功之路邁進，實地體驗區塊鏈相關操作及落地應用面，創造無限商機！

★每月第三、四週星期五晚 ▶ 18:00~20:30 地點：中和魔法教室

02 區塊鏈講師班

區塊鏈為史上最新興的產業，對於講師的需求量目前是很大的，加上區塊鏈賦能傳統企業的案例隨著新冠肺炎疫情而爆增，對於區塊鏈培訓相關的講師需求大增。魔法講盟擁有兩岸培訓市場，對於大陸區塊鏈的市場更是無法想像的大，只要你擁有區塊鏈相關證照及專業，魔法講盟將提供你國際講師舞台，讓你區塊鏈講師的專業發光發熱，更有實質可觀的收入。

03 區塊鏈技術班

目前擁有區塊鏈開發技術的專業人員，平均年薪都破百萬，在中國許多企業更高達兩三百萬台幣的年薪，目前全世界發展區塊鏈最火的就是中國大陸了，區塊鏈專利最多的國家也是中國，魔法講盟與中國火鏈科技合作，特聘中國前騰訊的技術人員來授課，將打造您成為區塊鏈程式開發的專業人才，讓你在市場上擁有絕對超強的競爭力。

04 區塊鏈顧問班

區塊鏈賦能傳統企業目前已經有許多成功的案例，目前最缺乏的就是導入區塊鏈前後時的顧問！顧問是一個職稱，對某些範疇知識有專業程度的認識，他們可以提供顧問服務，例如法律顧問、政治顧問、投資顧問、國策顧問、地產顧問等。魔法講盟即可培養您成為區塊鏈顧問。

05 數字資產規畫班

世界目前因應老年化的到來，資產配置規劃尤為重要，傳統的規劃都必須有沉重的稅賦問題，工欲善其事，必先利其器，由於數字貨幣世代的到來，透過數字貨幣規劃將資產安全、免稅（目前）、便利的將資產轉移至下一代或他處將是未來趨勢。

以上開課日程請掃碼查詢或撥打真人客服專線 (02) 8245-8318
或上官網 新·絲·路·網·路·書·店 silkbook ○ com www.silkbook.com

自媒體營銷術
——魔法影音行銷班

讓您用影片吸引全球注目，
一支手機，創造百萬收入！

**不容錯過的
超級影片行銷**

**一支手機製作
吸睛影片的魔法**

將訊息轉化成立體的故
事，手把手教您影片製
作，一步一步在旁指導。

學費特價 $ **1680**

魔法抖音班

抖音平台經營、腳本企
劃、影片拍攝與製作。
15秒說故事，快速分享。

學費特價 $ **6980**

**自媒體流量變現
魔法二日完整班**

YouTube& 抖音雙平台
經營、腳本企劃、影片
拍攝與製作與數據分析。
結合講師培訓經營線上
課程立馬可成！

學費特價 $ **13800**

贈 講師培訓三日
完整班 +PK

➔自營線上課程

近年，社交網絡已徹底融入我們的日常之中，
相信沒有人不知道 Facebook、YouTube、
Instagram……等社交網絡。

社群媒體的崛起，無疑加速了影音行銷的發展，不只
是其互動頻率遠遠超過文字與圖像的傳播，更縮短了
人與人之間的距離。全球瘋「影音」，精彩的影片正
是快速打造個人舞台最好的方式。

- 動態的東西比靜態的更容易吸引目標受眾的眼球。
- 比起自己閱讀，聆聽更方便理解內容。
- 使用畫面上或聲音上的變化和配合，影片更能抓住
  目標受眾的心情。

行動流量強勢崛起，影片行銷當道，
現在就拿起手機拍影片，打造個人 IP，
跟上影音浪潮，從被動觀看到積極行動，
用影片行銷讓您更上層樓！超乎預期！

一支手機，就讓全世界看到您！

開課日期及詳細授課資訊，請掃描 QR Code，或上
silkbook.com 查詢，亦可撥打客服專線 (02)8245-8318。

新・絲・路・網・路・書・店
silkbook●com　https://www.

氣場

吸引力倍增的關鍵五力

The Power of Charisma

亞洲八大名師首席　**王晴天**　著

修練氣場，改變命運

　　生活中，我們經常被這樣一種人所吸引，他們沒有出眾的面孔、沒有搶眼的服飾、更沒有怪異誇張的舉止，卻能在群眾中鶴立雞群、特別與眾不同。他們精神奕奕、神態自若，充滿自信又謙遜低調，端莊優雅又不失親和自然，專注內斂而不乏活力與熱情，彷彿整個人被耀眼的光環圍繞著，這些人無論走到哪裡，周遭的人都會不得不將目光朝向他，被他們的個人魅力所折服和吸引，那為什麼這些人能有這樣神奇的魔力呢？這是因為他們四周散發著強大的氣場，形成一股巨大的吸引力，以致被它影響。

　　什麼是氣場？心理學家曾對此作出解釋，說明氣場其實是一種感覺，某人帶給他人的感覺；人際專家也提出一個說法，認為氣場是影響力。人的氣場，是一種環繞在身體周圍的能量場，以人的身體為中心，由內而外地向各個方向發散開來。

　　簡單來說，氣場就是你給別人的感覺，性格、氣質、情緒、目的、精神面貌、心理狀態等，都會經由氣場傳遞給別人。馬克思・韋伯曾提出領導的三種模型，分別是傳統型、法理型與魅力型。魅力型領導來自於領導者個人的超凡魅力（Charisma），包括個人的強烈信念，足以感染並帶動群眾情緒。他們通常具有某種獨特的個人特質，有取悅他人的親和力，

也有撼動他人的領導力，更懂得以幽默感來作為人際交往的潤滑劑，藉由視覺、聽覺……等感染眾人，這就是氣場的影響力在作用。

每個人都有自己的氣場，但氣場的大小人各有別，氣場強大者能讓這種能量延綿數千里，掌控自己和影響周遭的人們和環境；而氣場薄弱者，只能讓這種能量浮在身體外表，容易被外界影響和操控。因此，氣場強大的人，較易於掌控自己和局勢，也更容易成功。

氣場是一個人的性格氣質和價值觀所綜合表現出來的能量，有令人傾慕的，也有令人厭惡的。氣場是一個人與世界進行能量交換產生的結果，一個人的氣場是內心的精神世界和生命經歷的體現，那些擁有強大氣場的人，也是在一連串的經歷中，積極地感悟、總結、改變，才得以修練成今日受人矚目的自己。

每個人的氣場都不一樣，一個人若待人無私、沒有想攻擊他人的心思，那這個人的氣場就是親和的；一個人若隨時保持歡喜心，那他散發出來的氣場便是歡喜的。人人都希望自己可以擁有強大的氣場，但這不是能輕易做到的事，它是一個循序漸進的過程，需要在經歷、思考與感悟中慢慢沉澱，氣場沒有最大，只有更大，所以我們的氣場，需要花費一生的時間來修練。

在整個過程中，如果我們能由內而外地進行自我修練，讓自己的心靈不斷豐富起來，不斷加強自己的實力，意志更為堅定，不斷體現更高的個人價值，那我們就能實現一個又一個優秀而與眾不同的自己，形成獨特鮮明且不斷加強的氣場和魅力。

當然，強大氣場的感受者是生活周遭的人，所以我們可以透過氣場的

影響力來成就自己，融入集體和人群、擁有良好的社交能力、建立優質的人脈網，讓自身氣場被別人接受和感知，展現它的影響力。

鑒於此，本書分別從獨特力、淡定力、閃光力、吸引力、說服力等五力，向大家闡述修練強大氣場的方法，指導大家如何在現實生活的各環節中完善自我、擴大氣場。

特別值得一提的是，本書以符合性格和心理特點加以規劃，可視為實用型指導用書，沒有晦澀難懂的概念和看似有效卻琢磨不透的內容，從日常生活的各方面出發，教導讀者如何在點滴生活中，透過學習和練習來發展個人氣場，建立個人魅力、成就輝煌人生，其可讀性和參考性極高。

最後，祝願就讀此書的讀者們都能挖掘自己最有潛質的一面，找到自己最有特點的面向，同時克服自身不足之處，修練出強大且獨一無二的個人氣場。

LESSON 1

獨特力──
氣場讓你獨一無二

LESSON
2

淡定力──
氣場使你內心強大

LESSON
3

閃光力——
氣場讓你渾身是電

LESSON
4

吸引力──
氣場讓你備受矚目

LESSON
5
說服力──
氣場讓他人對你心悅誠服

獨特力

氣場讓你獨一無二

The Power of Charisma

氣場是生命的象徵,是人體周圍看似無形卻又確實存在的光環。氣場帶有很強的個性化因素,因為每一個人都有自己獨特的氣場,所以培養氣場不是模仿,而是挖掘已有的優勢,調節出最有益於自己的氣場,並不斷加強它。找出屬於你的獨特氣場,讓自己散發不同凡響的魅力吧!

1 什麼是氣場？

　　就像是在一千人眼中有一千種哈姆雷特一樣，不同的人對氣場會有不同的解釋。如果你問什麼是氣場，心理學家會告訴你氣場就是感覺、第一印象，人際專家則會說氣場就是影響力。

　　氣場是一種巨大的能力，它會帶來很多你意想不到的力量，大家通常不會互相分享，也和你我的專業能力無關。但在職場打滾、歷練過幾年的人都知道，這種抽象的印象——「氣場」，往往是至關重要的，會直接影響主管、同事乃至客戶對你的評價以及平時的態度。

　　在這裡，我們以國家元首在國際場合的會面為例，看看這意想不到的力量是如何發揮作用的。西方社會普遍以握手來表示友善、禮貌與信任，但其實握手隱含著許多學問，其方式與力度，都是一種心理暗示與「過招」，筆者以時任法國總統馬克宏及美國總統川普的「握手事件」為例，讀者們便能窺知一二。

　　馬克宏和川普會面，兩人首次握手時，馬克宏握得非常用力，一直到川普掙脫他的手為止，記者甚至拍到川普的手有些許白色的印子，可見其力道之大。這裡的心理暗示為：「你不要小看我，我是決心堅定且氣場強大的人。」川普掙脫他的手，在握手中佔了下風——他沒有料到馬克宏會有這樣的表現，但也瞬間明白馬克宏想強調「自己不是可以隨意欺侮的人」。

所以當他們再次握手時，川普也握得十分用力，而這次換馬克宏掙脫了。川普不甘示弱地向馬克宏暗示：「我才是老大，我的氣場比你更強，我是『一定要贏回來、絕不認輸』的人！」

國際外交詭譎多變，過招通常在一瞬之間。為什麼川普在第二次握手時，必須將氣勢贏回來不可？因為他明白第一印象將影響潛意識，進而影響人們的「理性思考」與決策判斷，但大多數人通常不自覺。

川普在第一次握手時因為「失算」而小小出糗，他判斷這會影響到自己的國際形象，甚至影響其他歐洲領袖對他的「評價」，所以即便可能造成場面尷尬，他也一定要將氣勢扳回來，在握手時討回上風。

那無形、抽象的氣場究竟是什麼呢？

▶ 氣場即是人體的能量場

氣場是圍繞在我們周圍的巨大磁場，它吸收了你成長中的一切，包括你的外貌、性格、學識、修養、專業、品味、成長環境、家庭背景等，經過各種方式的變化組合後，形成一種獨特的能量。

氣場的能量以各種形態附著在我們身上，不管你能否看得到或是感覺得到，它都是真實存在的。

氣場能對你產生影響，同樣的，你的氣場也會在你所接觸的人或物留下印記。舉例來說，如果你從小就有自己的房間，那你對這間房間的感覺，一定與你父母或兄弟姊妹的臥房感覺不一樣。

許多人只要換床就無法安睡，那是因為陌生的床上沒有他們熟悉的能量。孩子在哭鬧的時候，要想安撫他們可不是件容易的事情，但如果拿他

經常使用的毯子或常玩的玩具，孩子會很快平靜下來，因為毯子或玩具上留有孩子氣場的印記。

☑ **提綱挈領**

- 我們的身體是生成氣場的基礎，身體會吸收如光、音波、濕氣、化學成分等自然形式的能量，然後將這些能量加以融合，產生情感、表現、工作等，各種日常生活中的行為和狀態。

- 氣場具有一定的磁性和能力，它附著在我們身體周圍，但是你也應該知道，氣場不是永恆存在的，如若死亡，氣場也會隨著身體的消亡而消失。

- 在一般情況下，我們看不到氣場的存在；但在某些情況下，我們可以感覺到，甚至看到氣場。

- 氣場會視情況產生變化，當我們清醒和興奮的時候，氣場會向外擴張；當我們睡著或生病的時候，氣場則是向內收縮。

- 氣場還會因為心中想法、感受的不同而改變形狀和顏色。

★ 氣場是一種吸引力

氣場也是一種強大的內在吸引力，擁有強大氣場的人不需要特別表現，便可以在人群中顯示自己的與眾不同，更不會去在意他人的目光，且越是如此，他們越容易吸引別人的注目。筆者跟各位分享一個案例便能明白。

筆者有名學員婉婷，她是個很出色的女孩，有才華又很聰明，能力相當不錯，但她的求職運卻不太好。她在一間小公司做著助理的工作，大家

都覺得這是大材小用，她也不明白自己的工作運為什麼會這麼差。

論能力，她確實不錯，可惜身上缺少氣場，無論在哪兒都容易被人忽略，是個被傳統教育薰陶得相當乏味又保守的人。氣場說穿了就是一種吸引力，有氣場的人自然很難平庸。

因此，成功者大多善於運用自己的氣場，懂得利用氣場感染別人，使自身形成強大的吸引力，舉手投足皆充滿魅力，透過氣場傳染到每個人，形成強大的蝴蝶效應，將個人散發出的能量放大數倍。

好比戴爾初創立公司時，曾連續三個月發不出工資，但儘管公司經營嚴峻，底下的員工仍跟著他共同奮鬥，只因戴爾自帶強大氣場，無論成功還是失敗，他都能以氣場來感染團隊，而團隊所形成的強大氣場又間接感染客戶，使公司有越來越多死忠客戶，營運狀況也日益好轉。

對一個成功者來說，必須先有氣場才會成功。試想，一個對自己沒什麼信心的人創業，身上一點氣場能量都沒有，你對他的事業肯定不看好，怎麼可能跟他合作，更別提要感染團隊了。有的人跟著一個團隊做事，不管成功還失敗，不管多麼辛苦，他仍會因為跟隨的這個人身上有著強大的氣場，而忠心追隨他。

心理學大師拿破崙・希爾有句名言：「真正的領導力來自讓人欽佩的人格。」這個人格就是強大的氣場，若按人格心理學家奧爾波特的界定，人格或個性是指「決定人的獨特行為和思想的個人內部的身心系統的動力組織。」

也就是說，人格是個體與他人區別開來的精神素質或獨特心理特徵，它由動機、需求、信仰、價值觀和能力、氣質、性格等要素構成。其中能力是直接影響人的活動效率，使活動順利完成的個性心理特徵，它是人格

構成要素，是人格的支撐，可以彰顯一個人的個性。

所以，我們必須創造出一種獨特的風格，把其他人吸引到你身邊，凝聚在你周圍，營造一個充滿活力、充滿人情味，且可信賴的氛圍。

★ 如何觀察氣場

經由前文的描述，相信讀者現在對氣場一定非常感興趣。其實我們可以透過練習觀察到氣場，趕緊試試看吧！

1 觀察自己的氣場

第一步，筆者先教大家如何觀察自己的氣場。

▶ 處於有微弱光線的環境中，該地方必須有一面空白的牆及一張白色紙板，紙板要大到可以將兩隻手都放在上面。

▶ 接下來，盡可能地放鬆精神，不要緊張。

▶ 伸出一隻手，與身體保持 30 至 50 公分的距離，另一隻手拿著白色紙板，放在伸出那隻手的下方，手會在白紙板的映襯下突顯出來。

▶ 把手平放在白紙板上，並將視線集中在之間，保持這個狀態半分鐘，觀察紙板上的影子，注意影子顏色，即使它們轉瞬即逝。

▶ 將雙手同時伸出，掌心對著自己，與眼睛同高，雙手之間保持約 8 到 10 公分的距離，此時你需要站在一面空白的牆壁前面。

▶ 將視線集中在手的輪廓邊緣，然後聚焦在整個白紙板，視線在兩手之間游移，將視線集中在手指邊緣或兩手之間，保持半分鐘，然後放鬆，再把視線

聚焦在雙手和周圍的區域。這個時候，你一定要注意觀察雙手的輪廓如何在牆上形成，不斷重複這一過程，雙手的氣場便會顯示出來。

▶ 你每次觀察到的結果不一定相同，可能是一片包圍著雙手的影子，也可能是一種顏色，甚至是徐徐上升的蒸氣。剛開始，你所觀察到的氣場並不明顯，隨著練習的深入，你就可以觀察到氣場的形狀和顏色。

2 觀察別人的氣場

觀察到自己的氣場後，你是否對別人的氣場也充滿好奇呢？接下來，讓我們來看看如何觀察別人的氣場吧！

▶ 你同樣需要一個光線微弱的環境和一面空白的牆壁，與你的朋友面對面，保持 2.4～3 公尺的距離，可以坐著也可以站著，但一定要能看到對方全身，包括頭和腳，以及身後的白牆。

▶ 把視線集中在對方的額頭上，從額頭開始，讓視線以順時針的方向在他身上轉幾圈，速度要盡可能快。

▶ 把視線重新集中到額頭上，保持這個狀態 15 至 30 秒。

▶ 將視線擴散到朋友身體和他周圍的白色區域，這時你可以看到他周圍的氣場。如果看不到的話，請重複以上步驟，直到氣場出現為止。

氣場並不神秘，它是可以感覺到，甚至看得到的。氣場是一種能量，強大的氣場能夠感染、帶動周圍人的情緒。有氣場的人就像一個發光體，大家會不自覺地把注意力聚焦到他身上，在名人或企業家身上通常都可以輕易看到強大的氣場。

氣場，決定你的命運

　　為什麼越來越多人重視氣場？為什麼越來越多人希望改變自己的氣場？因為氣場可以決定我們的命運。

　　你或許對此半信半疑，但這絕對不是故弄玄虛！美國第一心靈勵志大師菲爾博士就曾利用氣場，成功改變很多人的命運，在此與讀者分享一則真實案例。

　　蒙婭是哈佛大學的新生，18 歲的她應該正處於人生中最美好的階段，但事實並非如此。一次失戀的苦痛，讓她連大學都不想讀了。

　　菲爾博士在幫助蒙婭找回原先的狀態時，先弄清楚她所遇到的困難，了解她的性格、思維方式、處理問題慣用的方法和世界觀，然後向蒙婭提出了四點建議。

　　第一，改換穿樸素但有個性的衣服，而不是盲目地追求流行、標新立異。把自己打扮得花枝招展，並無法引起他人的注意。

　　第二，找到並且認識自己的氣場：妳應該是溫文爾雅、知書達禮的，而不該是性感、浮躁的。外在形象一定要符合自己的內在氣質，否則就會給他人帶來格格不入、不倫不類、小孩穿大人衣的感覺。

　　第三，以前的妳為了引起男人的注意，會故意大聲說話，這一點其實很不好，因為這不僅無法引起男人的興趣，反而會讓他們覺得反感。

　　第四，不可能所有人都喜歡妳，對於那些不友善的人，妳不用感到惶

恐不安，只要俯視他們，把自己視為高高在上的女王，做好自己即可。

　　經過一段時間的信心重建，蒙婭就像做了一次變身手術，那個曾經因受到傷害，而自卑不已的可憐女孩不見了，取而代之的是渾身散發著迷人氣息的女孩。她變了！從一隻沒沒無聞的醜小鴨，變成萬眾矚目的白天鵝。

　　氣場的魅力就在於此，它會在不知不覺中改變命運，讓你華麗變身。

　　你是否曾有過這樣的經驗，懶洋洋地走進公司打卡上班，想著如何找機會摸魚，趴在辦公桌上小瞇一下，因為昨晚和朋友狂歡了一整夜。但一踏進辦公室便發覺自己無法這樣做，因為其他同事都充滿幹勁、活力十足地在工作，他們比你早到半小時，已進入一種拼命向前衝的工作狀態，一看到你進辦公室就說：「早安，快過來看看這個設計，你覺得如何？」

　　我相信你當下肯定就像被澆了一盆冷水，完全清醒了！馬上變得像他們一樣精神抖擻，融入團隊那積極的氣場中！可見氣場的力量有多麼驚人，無論是積極還是消極的氣場，它都會改造人！

☆ 氣場決定你的吸引力

　　不論男人還是女人，都希望自己能吸引大家的目光，而這種吸引力，很大程度上來自於你的氣場。

　　藉由培養氣質讓自己成為有吸引力的人，比用服裝和打扮來美化自己的人所塑造出來的氣場更強大且持久。前者的氣場使你顯得高貴，後者雖然也能增強氣場，但相形下卻顯得空虛，那我們該怎麼做，才能確實培養自己的吸引力呢？

☑ 提綱挈領

- 接受自己，每個人在性格和外貌方面都有與生俱來的特點，因此我們要學會接受自己現在的樣子，只有這樣，我們才懂得利用自身特點提升吸引力。

- 關心、信任別人。熱情與關懷是最有吸引力的氣質！如果你能真誠地關心和信任別人，那別人也會被你融化，進而喜歡你。例如，發現同事臉色不對，及時關切對方是否不舒服或發生什麼狀況。

- 不論何時何地，一個意氣風發、充滿自信的人，總能在第一時間引起他人注意，所以要隨時為自己加入自信的能量。

- 幽默的人永遠比古板的人受歡迎。

- 在他人面前賣弄小聰明會讓人厭惡。

- 適時展露真性情會帶給他人可親的印象。

- 與人交往時，要心胸開朗，不因為一點小事就大動肝火、斤斤計較，更不能在公共場合弄得大家下不了台。

- 與人交往要一視同仁，不能因為自己的境遇優於他人，便顯露出不耐煩或看不起別人的樣子。反之，不要因為自己的境遇不好而過分自卑，落落大方、不卑不亢的態度才更平易近人。

▶ 氣場決定你的領導力

在一群人當中，你覺得誰的氣場最強大？答案是有決斷力的那個人，也就是群體中的領袖。擁有領導力、領袖特質，你的氣場便會強於他人。以下向大家介紹幾種領導方式，讓你在培養領導力過程中更具方向性。

1▶ 願景式的領導

願景式的領導方式最適合擁有目標的團隊，作為團隊領導，你要鼓勵底下的人朝著共同目標前進，願景式的領導重點在於目標為何，而非決定具體的前進方式，這樣底下的人才能充分發揮自己的能力。

2▶ 輔導式的領導

輔導式領導是「一對一」的重點培養，你可以協助成員把個人目標和團隊目標結合起來。值得注意的是，這種領導方式適用於積極主動的員工，如果你把這種領導方式細化為婆媽式的管教，反而會將員工束縛住，打擊他們的自信心。

3▶ 親和式的領導

這種領導方式強調團隊合作的重要性，它把人與人聯繫起來，形成一個團結互助的團體。如果你的團隊需要提高士氣或修復破損的信任關係，這種領導方式是不錯的選擇，但要特別注意，若過分強調或依靠團隊的力量，反而會讓個人績效降低。

4▶ 民主式的領導

這種領導方式會先樹立一種實現目標的共同意志，然後充分發揮團隊的知識和技能，適用於前進方向不明確的團隊，需要眾人集思廣益的情況。

5 標竿式的領導

這類的領導者通常會制定出很高的標準，讓整體績效更快、更好，並要求大家都必須達到這個標準。但這樣的方式應謹慎使用，因為它可能會打擊士氣，讓被領導者產生挫敗感。

要想成為團隊中的領導，散發令人折服的領袖魅力，就要適時根據實際情況，選擇最恰當、最合宜的領導方式。

▶ 氣場決定你的影響力

現實生活中，我們經常會發現這樣一個現象：有的人具有強大的影響力，周遭的人常常被其所影響。舉個簡單的例子，在辯論賽中，辯論雙方互持對立觀點，但結果總會是一方被加以說服，其實這是雙方「影響力」較勁下的結果，影響力強大的人，氣場自然也強大。

我們來看看該如何培養自己的影響力吧！

☑ 提綱挈領

- ↪ 培養影響力的前提是一定要有真本事，如果你沒有真材實料，那麼影響力也無從談起。一個人在看到他人優勢的同時，也要看到自己的亮點，挖掘自己的優勢，增強自己的長處，讓自己好上加好，盡力強化核心競爭力，這樣才能在激烈的競爭中立於不敗之地。

- ↪ 要想增強自己的影響力，必須勤奮。俗話說「勤能補拙」，一個人如果不勤奮，即使有再優異的外在環境加持，也不會有什麼驚人的

成就。要知道，天上不會無故掉餡餅，時間花在哪裡，成就就在哪裡，只有勤奮的人才會迎來成功，成為世人的榜樣，影響更多的人。如果你想成就非凡，就要穩紮穩打，一步一腳印，任何投機取巧的行為都會減緩成功的速度。

- 好心態的影響力是最美好的。具有良好心態的人，生活裡充滿了陽光，會給周圍的人帶來歡笑，能吸引眾人靠近，擁有更多朋友。倘若你消極悲觀，消極的影響力大於周圍人積極的影響力時，你將會影響周圍人的心情，久而有之，大家也會疏離你。

- 用良好的人品影響他人。做事之前，我們要先學會做人，好的人品會給人留下好的印象，也會替自己帶來良好的人際關係。試問有誰會不喜歡與品性良好的人交朋友呢？

- 做事要力求公平、公正、不徇私。不論是工作還是生活，我們都應該做到公平、公正，在做決定的時候不偏袒，這樣才能得到人們的擁護，領導者跟長者尤其要拿捏好。

- 要想讓自己足以影響他人，需多多學習，只有學識和經驗豐富了，你在看待問題、分析問題和解決問題的時候，才能更深刻、全面，也更有說服力，讓旁人不自覺地以你的意見為意見。

想想看？

　　成功人士的氣場永遠是積極、讓人樂於接近的，當我們意識到氣場可以決定命運的時候，就應該全力培養自己積極的氣場，凝聚正向能量，為自己的命運描繪出「畫龍點睛」的一筆。

氣場顏色大有來頭

透過前文對氣場的介紹，相信大家都了解氣場是有顏色的，且氣場的顏色是各式各樣且可以變化的。每個人的氣場都不盡相同，同一個人在不同的狀態下，其氣場的顏色也會產生改變。

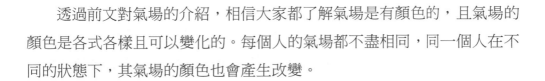

氣場有哪些顏色

究竟氣場有哪些顏色？不同顏色的氣場，各自代表著什麼意思？筆者挑出幾種氣場顏色為大家提供一些基本知識。

1 紅色

紅色是旺盛生命力的象徵，它體現著活力、堅定的信念，代表著人們的忠貞。紅色是強而有力的象徵，它也代表了原始動機，紅色的氣場代表這個人可能正處於物質欲望滿足後的快樂當中，還代表著這個人是慷慨、積極、有勇氣的，且具有領導能力和親和力，具備迅速的反應能力，他敢愛敢恨，愛恨分明，容易衝動，是個簡單而直接的人。

一個人的氣場如果紅色過多或是很混濁，就說明該氣場的主人可能經歷了過度刺激、過於努力或發展不均衡，也可能代表這個人火氣重、有進

攻性、衝動或過於興奮。

擁有紅色氣場的人可能是：遊玩中快樂的小孩，正在熱戀中的人、熱情的布道家、搖滾樂的表演者、激烈運動的參賽者、正在氣頭上的人、熱情招呼客人的主人、正在性衝動的人、正在競選中的人、吃飽喝足身心俱爽的狀態。

② 橘色

橘色代表有強烈自癒癒人的傾向，因此也特別敏感。擁有橘色氣場的人，能準確看清各種狀況，他們富同情心，容易被他人感動，樂於助人，樂於犧牲奉獻，甚至能把別人的問題當成自己問題來看待，他們往往是很好的勸慰者。

受傷害的人能在他們那裡找到慰藉，但也因為如此，擁有橘色氣場的人，會有很多瑣碎的事情，煩惱比常人多，壓力也顯得比較大，導致他們容易感覺疲勞。

根據明暗程度的不同，橘黃色也可以表示情緒不穩和激動，某些比較混濁的橘色代表著傲慢與浮誇。擁有橘色氣場的人可能處於憂愁與空虛的狀態中。

橘色氣場的人可能是：醫生、護士、看護人員、心理醫生或諮詢人員、鄰里長輩、兄弟群中的大哥或姊妹淘中的大姊、社工人員或輔導員，又或是企業負責人和善於察言觀色的職員……等等。

③ 黃色

　　黃色是一種獨立的氣場顏色，擁有黃色氣場的人也有自己獨立的思想。他們穩重獨立，能夠科學、具有邏輯性、有條理地分析問題。這種人常常是完美主義者，他們擁有正義感，聰明機智，有偉大的抱負和很強的執行能力。

　　但擁有黃色氣場的人個性多固執己見，他們拒絕改變，時刻希望控制他人，在任何情況下都希望能成為焦點，容易造成自我焦慮和緊張，且他們通常愛面子，因此會將自己的缺點隱藏起來。

　　混濁的黃色代表多思多慮，表示這個氣場的主人被過分苛責，得不到認可和固執武斷。擁有黃色氣場的人大多是：律師、建築師、企業經理人、演奏家、科學家、偵探、軍警人員。

④ 綠色

　　綠色代表新生、重生、再生的力量，也是一種欣欣向榮、生生不息、豐盛、富足、美好的力量。擁有綠色氣場的人，積極向上，精力十足，他們有著與生俱來的親和力和寬闊的胸襟，很容易交朋友；擁有綠色氣場的人也具有冒險精神，能勇敢地迎接挑戰。

　　混濁的綠色代表著不確定和貪婪，這類人常有妒忌和佔有欲，缺乏自信和多疑的表現。擁有綠色氣場的人多為企業家、軍隊指揮官、團體或專案領導人、剛畢業或剛退伍的人、衝勁十足的業務員、行銷人員、打拼創業中的人、喜好自助旅行嘗試新事物的人、心中永遠充滿好奇與興趣的人們、風潮中的跟隨者。

5. 藍色

藍色代表著冷靜、鎮定、自在、安詳，擁有藍色氣場的人，個性耿直卻內斂，溝通表達能力強，有著開放的學習態度和隨和的處世態度。他們不會斤斤計較，並且大多偏愛文學、音樂、美術等高雅的藝術，但藍色帶有一種淡淡的憂鬱，擁有藍色氣場的人如果自信成熟過度，就會表現出冷漠和不合群，他們往往自帶不怒而威的氣質。

混濁的藍色代表著封閉的感知力，它象徵著憂鬱、洶湧、煩惱、跋扈、恐懼、健忘和過分敏感。

擁有藍色氣場的人可能有：公務人員、學者、知識分子、與世無爭的退休人員、身心放鬆正在度假的旅客、已放下執著的靜心者。

6. 靛色

靛色類似藍紫色，代表冷靜、沉穩、聰明、敏感、銳利，是創意、直覺力、睿智的象徵。擁有靛色氣場的人，第六感通常很準，具備很強的識人能力，有預知未來、回想過去的能力，這種人發明、創造、設計、企劃的能力特別強。

混濁的靛色代表著冷漠。擁有這種顏色氣場的人不愛成群結黨，他們大多有離世的念頭。這種人容易害羞，但思想、語言卻很犀利，經常會有過度反應，比較神經質，他們的企圖心不會太強，缺乏執行力。

擁有靛色氣場的人可能有：藝術家、精於發明與創新的人、學習能力特佳的學生、通曉人心的談判人員、嗅覺敏銳的辦案刑警、企業機構裡的監察人員。

7 紫色

紫色是一種神秘的顏色，擁有紫色氣場的人是高思維活動者，他們喜歡探尋生命、宇宙的來源，對抽象事物有著敏銳的洞察力。這類型的人雖然害羞內向，卻是慈悲和博愛的人道主義者，他們樂於分享，樂於幫助別人。

混濁的紫色代表著優柔寡斷，他們容易被表面現象迷惑，容易輕信別人，即使吃虧了也不願意聲張。

擁有紫色氣場的人可能是：從事心靈探索活動的靈修人士、具有宗教慈悲、博愛情懷的人、有特異功能的人、通靈人或靈媒、樂善好施的慈善家。

▶ 以顏色的強弱解讀氣場

氣場的顏色在很大程度上能表現出一個人的身體健康狀況，如果氣場乾淨又強烈，代表這個人健康又快樂，反之若散發昏暗的光，即表示此人身體狀況欠佳，你可以透過觀察不同顏色的氣場，明白對方當下的身體狀況。

☑ 提綱挈領

➥ 氣場放射的程度越強烈，形態越對稱，顏色越清澈，代表氣場主人的身體越強壯。如果能量放射的形狀不夠均勻對稱，就說明身體某個部位比較虛弱。一個人的氣場在某個部位的放射區域有一塊顏色比較暗，或帶有一點點紅色，說明這個部位可能出現問題。

健康者的氣場能量放射是均衡且強烈的，一般可以達到 30 至 60 公分。如果一個人氣場能量放射均衡，但延伸範圍只有 10 到 20 公分，說明此人的氣場正在下降。

想想看 ?

氣場是不固定的，它隨時都在改變。你的氣場會被你所想的事、你所吃的東西與你所穿的衣服，還有你的外在環境，而受到影響。氣場的顏色會告訴我們許多秘密，如果我們能多加注意自身氣場，觀察它細微的變化，就能採取正確的預防措施。

讓氣場充滿
個人風格和特色

有人說：第一個把女人誇作花的是天才；第二個是庸才；第三個是蠢才。氣場也是如此，我們要培養屬於自己、有獨特風格和個性的氣場，讓自己成為不可替代的那個人。

過去，電腦程式必須使用數字或二進位碼來編寫，這使得編寫程式成了一項非常枯燥的工作，若要修改錯誤更是困難。雖然如此，程式設計師還是習慣了這樣的編寫方式。

但有位名叫霍普的女工程師不這麼認為，她覺得應該找到一種方法讓寫程式變得簡單些。無奈她的想法換來眾人的嘲笑，大家都覺得她瘋了，認為一定行不通，但霍普一直堅持著。

最後，她成功發明山電腦編程語言 COBOL，將那些數字和二進位碼變成英文單字詞，使程式便於編寫編程，電腦工程師的工作產生革命性突破，她也因此成為獲得電腦科學年度獎的第一位巾幗。

這個故事說的雖然是透過工作讓自己不可替代，套用在氣場上也是同樣的道理。如果我們與他人的想法都是一樣的，那社會將多麼枯燥乏味，正是因為不同的思想和不同氣場的碰撞，生活才會如此豐富多彩。

創新是讓氣場擁有個性

要想讓自己的氣場與眾不同，我們首先要將自己的思考模式培養為多元發展，而要有自己的風格，首先就必須具備創新意識。那在培養創新意識時，有哪些地方應該注意呢？

1 打破創新意識的障礙

擁有創新意識並不是一件容易的事，因為培養創新思維的過程是有難度且備受阻礙的，必須先清除以下障礙。

▶ 打破定向思維：如果我們的思維模式不加轉變，那創新意識就不可能展現出來。定向思維的產生，主要有兩個原因：一是權威心理，因為專家曾這樣說過；二是從眾心理，因為大家都這麼說。但我們應該知道，有些時候專家說的話，或大部分人認為的事情，不見得是正確的，也可能會有誤，因此不能盲目地聽信專家和大眾。

▶ 打破慣性思維：一個人如果養成一個思維慣性，是很難改變的。舉例：老師問同學一個問題：「有一個聾啞人，又聾又啞，說不出話來，也聽不見。他到五金商店買釘子，但他卻說不出話來，該怎麼辦呢？」學生回：「比劃。」老師說：「人家就給他一個錘子，他搖頭，然後又使勁比劃。店主看明白了，拿出釘子給他，他非常高興。」老師又接著問：「現在換一名盲人要買剪刀，我們要如何用最簡潔的方式表達？」同學說：「現在不能比劃了，要換另一個方式表達才行。」老師說他根本不用比劃，因為他能直接說要買剪刀，盲人不是啞巴，雖然看不到但還能說話。這就是慣性思維的盲點，它把人們解決問題的方法固定在某一方面，要想創新，就必須打破慣性思維。

2 培養創新意識

當你打破了定向思維和慣性思維，就要開始著手培養自己的創新意識。在培養創新意識時，要注意以下幾點。

▶ 創新要具備良好、積極向上的心態。比如看到半杯水，一個消極心態的人會說：「糟了，只剩半杯水，怎麼辦呢？」但心態積極、正面的人卻會說：「太好了！還有半杯水。」我們要經得起挫折，經得起失敗，才不會在探索的路上跌倒後就一蹶不振。

▶ 要交流資訊，互通有無，多方吸收各地資訊及新知。閉門造車地培養創新意識是行不通的，有交流才能產生創新的思想火花。

▶ 對所學習或研究的事物抱持著好奇心與懷疑的態度，好奇心往往蘊含著強烈的求知欲和追根究底的探索精神。不要迷信權威，大膽懷疑才是培養創新的出發點。

▶ 隨時讓心態回歸原點，往往能在下一步跳得更遠。

➤ 培養適合自己的氣場

我們都知道氣場是一種由內而外散發出來的能量，正如每個人都有適合自己的穿衣風格一樣，氣場也不是唯一的。我們要做的就是找到最適合自己的氣場，讓氣場擁有自我風格和個性。

首先，不要試圖改造自己的性格。我們都知道，每個人的性格都是與生俱來，當然，經由後天的努力，性格是可以改變的，但你不要奢望自己的性格能完全顛覆。如果你是一個穩重少言的人，就不要強迫自己變成多

言虛浮的人；同樣地，如果你是天性活潑的人，也不要試圖把自己改造成深沉的人，保有原先的個性，會讓你的氣場更自然、清新。

其次，要修飾氣場中不好的因素。當我們意識到需要改造自己氣場的時候，其實就代表你已經發現了氣場中不良的因素，或許是過於安靜，安靜得令周圍的人忽略了你的存在；或許是過於聒噪，每次聚會都只能聽到你一個人的聲音……這些不足之處勢必會影響氣場的強弱。因此，修飾氣場中不好的因素，也是培養有風格和個性氣場的重要項目。

最後，要有獨立思考的能力，面對問題，我們應該有自己的看法，不能人云亦云，也不能隨波逐流，否則你就會失去自我風格。

當氣場與本身的氣質相符，那你的氣場也就擁有了獨特的風格和個性，在他人眼中才會是風格獨特、氣場魅力強大的，否則你很有可能被淹沒在人群之中。

想想看？

　　有風格的氣場才能讓人刮目相看，有個性的氣場才會讓人印象深刻。我們在培養氣場的同時，也應該注意讓氣場留下自己的標記，這樣的你才是獨一無二、不可替代的，例如有些 YouTuber、KOL 的氣場就很獨特，是旁人難以仿效的，因此，不見得是明星才具備氣場。

5　修練氣場是一輩子的事

關於氣場的修練，有很多人認為那是年輕人的事，覺得年輕人正處於事業和生活的巔峰，因此氣場顯得至關重要，但其實修練氣場是一輩子的事情，你有沒有注意到那些經歷過歲月洗禮和社會歷練的老人，雖然已不再年輕，但他們那種洞悉世事的氣場是年輕人所不具備的。

還有人認為自己已不再年輕，氣場對他來說不再那麼重要，這樣的觀點也是錯誤的。要知道，無論什麼時候培養氣場都不嫌晚，眾所皆知的肯德基創始人哈蘭德・桑德斯上校，他也是一直到四十歲才開創自己的事業。

桑德斯四十歲的時候，到肯塔基州開了一間加油站，因為來往加油站的客人很多，看到這些因為趕路而飢腸轆轆的人們，桑德斯萌生了製作餐點的念頭。

一有想法後就馬上行動，桑德斯在加油站的廚房裡做些簡單的餐點招攬顧客。在此期間，桑德斯研製出特色炸雞，也就是現今讓眾人吮指的肯德基炸雞雛形。因為味道鮮美且肉質軟嫩多汁，受到加油者的喜愛，口耳相傳後，有的人甚至專程來吃炸雞，而不是加油。後來買炸雞的客人越來越多，桑德斯便在加油站對面開了一間餐廳，專門販售炸雞。

桑德斯的炸雞聲名遠播，肯塔基州州長還特意頒發上校的官銜給他，也因此被稱為「親愛的桑德斯上校」。

桑德斯上校在不惑之年仍不忘突破自我，不因年紀漸長而怠惰，虛應過一生，所以才能再爆發出如此強大的能量。一個人有著強大的進取心時，圍在他身邊的人會越來越多，人都是喜愛樂觀進取的人，會自然而然地被他們身上那股積極進取的力量所吸引，這就是成功者的特質。因此，我們在修練氣場的路上不能輕言放棄，不同的階段，每個人的氣場會蘊藏著不同的能量，所以什麼時候開始修練都不算晚。

修練氣場的五要素

氣場不是一兩天就可以鍛練成的，所以不論在何時何地，都要時時修練氣場，讀者們可以從以下五大方面入手，可謂修練氣場的黃金法則。

微笑

菲爾博士曾說：「如果長得不夠帥、不夠漂亮，就讓自己有才氣；如果才氣也沒有，那就始終保持微笑。」真誠的笑臉可說是吸引人脈最佳的利器，只要你養成笑臉迎人的習慣，你會發現人緣在無形間變好了。因為微笑是適用於任何人的裝飾品，當你不知如何妝扮自己時，戴上微笑，肯定不會出錯。時刻將微笑掛在臉上的人，讓人更容易接近，微笑是吸引力的第一要素，能為你打開人脈之門，為氣場的培養奠定基礎。

風度

我們所說的風度不是故作姿態，亦非刻意擺譜，更不是某種虛偽的技

倆，它是一種心態，是寬廣的胸懷和不計較得失的高尚氣度，需要你提升內在的品質，而不是埋頭練習那些華而不實的動作和表情。很多人放錯重點，致力於打造表面氣場，搞得自己身心俱疲，反倒形成負面能量，無法吸引人心。

3 閱歷

你擁有的優勢能不能很好地被利用？你過去失敗和成功的經歷能否成為寶貴的財富？善於從自己的閱歷中吸收寶貴的經驗，累積正向、積極的能量，透過內在氣質讓你卓然出眾，是強化自己氣場不可或缺的途徑。

4 勇氣

勇氣會激起希望；希望會賦予勇氣翅膀。你做事的勇氣有多大，決定著你所能達到的高度，只有勇往直前地朝目標奮進，敢於爭取，你的氣場才會有「勢如破竹」的魄力。

例如前美國總統歐巴馬，他走到哪都是主角，這就是氣場的作用，他呈現於外的特質是他有解決問題的決心和勇往直前的勇氣，使他所到之處總能讓群眾被他強大的氣場所吸引。

5 技巧

這裡所說的技巧涵蓋了很多方面，比如說話技巧、辦事技巧、為人處世的技巧、工作技巧，最能體現一個人氣場的往往是這個人能妥當、周全地處理好微小的細節。

不管你是初出茅廬的年輕人還是頭髮花白的老人，修練氣場是同等重要的，在人生的每個階段，這都是一門必修課。

▶★ 修練氣場的四種方法

前文中，我們明白了修練氣場是一輩子的事，現在要再與各位分享修練氣場的四種方法。這四種方法適用於各個年齡、各個層次修練氣場的人。

1 進行思想鍛練

體能鍛練大家都聽說過，但思想鍛練或許就很新奇了。思維帶動能量，你的頭腦在想什麼，你的氣場就會呈現什麼樣子。思想鍛練是修練氣場很重要的途徑，由於氣場是由內而外散發出來的，因此內修也相當重要。

關於思想鍛練，你可以從多元化閱讀來著手，與成功人士、優秀者進行精神交流，看他們的經驗談、讀他們的人生故事、感受他們的人生歷練與生活哲學，多多接收他們的正面能量。且思想鍛練和體能鍛練是一樣的，不能三分鐘熱度，不然不會有效果。

2 遠離負面的影響

有關負面影響，說起來有一些複雜，因為關於負面的界定，不同的人會有不同的標準。因此，面對負面影響，我們要制定一個標準，就如同家

庭教育的價值觀要一致。現代的家庭大多是獨生子女,他們的長輩有父母、爺爺奶奶、外公外婆,那麼在教育孩子的時候,就要杜絕父母和祖輩不同調,不然會因為教育問題產生歧見,而影響到小孩學習。

因此,負面影響也必須設定出一個標準,你要知道,在人際交往中會遇到很多人,哪些人是你的資源,哪些人會帶給你不好的影響,你都要考慮清楚,主動遠離那些負面影響,別讓那些負能量帶走你的氣場。

3 選擇良好的環境

這裡所說的環境,也可以理解為「一個圈子」,也就是說,你處於什麼樣的人際關係網中,與什麼樣的人交往,就容易成為什麼樣的人,所謂「近朱者赤,近墨者黑」。

雖然我們不可避免地都要與他人共處於一個環境中,但我們仍能主動選擇自己所要生活的環境,思考一下,你所處的環境是不是瀰漫著積極的氣氛呢?如果不是,你是不是應該考慮離開現在所處的環境,尋找新的環境呢?

4 多找老師

一個人的成長只有兩方面的力量,內力和外力,雖然依靠自己的力量成長是主要途徑,但也不能忽視他人的幫助。王品前董座戴勝益曾說:「很多人交朋友喜歡找比自己差的,因為這樣才有優越感,但我喜歡和比自己優秀的朋友交往,以他們為師,這樣自己才有學習與進步的空間。」所以,多找一些良師益友,曾給我們帶來很多新的刺激、新的成長。

氣場的修練不分年齡、不分性別、不分種族，人生需要有方向和目標，然後不斷提升自己，每個人應該盡自己的努力讓氣場強大起來，改變自己的命運。

6　好的氣場在於——以最優彌補最劣

　　若干年前，美國管理學家彼得・杜拉克提出「木桶理論（Cannikin Law）」，在今天，木桶理論仍廣泛運用在人們的生活和工作的各個領域。

　　「木桶理論」最初是針對企業經營而提出的理論，它的核心是一只水桶盛水的多寡，並非取決於桶壁上最高的那塊木塊，而是桶壁上最短的那塊。如今，這由許多塊木板組成的「水桶」不僅能象徵一個企業，也可象徵個人。水桶原理能提醒我們注重全面發展，也要清楚認識自己的弱勢，加以彌補，但在這理論基礎下，卻容易讓我們忽略自身的特長。

　　那些「深黯」木桶理論的人，竭盡所能地去尋找並彌補自身的短板。很多人一旦發現自身的「短板」，就拼命地花時間、花精力、花金錢來彌補，我們成了查找自己缺點的專家，為修補這些缺點而傾盡心力，但結果往往事與願違，「短板」非但沒有變長，就連原來的「長板」也變成了「短板」。其實，我們要想讓自己變得更優秀，應該是要以最優來彌補最劣，保持氣場也是如此。

　　筆者有位學員是電腦工程師，原先工作都做得很好，但之後新來了一位副手，一進公司就覬覦著他的位置，使這名學員感受到一股無形的壓力，考慮利用工作之餘的時間去進修，以穩固自己的地位。

　　他選擇學習更深的電腦知識，報名進階的編寫程式課程外，同時還報名英文班及成人培訓，也因而與筆者認識。他努力把自己變成一流程式設

計師，但才剛能簡單地用英語和人交談時，那名副手卻已迫不及待地取代了他的位置，只因他驚覺得太慢。

要知道「金無足赤，人無完人」，每個都有自己的優勢和劣勢。知名心理學家克利夫頓曾說：「判斷一個人是否成功，最主要是看他能否將自己的優勢發揮到最大。」因此，我們在培養氣場時，不要老是在自己的劣勢打轉；當我們把優勢發揮到極致的時候，人們自然會忽略你的劣勢。

每一個成功的人，都善於將自己的優勢發揮到極致，每個人的成長空間也在於優勢領域，與其花大量精力去彌補劣勢，不如將自己的優勢發揮到最強，你才更容易以同樣的精力和時間來達到峰頂。

因此，要想保持自己的氣場，也需要以優勢來彌補劣勢，從現在開始，試著找到自己的優勢並加以發揮吧！

⭐ 發現自己的優勢

要想把一件事作為你的優勢，首先必須做好它，這也意味著它是可以預期和掌控，且結果是令人滿意的表現。通常別人最常稱讚你的地方和你最希望受到讚美的地方，這兩部分的交集就是你最有潛力的優勢，以下提供一些判斷自身優勢的方法。

1 識別自己的優勢

首先，你是否有快速的反應？這也可以被說為天賦，也就是沒有經過後天訓練，但某方面的能力特別出眾。好比有人連五線譜都不認識，卻能創作出不少膾炙人口的歌曲；有的人能在一分鐘內和陌生人拉近距離，這

種人可說是天生的銷售好手，這樣的天賦異稟就是自己的優勢。

其次，你接受與消化的程度為何？我們自小讀書，雖然接受同樣的教育，但每個人的成績、學習成效都不同，有的人就是對語言很敏感，接受度高，所以學起來得心應手；而有的人數理、邏輯觀念差，怎麼唸都考不好，這就是接受吸收的程度不同，所形成的結果。

再者，你是否有強烈的渴望？我們常渴望運用自己的能力去做一些事，比如擅長寫作的人希望成為作家。當你利用某種能力完成一項工作時，你會有強烈的滿足感與成就，比如你的文章如果發表在報章雜誌，你會相當興奮。

2 挑戰自我

我們可以嘗試一些有難度的工作，以培養自己的優勢。前微軟全球副總裁李開復曾講過一個故事……

「我在蘋果公司工作的時候，有一天老闆突然問我什麼時候可以接替他的工作。我非常吃驚，表示自己缺乏管理經驗和能力。但老闆卻說，經驗和能力是可以培養和累積的，並希望我在兩年之後可以做到。有了這樣的提示和鼓勵，我開始有意識地加強這方面的學習和實踐，兩年後，我真的接替了老闆的工作！」

不時地接受一些挑戰，會讓我們的優勢更優，劣勢也將得到彌補，營造出來的氣場也就更強大。

③ 測試自己的能力

請試著回答以下問題，來檢視自己的能力在哪些領域？

▶ 周圍的人一致認為我在哪方面最出色？

▶ 我自認為最拿手的事是什麼？

▶ 我曾做過最得意的事是什麼？

▶ 詳細描述你做過最得意的一件事，包括事情的概況、當時遇到的困難、採取的解決辦法、最後達到的結果，顯現出你怎麼樣的能力。

★ 不必事事優秀

要知道，人在一生中，能把一件事情做好就是了不起的事情。你為了把某件事做得出類拔萃，你並不需要具備各方面的優勢，「一招鮮，吃遍天」說的就是這個意思，因此，你要允許並接受自己有劣勢。

曾有人問世界知名魔術師大衛・考柏菲是如何成功的，他回答：「成功對我們來說，好比遠方一處車站，我們會為了怎麼抵達而絞盡腦汁。大家都在爭車上的座位，沒有得到座位的人不得不等下一班車，但我們為什麼不能換騎馬或搭乘郵輪至目的地呢？這樣不是也到達了嗎？只不過我們換了一種方式。」

小時候大衛被老師和同學認為是笨蛋，每次考試都是吊車尾，即便再努力，課業成績也毫無進步。一次巧合中，他對魔術表現出濃厚的興趣，於是跟隨著魔術師學習魔術，事實證明，他在魔術方面有很高的悟性和優

異的學習能力，能在原有基礎上進行創新，短短兩年就換了四位魔術老師。而且他成為世界上最偉大的魔術師後，還有誰會在意他小時候考試老是不及格呢？

所以，我們要保持氣場時，不需要你在各方面表現得都出色，要想表現出最真實的你，只要盡力把一件事做好就足夠了。

關於劣勢，如果我們有能力，當然可以儘量改進，因為多學一些東西總不是一件壞事。但如果劣勢很難改進，就要想辦法控制，繼而騰出時間把自己的優勢磨礪得更加犀利。這也是為什麼比爾・蓋茲挑選了一名搭檔史蒂夫・巴爾默來管理公司，為的就是──讓自己回歸到最拿手的軟體發展領域。

想想看？

要想保持自己的氣場，改進劣勢其實不是最重要的，重要的是──壯大你的優勢彌補劣勢，改掉這些缺點，效果遠不如加強三個優點，並且持續去經營這些優點，只要優點永遠存在，它們就是你的護身符，在人們面前你總能神采飛揚。

當你的優勢足夠強大、大放光彩的時候，人們會自動看不見或不再那麼在意劣勢所帶來的影響。

7 在不同角色下，都有最佳氣場

每個人的一生中都會扮演各式不同的角色，比如子女的角色、朋友的角色、員工的角色、老闆的角色、丈夫（妻子）的角色、父母的角色等等，因此在扮演每個角色時，都要調整出符合自己角色的氣場，對父母長輩要真誠恭敬、對同事朋友要真心友愛；對子女要關懷愛護，只要認真做好每個角色，盡自己的本分，你就能和四周的人、事、物氣場相合，使你每時每刻都在集氣，進而強化你個人的氣場。

 **為人子女，孝順能產生強大的氣場**

我們人生在世可能沒有配偶，也可能會沒有子女，但不可能沒有父母。網路上曾流傳這樣一段文章，感動了很多人。

孩子，當你還很小的時候，我花了很多時間教你慢慢使用湯匙、筷子吃東西；教你繫鞋帶、扣釦子、溜滑梯；教你穿衣服、梳頭髮、擤鼻涕。這些和你在一起的點點滴滴，令我懷念不已。所以，當我想不起來、接不上話時，請給我一點時間，等我一下，讓我再想想……但可能到最後，我連要說什麼也一併忘記了。

孩子，你忘記我們練習了好幾百回才學會的第一首兒歌嗎？你是否還

　　記得我每天總要絞盡腦汁地去回答你突然冒出來的問題嗎？所以，當我重複說著老掉牙的故事，哼著我孩提時代的兒歌時，請體諒我，讓我繼續沉醉在這些回憶中吧！盼望你也能陪著我閒話家常。

　　孩子，現在我常忘了扣釦子、繫鞋帶，吃飯時會弄髒衣服，梳頭髮時手還會不停地抖，請不要催促我，對我多一點耐心和溫柔，只要有你和我在一起，就會有很多的溫暖湧上心頭。

　　孩子，如今我的腳站也站不穩，走也走不動。所以，請你緊緊握住我的手，慢慢地陪著我走，就像是當年我帶著你一步一步地走。

　　這段文章，是否令你感觸良多呢？如今，兒女長大、外出、就業，面臨「空巢期」的父母比例越來越高，不管你是否在父母身邊，都要能讓父母感覺到你對他們的關心和牽掛，這才是為人子女應該努力營造的氣場。

☑ 提綱挈領

- ➡ 照顧好父母的生活，盡贍養父母的義務。作為子女，要為父母創造一個良好的生活環境，對他們的起居、衣食都要悉心照顧，使他們能精力充沛、心情舒暢地安度晚年；父母生病時，應想辦法及時診治，精心照料；逢年過節或父母生日時，要買一些他們需要的營養品和需要的物品，以表達對父母的重視，討他們歡心。

- ➡ 日常生活中，要養成孝敬父母的習慣。對父母講話口氣要溫和、親切；上車或進屋時，應先走上前為父母開車門和家門；上下樓梯或道路不平時，應攙扶父母行走；用餐時，讓父母先就座，美味佳餚先請父母品嚐；有客人來訪時，應先向父母介紹；與父母長期分居兩地，應經常打電話問候，時刻不忘父母的養育之恩。

遇到重大事情，諸如升學、入伍、就業、婚姻等，都應與父母商量，主動徵詢他們的意見。對於父母的意見也要認真考慮，當你和父母的意見不和時，應耐心陳述利弊，婉言相勸，不可一意孤行，不顧及父母的意見，這樣會傷到父母的心。

要理解和體諒父母的心情和境況，儘量順從他們，有些父母愛嘮叨，對子女管束過多，子女要理解父母的這些舉動是出自於愛，不能厭煩，不能頂撞，要順從他們。如果父母的要求不合理，就先傾聽即可，畢竟頂撞父母不是好習慣。

為人朋友，團結互助是最強大的氣場

嚴格來說，不論是父母或是子女，都不太會陪伴我們走到人生最後，但朋友卻可以。當我們以朋友的身分與人相處時，要向對方傳遞親切、團結互助的氣場，但在與朋友相處的過程中，還是有些禁忌要儘量避免。

1 忌猜疑

既然是知心好朋友，就不能猜忌對方，凡事以誠相待。有事相求要開誠佈公，雙方坦誠相見，彼此敞開心扉，心裡有事就攤開來溝通，減少一些不必要的猜想。

2 忌不信任

信任是做朋友的基礎，人與人之間的相處若存有疑慮，是很難交到知心朋友的。

3 忌傳話

老朋友之間無話不談，這是出於對對方的信任、尊重。但朋友二人之間的事不能向第三者談，這是一種朋友約定俗成的禮貌，若輕易將需要保密的事情告訴第三者，朋友知道了會不高興外，還可能給對方帶來麻煩。

4 忌不拘小節

不要小看朋友之間的小事，即便是好友，也須注意小節、尊重對方。朋友之間的相處更要相互關懷，注意小事上的體貼與安撫，不能只想得到朋友的寬容與照顧，而自己沒有相對付出。

在生活中，有些人的朋友數量眾多，有的人卻寥寥無幾，探究其原因，就是大家在扮演朋友的角色時，所散發的氣場不同。真心能吸引真心，你若真心將對方視為朋友，對方自然也會對你付出真心；如果你敷衍應對、虛情假意，那對方也不會把你當朋友看待。

★ 職場中，努力工作、恪守言行是最強大的氣場

進入職場，是一個人融入社會最完整的體現，在工作環境中，如何與上司、同事、下屬相處，也是一門高深的學問，但不論如何，在自己的崗位上克盡本份、勇於負責，講求職場倫理，工作就會愉快，在工作舞台上發光、發熱，有所成就，才是氣場的最佳展現方式。以下提供大家一些在職場上與人相處的建議。

☑ 提綱挈領

❂ 上班族首先要清楚，到公司上班不是為了交朋友，而是把工作做好，賺取報酬。所以，對於工作中的人際關係，應理性看待，不論對方是上司、同事還是下屬。同類型的人，不要因不能做朋友而大傷腦筋，只要保持正常的工作關係即可，同時也要明白：不是所有人都能做朋友，你也不可能成為所有人的朋友。

❂ 同事關係主要以利益為主，當兩人發生衝突時，一定是妨礙了彼此的利益。利益溝通的關鍵在於──維持雙贏；如果任何一方在衝突中損失重大利益，那往後的衝突只會更加嚴重，唯有在相互妥協中達到雙贏，才能和諧相處。同時，也不要因為自己與上司交情好，產生大頭症，以為自己高人一等，這樣除了成為眾矢之的，受到嫉妒和不屑的目光外，更可能會招人在暗地裡與你作對。此外，也不要因為朋友的關係，就對某個下屬處處照顧，這樣會離間同事之間的感情。

❂ 要對你的「戰友」提供支援。我們做任何一項工作時，都不會是獨自完成的，總會需要「戰友」的協助。如果「戰友」是你的上司，不要推卸責任，將工作中遇到的問題及時反應出來，但絕不可在事情發生後隨即推卸責任。學會換位思考，多站在老闆、上司的角度，想想如果你是他，你希望手下的員工怎麼做，這樣你就能好好地去執行。如果「戰友」是同儕，就要互相支持，遇到難題時，你想得到怎樣的支持，就怎樣去支持別人。同事間也最好保持距離，不要把同事當成朋友，公私不分。

➤ 為人丈夫（妻子），相互扶持是最強大的氣場

漫漫人生長路，我們多是與自己的「另一半」攙扶著走來的，堅貞的

愛情是世界上最美好的情感之一。不離不棄是愛情中的雙方表達出來最動容的氣場，而我們在與配偶相處的時候，可以遵循「九多九少」的原則。

▶ 多一些關愛，少一些冷漠。

▶ 多一些參與，少一些旁觀。

▶ 多一些服務，少一些指使。

▶ 多一些共同商量，少一些自作主張。

▶ 多一些甜言蜜語，少一些牢騷抱怨。

▶ 多一些相互溝通，少一些自我封閉。

▶ 多一些寬容，少一些批評。

▶ 多為對方考慮，少為自己打算。

▶ 多一些理解，少一些衝動。

★ 為人父母，責任是最強大的氣場

　　迎接一個小生命，應該是人一生中最激動、最幸福的時刻吧！父母對於子女的愛是最偉大、無私的，因此，父母對子女的愛護與照顧所產生的氣場、真情也最令人動容、感動。父母為子女牽腸掛肚，只為兒女將來的幸福著想，這就是「慈」；子女有任何苦難，做父母的都願意用自己的身體來代受，這就是「悲」。

　　親子關係乃一生之久，父母給子女的影響既廣且深遠，作為一名稱職的父母，必須勇於承擔管教的責任，又要有智慧地愛護和關懷，使他們快

樂、健康地成長。

　　每一個孩子都有其獨特性，他們有自己成長的時間表，身為父母，應盡自己的本分，用寬容、肯定、犧牲及信任的態度與他們一起成長，下面列出幾點與孩子相處時應注意的地方。

☑ 提綱挈領

- 無論如何，都先讓孩子把話說完。傾聽，會讓孩子向你敞開更多的內心世界。

- 永遠要有耐心聽孩子說話，以防孩子有天心中有話卻不願意說。

- 用溝通和商量的方式解決非原則性衝突，不做說一不二的「老大」和「老闆」。

- 不好當面說的事情，不妨利用通訊軟體，好比 Line，較易於避免衝突，緩解情緒。

- 如果你對孩子的愛不甚了解，就請孩子講給你聽，他會津津樂道的。

- 支持而非打擊孩子的夢想，哪怕夢想是幼稚的，因為幼稚是孩子變成熟的必經之路。給孩子空間，不要求處處隨父母的心意。

- 控制自己的情緒，既不遷怒於孩子，也不因高興或圖方便、省事而遷就孩子。同時，要求孩子也如此做。

- 常和孩子開善意的玩笑，以增進親子間的互動和親密感。

- 對孩子的重大決定報以最大的認同及肯定，並且舉家支持。

想想看

　　在不同的角色下，我們應該自我提醒並調整出最佳氣場，讓自己準確拿捏角色，扮演好人生中的每一個角色，在每個階段都有最精采稱職的演出。

8 氣場的改變，在於巨大的渴望

　　你滿意現在所擁有的氣場嗎？你是否渴望將自己的氣場變得更強大一些？

　　有心理學家研究指出，渴望是改變的關鍵因素，對一個人而言，渴望是永恆的特效藥，是所有奇蹟的起點，幾乎所有人都認為，改變氣場的泉源在於巨大的渴望。

　　我們要知道，人們的改變源於某種心理力量的支持，一個內心懶洋洋的人，即使他渴望改變氣場，這些渴望也永遠只能是漂浮的肥皂泡，甚至連肥皂泡都算不上，因為這些渴望沒有強大的魅力，使之為自己的改變制定詳細的計畫且實行。

　　西方有句諺語說：「如果你把箭對準月亮，那你可以射中老鷹；如果你把箭對準老鷹，那你只能射中兔子。」這說明了渴望在人生中的重要意義，沒有渴望就沒有全新的體驗，就像一潭死水，毫無漣漪。

　　如果你內心有強烈的渴望，希望自己的氣場變得強大，這股強烈的渴望將推動你，為增強氣場而行動，那麼你將獲得成功。

▶ 渴望，改變氣場的原動力

　　要想有效改變自己的氣場，我們就必須激發自己內心強烈地渴望，已

故 NBA 球星「小飛俠」柯比‧布萊恩曾這麼說過……

　　「『渴望』是最能定義我的詞了。我總是充滿渴望，但我現在的欲望已上升到一個新的高度，我的決心比以往任何時候都要堅定。嚮往成功的動力像血液一樣在我身體裡流動。在這第十年裡，我作為球員在 NBA 的第十個賽季，我曾經爬上過頂峰的那座山又依稀出現在我眼前。我知道爬上它會有多麼的困難，有多少人說我不可能做到，但是我享受這些挑戰，我就是因『它』而生。這個挑戰幫助我找到了目標和靈感，幫助我找到了生活的意義。

　　我在很小的時候就感受到在我身體內的野心：當我在義大利的籃球場上揮汗如雨，而我的朋友說我永遠不會成為 NBA 球員的時候；當每次我獨自訓練，模仿電視裡那些球星的動作，並且發明新的動作時；當我在空曠的球場裡訓練，卻依然沉浸比賽中並在其中尋找我的未來時；每當有人評論我那些義大利朋友說的話，或是告訴我不能達成什麼事的時候，我總會有一種想證明他們都錯了的野心，並且意識到他們說這些一定是有原因的。我永遠都會有目標，一種對成功的追求，那些試圖讓我氣餒的人，只會在我已燃燒的鬥志裡，再提供新的燃料。我生命中的每一段挑戰都帶給我新的風險和新的回報；就某種程度而言，我永遠都是挑戰者。而經歷這一切，經歷所有的苦難，籃球永遠與我同在，它從未遺棄我。」

　　也許你很羨慕那些職場紅人，主管欣賞他、上司重用他、客戶指名找他服務，彷彿什麼事到他手上就搞定一樣，要什麼有什麼，不管做任何事，都能輕而易舉成功。

但你是否曾想過：你也可以？

真的，只要你有渴望，一定會不一樣，不要沒志氣地覺得自己辦不到，如果你一直這麼想，那你這輩子都將活在羨慕和自卑互相糾結的情緒當中，你的氣場將是灰色的，壞運氣會一直跟著你。

內心的渴望能帶給你無限的能量，當我們有強烈的願望要改變自己氣場的時候，改變就開始發生了。如果你不渴望、不想像未來，沒有勇氣改變，強大的氣場自然也就離你遠去，你的人生也因此改變。試問你的內心有渴望嗎？

☑ 提綱挈領

➜ 為自己描繪出希望成為的那種人，描繪想擁有的那些東西，並假定這些設想達成的那一刻就在眼前。喚起對這些目標深深的渴望，仔細分析它們，明白為了達到目標，你必須做出哪些努力。

➜ 如果再深入分析，你會發現自己經常擔憂。擔憂時，我們通常會先栩栩如生地描繪一種不希望出現的後果或目標，接著反覆思考這個問題，然後把它想像成一種最有可能發生的情況。在這種焦慮的狀態下，做任何事都打不起精神，最後的結果可想而知。

➜ 轉化一下思路，改變自己的目標圖像，將想像中的結果變成一個完美的結局，這樣容易產生「美好的」情緒。不停為自己描繪某個想要的最終結果，並反覆再三地想像這個情境，使美好的可能變得越發真實可信。值得注意的是，帶著良好的情緒做事，成功的機率也更大。

▶ 渴望的信念支持氣場改變

每個人在改變氣場前，都會有一個預期的目標，即經過努力後，我一定要擁有這樣的目標。但我們必須明白，目標是美好的，而實現目標的過程卻是艱辛的，當我們在改變氣場的過程中，若遇到苦難，巨大的渴望能讓我們一路堅持、不放棄。

1 凡事做最壞的打算

做任何事情前，先對這個事情的結果作個預測，並設想一個最糟糕的結果。如此一來，當你遭遇挫折時就不會驚慌失措，能以一種平靜的心態坦然面對結果。

2 調適挫折感

很多人一遇到失敗，就會灰心喪志，甚至一蹶不振，這就是挫折感，而挫折感又會引起各種倒退現象和不良的情緒反應。因此，我們要有「天無絕人之路，辦法總比困難多」的豪情和豁達。比如考大學失利時，不妨說：「條條大路通羅馬」、「三百六十行，行行出狀元」；工作面試被拒絕時，可以這樣想：「此處不留人，自有留人處」，讓內心衝擊得到緩和，心情也會開朗起來。

3 無論能否成功，大膽說出目標

世界級拳王阿里在比賽前，總會先對大眾宣告要在幾個回合內打倒對

手，接著滿懷信心地上場，先從氣勢上壓倒別人。大膽地把你所要達到的目標公諸於眾，便能自加壓力，增強信心，起到不達目的誓不甘休的效果。

★ 氣場的改變，需要渴望，也需要行動

要想改變氣場，單靠渴望是不夠的，在渴望後必須付諸行動。筆者在這裡跟大家分享一個故事。

約翰有個強烈的願望：希望能得到鉅額獎金。他每天在禱告的時候，都會虔誠地祈願：「萬能的主啊，請祢讓我中獎吧！」一天天過去了，約翰始終沒有中獎。有一天，他在祈願的時候傳來一個蒼老而悠遠的聲音：「我說你啊！如果你想得到鉅額獎金，最起碼也要去買張彩券吧！」

這個故事告訴我們，渴望只是後座力，渴望過後的行動才是改變的途徑。

☑ 提綱挈領

- ➤ 心動不如馬上行動，當你產生改變氣場的渴望後，馬上拿出紙筆記下你希望擁有的氣場為何。
- ➤ 接著列出你想達到目標，需要經過怎樣的努力。
- ➤ 為你的改變設定一個具體的期限。
- ➤ 把你的氣場改變計畫放在顯眼的地方，最好每天都能看到，鞭策自己不懈怠。
- ➤ 在取得階段性的勝利時，不要忘了獎勵自己，為接下來的挑戰儲備力量。

想想看 ❓

　　擁有改變氣場的渴望，你才能充滿熱情地尋求突破；擁有改變氣場的渴望，會時刻提醒你奮鬥；擁有改變氣場的渴望，時刻為你點燃奮進的燭火，讓你與眾不同。

9 擁有獨一無二的氣場

俗話說「千人千面」，氣場也是如此，每個人都有自己獨特的氣場。在你開口說話前，氣場早已被他人盡收眼底，外表和舉止決定了你給人第一印象的八成，我們甚至能感覺到對方的態度是否友善，是否自信等等。

既然每個人都有自己獨特的氣場，那氣場也就有許多類型，比如張揚的氣場、鎮定的氣場等，一個人的氣場可以留下這個人的痕跡。

▶ 你的氣場是哪一種？

哈佛大學曾總結出不同類型的人所具備、散發出的不同氣場特徵，我們現在就來對照一下，看看你屬於哪種類型吧！

1 穩重的氣場

這類型的人，他們不會隨便將個人情緒顯露在臉上，習慣將自己面臨的困難和遭遇埋在心裡，不會逢人傾訴。

徵求他人意見時，會先自行思考，不會盲目聽從他人的意見，更不會向別人嘮叨自己的不滿，說話、走路、舉止從容不慌張。

▷2 細心的氣場

他們經常思考身邊發生的事件之因果關係，對於做不到位的事情，能指出根本問題；對於大家習以為常的做事方法，常能提出改進建議和優化措施，做什麼事都有計畫，有條不紊、井然有序；對於別人忽視的問題，能加以察覺、了解並找到解決方法，及時彌補自己的不足。

▷3 果敢的氣場

可以從言談之間，感受到他們對自己充滿自信。對自己決定的事堅持到底，不會輕易推翻，有自己的主見，不會隨波逐流，人云亦云。當周圍氣氛低落時，能保持樂觀的情緒，事情不順利的時候，會停下來喘口氣，換個角度思考，尋找新的突破口。

▷4 大度的氣場

他們易於親近，不會把可能成為朋友的人視為敵人，不會執著於他人的小錯誤和小過失。在金錢上不斤斤計較，即便自己地位高或有一定經濟的能力時，也不會表現出傲慢的態度和偏見。

這類人喜歡與他人分享成果，當需要做出犧牲和貢獻的時候，能走在前面。

▷5 誠信的氣場

他們不亂開空頭支票，做不到的事情不會說，說到了就要努力做到，

且說話會留有餘地。

不會把虛偽的口號掛在嘴上，針對他人提出的「不誠信」問題，提出改進的方案，更不會使用不道德的手段。

6 有擔當的氣場

做檢討時，先從自身開始，不推卸責任，完成一項任務後，要先審查過失，然後再論功過。從上級開始認錯，從下級開始表功，在計畫開始的時候，要釐清權責、分配得當。

▶ 善待自己的氣場

不管你是否願意，你的氣場都有自己獨特的氣質。因此，我們要接受並善待自己的氣場，喜歡與眾不同的自己，把氣場視為與自己密不可分的整體，讓強大的自信，壯大氣勢。要想讓自己看起來氣場強大，必須時刻留意自己的言行舉止是否合宜。

☑ 提綱挈領

- 當我們坐下時，眼睛可以凝視前面左下方和右下方的某個點，如果把目光凝聚在正前方的桌面和正下方的腳尖，會給人不舒服的感覺。
- 站立時，要站好不隨便扭動，手也要放在合適的位置。
- 走路時，背脊挺直，不要像年長者般駝背走路，看起來很沒精神。
- 在大通工具或其他密閉空間裡，不能毫不遮掩地張嘴咳嗽、打哈

欠，手機講得很大聲，或是大辣辣地當眾補妝。

○ 不要將領帶末端塞入褲腰帶，這是極不雅觀的作法，領帶也會喪失原有的魅力。

○ 隨時提醒自己不要皺眉頭、放鬆肩膀，不因為忙碌而讓自己的表情僵硬。

○ 遵守「適當的場合，適當的服飾，適當的妝容」的原則。

想想看？

如果你真的在乎自己的形象，自然會自我要求，去調整自己的儀態，懂得散發自己的魅力氣場。不管你的氣場是否足夠強大，可以肯定的是，你擁有自己獨特的氣場。

在培養氣場的過程中，發現自己獨有的氣場，選出自己喜歡的，並慢慢培養，使它變強，不久之後，你一定會擁有屬於自己的強大氣場。

10 氣場越強，吸引力越大

氣場就像磁石，磁力越強、吸引力越大。那些擁有強大氣場的人，即使他們衣著普通，也難以掩飾強大氣場下的吸引力。

比爾・蓋茲曾到北京進行一場十五分鐘的活動推廣，希望在微軟發起一場讓每個人都有吸引力的微笑訓練，著名的心靈勵志大師菲爾也參加了此次的交談。後來菲爾博士在其著作中提到當時的談話⋯⋯

那次的交談讓我留下深刻的印象，我在約定的飯店房間等候他，當比爾出現時，我驚訝極了。

第一，他非常準時，這對很多傲慢無禮、以遲到著稱的名人來說，是嚴重的羞辱。比如一位 CNN 主持人，他有一次足足遲到了四十分鐘，還振振有詞地說他已經提早到了。

第二，他的衣著和氣質使他迅速成為房間內的主角，不只在我們四人之間，在他的所到之處，哪怕他微服出行，我敢肯定，他依然能輕而易舉地成為人群裡的焦點！也許是長途旅行的緣故，比爾顯得略為疲態，鬢角間的白髮清晰可見。他的穿著可以用嚴謹又不失隨和來形容，白色襯衫搭配灰色的細格子西裝，繫著顏色稍深的領帶，透著一股認真的味道，絲毫沒有那些傳統商人的散漫姿態，也沒有一丁點企業大亨具備的奢華衣著和高高在上的姿態。

作為世界首富，比爾‧蓋茲是一個非常簡單又樸素的人，我仔細觀察，他的襯衫和西裝都很一般，襯衫的領口甚至還有些皺褶，全身上下似乎只有那雙皮鞋是名牌貨，不是很確定，但比爾就是這樣一位形象親民、平易近人的人。也因為如此，他才始終光彩照人，站立在聚光燈的中心區域。

我感慨地想起微軟的創業歷程，想到他是如何收購作業系統，消除當時最強大的競爭對手，站穩作業系統軟體的市場。和那時相比，現在坐在我面前的比爾‧蓋茲，說話語速雖緩慢，但十分清晰且沉穩，用詞非常簡單而直接，大多使用兩、三個單詞組成的句子。

「我很清楚自己要做什麼，每天都是如此。」比爾沉靜地說，他甚至有些羞澀，「一個人只要記住，當他自己的主角就可以了」。

在比爾‧蓋茲身上，我們學到了如何維繫自己強大的氣場。

⭐ 氣場需要平和的心態

一個閱歷豐富的人，往往更追求平靜、恬淡的生活；一個不攀比、不嫉妒、不貪婪的人，其外顯出來的風采更具有吸引人的魅力。

曾有人統計，世上 80％的人居住條件不好，70％的人是文盲，50％的人營養不良，1％的人擁有電腦，1％的人擁有大學文憑。因此，別為了生活中一些小挫折而悶悶不樂，要知道你的境況比很多人都要好。

☑ 提綱挈領

➡ 那些會影響心情的事情暫時不要去想，如果還是會想，就想辦法讓自己忙碌起來。

➡ 在一個空氣清新、四周安靜、光線柔和、不受打擾、可活動自如的地方，選擇一個自我感覺較舒適的姿勢，站、坐或躺下，享受最放鬆的美好。

➡ 活動一下身體的關節和肌肉，做的時候速度要均勻緩慢，你可以選擇任何動作，只要感到放鬆就可以了。

➡ 常做深呼吸，並且想像一些美好的事物，藍天、白雲、沙灘、碧草等等。

➡ 有時間的話，做一些與當下狀態無關的事情，但是自己比較喜愛的活動。

▶ 氣場需要毅力

首先，和大家分享一則小故事：

一天，上帝降臨到一群孩子中間，詢問孩子們有什麼願望。每個孩子都對上帝說：「我們想做天使。」上帝微笑著回答：「好的，孩子們，我現在發給你們每人一盞燈，只要你每天把燈擦得亮亮的，我就回來把你們變成天使。」

第二天，孩子們把燈擦得亮亮的，但上帝沒有來。第三天，孩子們還是把燈擦得亮亮的，上帝依然沒有來。

日子一天天過去，孩子們認為上帝是個騙子，不再擦亮那盞燈，燈上都落滿塵埃。只有一位孩子依舊堅持每天把燈擦得亮亮的，其他孩子都笑

他傻，終於，上帝再次出現到孩子身邊，可想而知，始終堅持擦拭燈盞的那個男孩變成了天使。

請問成功是什麼？成功就是將簡單的事情重複做、反覆做，每天都進步一點，當成功來臨的時候，你想攔都攔不住。而堅持不懈地做一件事，需要極大的毅力。

英國曾舉辦一場微雕展，裡面最大的作品只有報紙上一個驚嘆號那麼大，最小的則是以一粒沙子雕刻出的作品。這些作品全出自一位名叫偉拉德・約翰的藝術大師之手，且讓人難以想像的是，他還是患有先天手抖症的患者。

偉拉德出生不久，就被診斷出「先天性手抖症」，罹患這種病的人動作緩慢，手腳震顫，嚴重者的身體甚至會失去柔軟性，變得僵硬。

九歲那年，韋拉德在郊外一家農場首次觸摸到泥土，他興奮極了，用那雙抖動的小手把泥土搓成一顆顆丸子。那些丸子看起來就像是一張可愛的小臉，於是韋拉德從地上撿起一根小木棍，想在泥丸上刻出眼睛，眉毛、嘴巴和鼻子。

然而，抖動的雙手讓他無法長時間維持固定姿勢，手上的泥丸和小木棍一次次滑落下去，但由於韋拉德的專注和不放棄，在一次次的失敗後，終於成功在兩個乒乓球大小的泥丸上刻了一雙眼睛、鼻子以及微笑的小嘴！

從那之後，韋拉德就愛上這種小「雕刻」。他的毅力在雕刻中被磨練得越來越堅韌，越是專注於雕刻，他手抖動的狀況就越能得到控制，他的天生頑疾竟然差不多消失了。從那之後，韋拉德多次拜師深造，雕刻技藝日益精進，他甚至可以把一塊普通的小石頭雕成一隻海獅！幾年後，韋拉

德又做出一個驚人的決定：在沙粒上雕刻！在沙粒上雕刻和在石頭上雕刻完全不一樣，對於手部的穩定度要求更高，韋拉德雕了整整一年都沒有成功雕出一件作品。

但皇天不負有心人，轉眼三年過去了，在經歷無數次失敗後，韋拉德第一件微雕作品終於問世，他用了六周的時間，在一粒沙子上雕刻出一個「聖巴薩羅拇教堂」，這座教堂小到無法用肉眼看清，只能用放大鏡觀看，在放大鏡下，它又會顯得無比壯觀和雄偉。

韋拉德的微雕展取得巨大的成功。英國皇家雕塑家協會主席布賴恩・福肯布里奇先生用無比讚賞的語氣說：「沙子變成一座雄偉的教堂，這不僅是舉世無雙的雕刻藝術，更是一種堅忍不拔的人格魅力。」

一個人的氣質或氣場，是其內心世界的一種外顯表現，是一個人綜合素質對外散發的一種無形力量，它不是與生俱來的，而是經歷生活慢慢培養出來的氣場，是一個人為生活所持有態度的一種意識，是人性的自然流露，是裝不出來的。

韋拉德散發出來的人格魅力，就是他長年生活態度的展現，為達成理想、目標，他能承受別人忍受不住的困難和壓力，在困難裡從不停止自己追求的腳步，這樣穩重、執著、堅忍不拔的氣場，強大到幫助他做任何事都能取得成功，處處閃耀著人格魅力的光輝，讓人不自覺地被他吸引。

☑ 提綱挈領

- 明確的目標是培養毅力的第一步。
- 對目標的強烈欲望是激勵人堅持不懈的動力。
- 對自己清晰地評價，能做出合理的計畫。

⊙ 尋求與他人合作，可以達到事半功倍的效果。

⊙ 把自己做的事變成一種習慣，不斷重複，你就能克服困難。

想想看

當一個人的氣場變得強大，你會莫名地覺得他身上散發出一種致命的吸引力，這種吸引力是其氣場的附屬品。

你的氣場是什麼顏色

當一個人站在你面前，你總能感受到一些從這個人身上散發出的特質，它可以是愉快、壓抑或是熟悉的感覺，那你會好奇自己給人什麼樣的感覺嗎？一同來看看你的氣場顏色！

01 你是否喜歡在說話的時候比出各種手勢？

A 是（接第 2 題）。　　　　B 不是（接第 3 題）。

02 你是否會以驕傲來掩飾自己的自卑？

A 是（接第 3 題）。　　　　B 不是（接第 4 題）。

03 你是非常喜歡做白日夢的人嗎？

A 是（接第 4 題）。　　　　B 不是（接第 5 題）。

04 由於害怕別人的嘲笑和非議，你從不輕易吐露內心真實的感受？

A 是（接第 5 題）。　　　　B 不是（接第 6 題）。

05 你覺得自己是仗義疏財的人嗎？

A 是（接第 6 題）。　　　　B 不是（接第 7 題）。

06 你會有「知道自己最需要什麼，但不知道如何獲得」的感覺嗎？

A 是（接第 7 題）。　　　　B 不是（接第 8 題）。

07 「大多數時候都很悲觀，總無法保持快樂」，這是你現在的狀態嗎？

A 是（接第 9 題）。　　　　B 不是（接第 8 題）。

08 你永遠都不會向自己嫉妒的對象低頭？

A 是（接第 9 題）。　　　　B 不是（接第 10 題）。

09 你認同「虛榮並不是壞事，適度的虛榮能讓人上進」這種說法嗎？

A 是（A）。　　　　　　　B 不是（B）。

10 你認為所有你不喜歡或是討厭的人過得都比你開心嗎？

A 是（C）。　　　　　　　B 不是（D）。

測驗結果

A. 黑色

不論一開始別人看到的你是什麼顏色，最後都會變成黑色。你有很多面，不同的人會看到你不同的一面，有非常殘酷的；也有極其單純的；有陰鬱的；也有快樂的，但你深沉的內心最後都會把這些融成黑色。

B. 灰色

你認為人生就是灰色的，即使你再怎麼努力讓自己過得快樂，都不過是過眼雲煙。一個本質悲觀的人，無論如何也不可能獲得安全感，所以你注定只能待在自己灰色的世界裡，等待自己被解放。

C. 紅色

你給人的印象雷厲風行，在為人處世上也是個說一不二、嫉惡如仇的人，容易給人壓力，也容易感受到希望，容易壓迫到別人，但也可以把人解救於危難之中。

D. 白色

你給人清新的感覺，可以讓人感受到沒有任何壓力的舒適和感動，使他人得以自由地呼吸、暢所欲言，你身上有一種讓人喜歡的味道，和你在一起就好像在森林裡散步一樣。

你屬於哪種氣場類型的人

　　每個人與生俱來的特質皆與其他人相異，它從我們內心深處一直滲透至我們全身，形成每個人看不見、摸不著卻又真實存在著的不同「氣場」。你可能毫無理由地就看誰「不順眼」，也可能莫名就對某個人產生好感，其實這些都是氣場使然。

01 在你看來，目前地球千瘡百孔，頻頻遭遇自然危機的原因可能是……

　　A. 人類對資源的過度開發。
　　B. 一環扣一環的生態平衡遭到破壞。
　　C. 大氣與水環境的污染。
　　D. 宇宙的自然衰變所引起。

解析 你最容易因為什麼事情看他人不順眼——

　　A. 從一些雞毛蒜皮的小事開始，不滿不斷累積，直到忍無可忍。
　　B. 觀點和意見不合，牽連到人際交情上。
　　C. 看到對方心情不好，也惹得你「氣不順」。
　　D. 第一印象，沒什麼理由。

02 世界真的要毀滅了，眼前的場景就如同災難片一樣。請問你腦中浮現的景象可能是哪一個？

　　A. 人們驚呼著四處逃竄。
　　B. 天空颳起黑壓壓的風暴。
　　C. 海水瘋狂地湧上陸地。
　　D. 劇烈的地震讓陸地四分五裂。

解析 當矛盾被激化，你發飆時，對人最具威懾力的「進攻」可能是——

　　A. 像小刀子刺人一樣的「連環炮」攻勢。
　　B. 用縝密的思維發起「得理不饒人」的連續進攻。
　　C. 讓人不敢輕舉妄動的情緒大爆發。
　　D. 毫無頭緒地將前塵舊帳一一翻出。

03 作為世上僅存的人，你將擔負起重建世界的任務，你會獲得來自超自然力量的支持，你認為那會是……

A. 來自某種地外文明的幫助。
B. 被偶然發現的超古代智慧。
C. 自然強大的重生能力。
D. 地球內部的「重啟」系統。

解析 你希望在自己的「氣場」中融入哪種能力——

A. 讓他人一見傾心的外在吸引力。
B. 掌握自身領域外更多的專長。
C. 再陽光一些，讓自己能輕易走出某種負面心境的能力。
D. 你希望自己在看人看事時更有深度一些。

04 重建世界後，你作為唯一的倖存者，可以選擇讓新人類獲得一種以往沒有的能力，你希望是……

A. 像植物一樣進行光合作用。
B. 生長出翅膀，能夠翱翔天際。
C. 能像魚一樣在水底生活。
D. 擁有心靈感應的交流能力。

解析 你需要在人際交往中做哪些調整——

A. 相對簡單、自然，更加放鬆的交際。
B. 更多、更廣泛地表達自己的想法。
C. 更放鬆地表達，並與他人建立情感聯繫。
D. 與你熟悉的人或夥伴建立更好的默契。

05 世界在你的建構下，重新運轉起來，你決定要……

A. 告訴世人一切，成為眾人的「上帝」。
B. 試著繼續發現那些未知的超自然力量。
C. 作為普通人，重新回歸以往熟悉的生活。
D. 與自然融為一體，成為世界的一部分。

解析 在你的「氣場」中，最受他人歡迎的特質是——
　　A. 對他人細緻的關心與真誠的噓寒問暖。
　　B. 頗具深度的思考和見解。
　　C. 平易近人的作風和淡定的心態。
　　D. 一種難以形容的神祕吸引力。

 測驗結果

　　在每個人的氣場中，「地、水、火、風」這四種氣質共同存在，且各有優劣長短。正因如此，我們才可以與擁有不同氣場的人交流、溝通。由於我們天生的氣質和生活環境的差異，使某種氣質總是具有優先表達權，成為氣場的主導。請統計一下，上述答題中你選擇最多的選項為何，對應下方的 A、B、C、D，看看哪種氣質左右著你的氣場。

A.「地」氣場

　　「地」代表最為單純、直接的感官感覺，因此具有「地」氣場的你，對表淺的感官刺激最為敏感，視覺、味覺、聽覺或嗅覺較常人更為靈敏，表現在愛情或是朋友關係中，往往就是那種知冷知熱、體貼型的人。與此同時，如果環境允許，「地」氣場的你容易被塑造為樂天派，對事物充滿興趣和好奇心，熱情樂觀且善於表達，讓你的人緣百分百。

性格弱點 由於敏感的特質，時常被一些瑣碎的小事攪得心神不寧。

B.「風」氣場

　　「風」象徵著自由的思想與無所不在的創意。「思維型」的你也要比同輩人顯得成熟、穩重許多，你擅長思考，「理智」是你為人處事的首要原則。在周圍人眼中，你可能並不熱情，卻很有禮貌。你會適時地堅持自己的想法，不

容易被外界環境左右，且能經常提出不同的思維幫朋友解決各種問題。

性格弱點 思維縝密容易使人變得過於謹慎，而略顯苛刻古板。

C.「水」氣場

「水」是情感的代言人，具有「水」氣場的你，給人的印象常常是充滿人情味，且極具魅力。你的感受力很好，往往能夠明白一個人或是一件事中所蘊藏的深層含義。為此，你善解人意，對人、對生活都滿含熱情，在自我表達時很少會有掩飾，是理想的傾訴對象。

性格弱點 容易受到來自外界負面情緒的「汙染」，或是陷入某種情感狀態中久久無法自拔。

D.「火」氣場

在氣場的世界，「火」並非是說你為人風風火火、直來直去，而是一種直覺性的存在。你可能對某些人或事接觸不多，卻總能直搗黃龍、一語中的，找到事物的內在線索與聯繫。因此，在成長過程中，你是那種最讓人嫉妒的類型——悠然自然，卻成績優異；糊里糊塗，卻好運連連的人。

性格弱點 一旦打定主意就會有些不管不顧，甚至猛鑽牛角尖，不撞南牆不回頭。

你是什麼樣的個性

　　你的房間有一扇窗可以眺望外面的風景。如果現在要加上窗簾，你會選擇哪一種呢？

　　A. 素色的窗簾　　　　　B. 方格線條的窗簾
　　C. 花朵款式的窗簾　　　D. 百葉窗簾
　　E. 白紗窗簾

測驗結果

選擇 A 的人

　　你是一個工作與私人生活分得很清楚的人，平時在外如何拼命，下班後的私人時間也不希望被公事困擾。

選擇 B 的人

　　你在精神上是一個很平穩的人，注重安全感，對於自己的一切都規劃得很好。你的個性比較慎重內斂，不喜歡與別人爭得頭破血流。

選擇 C 的人

　　你生活在一個單純的世界中，從小到大做任何事都還算順利，沒有經歷過什麼大挫折。你對於人生及未來是相當樂觀的，喜歡交朋友，也認為世界非常美好。

選擇 D 的人

　　你的個性較獨樹一格，對自己和別人要求的標準都蠻高的，你不喜歡浪費時間在一些無意義的事情上，時間應用來追求理想。你喜歡思考，看事情也相

當透徹，不喜歡私生活被人干涉，會和朋友保持一定的距離。

選擇 E 的人

你的個性較為優柔寡斷，多愁善感，常常被自己的情緒影響，結果連正事都做不好。對你而言，心情是做一切事情的原動力，當你處在愉快美好的情緒中，不管多艱難及複雜的事情，你都甘之如飴；反之，如果心情不佳，就算有該做的事情必須完成，你也沒動力做。

淡定力

氣場使你內心強大

The Power of Charisma

強大的氣場來自於強大的內心，是由內而外散發出的巨大魅力。專注內心的修練、品味的提升和人格的完善，讓氣場在內心積聚成一股強大而堅實的力量，統領你的靈魂和整個身體，你的氣場才能勢不可擋、源源不斷地散發出來。

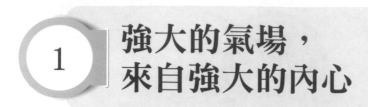

強大的氣場，來自強大的內心

要想增強氣場，我們可以留意坐立行走的姿勢、穿著搭配等等，但氣場也是由內而外散發的，要想擁有強大的氣場，就必須練就強大的內心。

筆者曾看過一則諮詢案例。當事人巧葳心地相當善良，不論是誰，只要請她幫忙，她都義不容辭、使命必達，但自己遇到困難時，卻被人無視，讓她感到很受傷。又因為性格懦弱，經常受到不公平的對待，但不敢維護自己的權益，因而總是被人欺負。

出社會後，這種情況不減反增，時常被資深的同事指使，怕得罪前輩所以不敢拒絕，做了許多自己工作分外的事，被當作打雜小妹使喚。可即便她任勞任怨，也得不到同事的一句讚美、好話，前輩們甚至得寸進尺，若巧葳沒有將他們額外交代的事情做好，便會嚴厲苛責她，使她心中積蓄了許多壓力。

其實這類案例相當常見，他們總被一些「壞人」欺負和利用，感到非常痛苦，但始終搞不懂，自己明明是心地善良的好人，為什麼卻總是吃虧、被欺負呢？這類案例的求助者特別想改變現狀，希望自己能強大起來，再也不被欺負。

筆者雖然並非心理學專家，但對此仍有一些見解。這些人之所以會被欺負，是因為他們身上充滿著負氣場，這些負氣場會引誘他人來欺負你。

有個心理實驗是這麼進行的……

　　心理學家請一位年輕的男演員扮演兩個角色：一個是非常自信、很有氣場的人；另一個則是缺乏自信、顯得很懦弱的人。然後邀請不知情的人，分別與這兩個不同的角色，進行一個賭錢的小遊戲。

　　實驗結果發現，當不知情的人與非常自信的角色在賭錢時，對方的自信和氣場會讓他們產生壓力，大多不太敢下注，行為較謹慎和保守；但當他們面對缺乏自信、顯得懦弱的角色時，反而覺得對方沒什麼實力，變得敢於下注，金額較大。

　　有時候人們會之所以變成「欺軟怕硬」，是因為我們外在的舉止和表現，可能影響他人對我們的態度和行為。

　　我們每個人都會由內而外散發出一種氣場，而這個氣場有正、負之分，有「正」氣場的人，給人的感覺往往是，自己有實力可以擊退任何對自己利益和尊嚴的挑戰和侵犯。而「負」氣場的人則相反，他讓周圍人感覺到，他這個人沒什麼實力，即使被挑戰，也沒有力量和勇氣去回擊。

　　所以，擁有「負」氣場的人，往往沒有底氣，說話小聲且含糊不清，時常迴避對方眼神，一副唯唯諾諾的樣子，渾身散發出一種「怕怕」的氣息，好似在告訴別人：「即使你們欺負我，我也不敢反擊，因為我害怕你們。」所以，正是因為這種「負」氣場，使他們容易招致別人欺負。

　　且當一個人在面對實力遠不及自己的人時，往往會有居高臨下的心理優勢，但涵養較高的人，會懂得善待他人，並用道德來約束自己，不讓這種心理優勢將自己變成欺軟怕硬的人。反之，涵養相對較低的人便不一樣了，他們往往不懂得尊重和善待他人，於是這種心理優勢在他們身上轉變成打壓和欺負他人的行為。「負氣場」不僅會激發那些涵養較低者的心理優越感，還會把這種優越感變為具體行動，進一步打壓、欺負你。

比如，你打開鉛筆盒拿筆準備寫字，鉛筆盒裡面眾多的筆中，有的好用、有的不好用，請問你會怎麼選擇。想必是選擇好寫的筆吧？而這套用在社交上也相當貼切，每當他人對你提出要求時，即使你心中是不情願的，但又會配合他的要求，這時癥結點就找到了，這些被使喚的人，就是優越者眼中好用的「筆」。

因此，若身上總散發著「負」氣場，別人向你提出要求，你不會、也不敢拒絕，這就會給別人帶出一種暗示，認為只要他開口，你應該不會拒絕，結果也證明你確實是那支好用的筆。

氣場的本質，就是一個人面對著生活中的各種情境和問題，若能看懂並掌握其背後的規律，進而擁有搞定這些問題的實力，那力量感、掌控感和安全感自然接踵而來，你也因而獲得良好的結果，產生自信和強大的氣場！

一個內心強大的人在遇到任何事情時都能保持鎮定，思考以最妥當的方式來讓事情圓滿，所謂「榮辱不驚，看庭前花開花落；去留無意，望碧空雲卷雲舒」說的恐怕就是這類人！他們的冷靜、閒適，總能讓人肅然起敬。那我們該怎麼做才能讓自己的內心強大起來呢？

▶ 收起你的羞澀

羞澀的人，其內心往往很脆弱，經不起打擊，他的氣場也會是向內的，讓人不易察覺。要想擁有強大的內心，就要把你的羞澀收起來。

首先我們要承認自己容易害羞的特點，並且記錄你常因為什麼感到不安，這樣你就能更直觀、更全面地了解自己。

　　容易害羞的人往往過於關心自己的表現能否反映真實的自己，進而變得緊張、敏感。你可以試著創造一個角色，扮演一個不害羞的你，比如向老闆進行簡報、參加正式宴會前，你要先為自己確定一個角色，設計自己的腳本，包括你要說什麼、做什麼，到現場後就可以按照事先的練習演出來，你會更有自信。

　　在參加社交活動前，事先了解與調查，以做到真正的有備無患。比如你去參加一個聚會，最好去探詢有哪些人參加，席間會做些什麼，他們有哪些興趣，如果有不認識的人，調查一下他們的背景，這樣在與他們交談時就不會冷場了。

　　一般個性害羞的人，其身體語言也是拘謹的，他們的動作常給人孤僻、冷傲的感覺，但自己卻絲毫沒有意識到。因此，害羞的人應該改變自己的身體語言，時常微笑、不要抱緊雙臂、身體稍微向前傾、熱情地與人握手、正視別人的眼睛、點頭等等都會讓你的感覺好起來。

　　很多人在害羞的時候都會極力掩飾自己的不安，但聲音發顫、臉紅、出汗等等都會暴露你的狀況，這時候你若能主動將你的不安告訴別人，會讓你看起來更真實、更可親。

　　其實，克服容易害羞的毛病不是短期內就能達成，循序漸進地改變才是真理。

★ 掌握自己命運的人，內心才強大

　　你要知道，有人的地方就會有是非，只要人有嘴巴，就會有意見和批評。你要搞清楚自己人生的劇本不是你父母的續集，也不是你子女的前

傳，更不是你朋友的外篇。因此，我們的命運要掌握在自己手裡，只有將命運掌握在自己手裡的人，才能有強大的內心，也才會釋放出強大的氣場。

一位信徒去拜會一位智者。信徒問：「這個世界到底有沒有命運？」智者說：「當然有啊。」信徒再問：「命運究竟是怎麼回事？既然命中註定，那奮鬥又有什麼用？」

智者沒有直接回答信徒的問題，而是笑著抓起信徒的左手，說不妨先看看他的手相，幫他算算命。在分析信徒的生命線、愛情線、事業線之後，他突然對信徒說：「把手伸好，跟著我做一個動作。」他的動作就是：舉起左手，緩慢且牢牢地握起拳頭。

智者問：「握緊了沒有？」

信徒有些迷惑，答道：「握緊啦。」

他又問：「那命運線在哪裡？」

信徒回答：「在我的手裡呀。」

他再追問：「請問，命運在哪裡？」

信徒如當頭棒喝，恍然大悟：「命運在自己手裡！」

智者很平靜地說：「不管別人怎麼跟你說，不管『算命先生們』如何幫你算，記住，命運掌握在自己手裡。」

智者之所以能成為智者，就是因為他知道命運是由自己掌握的，正因為如此，智者的內心要比一般人強大，氣場也比一般人強大。

我們要對未來充滿希望，不論你現在的處境是優是劣，都要堅信會越來越好，當我們的內心強大到可以戰勝一切恐懼與悲觀的時候，氣場將會征服所有人。

且還要有清晰的人生目標，明確知道自己要做什麼，要成為什麼，這樣我們才能堅定地走下去。有自己的觀點和主張，不人云亦云，不受外界影響，不論外界有多少誘惑、多少挫折，都要心無旁騖，固守內心那份堅定。

頂得住壓力的人，內心才強大

壓力就像空氣一樣無所不在。我們有時感覺不到壓力，不代表它不存在，而是因為它很小，當壓力慢慢累積變大時，我們才會感受到它的存在。有心理專家說壓力是一種刺激，如果是好的、舒服的、可以承受的，將成為推動人前進的力量；若是不好的、痛苦的、無法承受的，最終則讓人被壓力壓得無法喘息。壓力會讓氣場混亂，因此一個始終臨危不亂、淡定自若的人，他的氣場才會是穩定、強大的。

那面對這些不好的壓力時，我們該怎麼做呢？

☑ 提綱挈領

- ➔ 首先要了解自己的壓力，勇敢面對而不是選擇逃避。你要知道壓力來自何處，是不是你的目標過高，才給自己帶來不必要的壓力。
- ➔ 面對壓力時，要有客觀、豁達的態度，全面地審視問題。你既要看到壓力帶來的好處和成績，也要看壓力可能帶來的不良影響。
- ➔ 即使面對壓力，你也要處理好自己的人際關係，要善於表達自己，並懂得體諒和理解他人，設身處地為他人著想，不斷豐富自己。
- ➔ 採取積極的態度，凡事都要朝好的方面去想、去做。
- ➔ 面對壓力時，你要學會放鬆大腦，調節心情。充足的睡眠是必不可

少的，向朋友傾訴或運動都可以讓身心能量合理地釋放，有利於心理調節。

為了生存和發展，我們的一生要面對各式各樣的壓力，只有內心強大的人，才會正視自己眼前的壓力，讓壓力成為強化氣場的砝碼。

想想看？

你的氣場夠強大嗎？當我們在抱怨自己的氣場不夠強大時，審視一下你的內心是不是也渺小得如一粒微塵。讓內心變得強大起來，為氣場穿上鎧甲，你的氣場也會所向披靡。

腹有詩書氣自華

　　英國哲學家培根說：「讀史使人明智，讀詩使人聰慧，演算使人精密，哲理使人深刻，倫理使人有修養，邏輯修辭使人善辯。」蘇軾也曾說：「腹有詩書氣自華。」

　　關於讀書，我們有許多古今中外名人的教誨，足以見得讀書的重要作用。唐宋八大家之首的歐陽修有一句名言：「立身以立學為先，立學以讀書為本。」讀一本好書，就如同交了一個良師益友，不僅可以陶冶情操，潛移默化中也可以改變你的氣質，提升你的品味。我們所謂的「書香氣」和「書卷氣」就是讀書人散發出來的氣場！

　　《漢書・太平御覽》中記錄了孫敬的故事：孫敬到洛陽太學求學，每天從早到晚沉浸於書中世界，常常廢寢忘食。時間久了，也會疲倦得直打瞌睡，於是他找了一根繩子，一頭綁在樑上，另一頭則束在頭髮上，只要他讀書打盹時，頭一低，繩子就會扯住頭髮，弄疼頭皮，人自然也就能驚醒，得以繼續讀書學習。年復一年地刻苦學習，孫敬飽讀詩書、博學多才，成為一名通曉古今的學問家，這就是孫敬「懸樑」的故事。

　　《國策・秦策一》中記載了蘇秦早年讀書的故事：蘇秦少時便有大志，隨鬼谷子學習多年，為求取功名，他變賣家產，置辦華麗行裝，到秦國遊說秦惠王，欲以連橫之術逐步統一中國，卻未被採納。

　　由於在秦國的時日太長，以致盤纏將盡，只好衣衫襤褸地返回家中。

親人見他如此落魄，對他的態度十分冷淡。蘇秦羞愧難當，他下定決心用功學習，拿出老師送給他的《陰符》一書，晝夜苦讀。讀書時，他準備一把錐子，只要一打瞌睡，便用錐子往自己大腿上刺，強迫自己清醒過來，專心讀書。如此堅持了一年，他再次周遊列國，終於說服齊、楚、燕、韓、趙、魏「合縱」抗秦，並手握六國相印。

蘇秦締約六國，聯合抗秦，投縱約書予秦，使秦王不敢窺函谷關十五年之久。

這就是蘇秦「刺股」的故事，也是成語「懸樑刺股」的由來，故事中的兩位主角透過苦讀，最終成就一番大事業，成為受世人敬仰的人，其氣場也影響了古往今來許多人。

閱讀的意義

每個人都知道閱讀很好，讀書很重要，閱讀與學習能昇華我們的氣場，那讀書到底有什麼作用呢？

每個人在閱讀的時候都有自己的習慣：英國作家毛姆喜歡坐在公園長椅上讀詩；歐陽修的「三上」、「三多」是他的閱讀寫作習慣；三國著名學者董季直的「三餘，即冬者歲之餘，夜者日之餘，陰雨者時之餘」是他爭分奪秒學習的習慣；司馬光的警枕夜讀是他克服瞌睡、增加時間的習慣。習慣會影響一個人的生活方式，而生活方式則能影響一個人的命運。我們不得不說，讀書可以培養一個人的氣場。

有很多人在艱苦的條件下，千方百計地為自己創造讀書的環境，藉此滿足自己知識成長的需求，匡衡鑿壁借光、車胤囊螢、孫康映雪都是傳頌

至今的動人故事。此時，讀書雖然不能在物質生活上帶來幫助，但是這種精神上的充實是無法比擬的。

試想一下，在安靜的環境裡，手捧自己心儀的書卷，細細品味書中的酸甜苦辣，是怎樣的幸福。

書中自有千鐘粟，書中自有黃金屋，書中自有顏如玉。讀書是一種美的享受，享受讀書中的情節、細節，哪怕只是一個詞、一句話，都能讓人引申出生命的意義。

所謂「精妙處，忍不住擊節嘆賞；傷感處，止不住淚眼模糊；激憤處，耐不住拍案而起；諧趣處，憋不住啞然失笑」也是書帶給我們的奇妙感受。讀書，點亮的是人的心燈，能帶領你實現，甚至是超越夢想。與書為伍的人，必定會沿著預定目標堅定地走下去，不論前方是大路朝天，還是淒風苦雨。

閱讀能給人帶來快樂。剛從繁忙的工作中抽出身來，你一定身心俱疲，這時如果能坐下來，拿起一本書漫不經心地翻閱，會使你感到輕鬆和愜意。書中的生、死、愛、恨，歡樂和痛苦，進取和消沉，英勇和悲壯撲面而來，帶給你真實的人生體驗，讓你陶醉癡迷，忘卻煩惱。

▶ 你會讀書嗎？

看到這裡，很多人可能會心一笑，誰不會讀書，認識字的人都會讀書，但真的是這樣嗎？當然不是，因為讀書不僅僅是讀字而已。很多人在讀書的時候，往往只注重精彩的故事情節，對那些奇聞趣事、幽默笑話感興趣，看那些堆砌的華麗辭藻，這樣一來，讀書之後真正留在腦海裡能用

的東西少之又少，「書到用時方恨少」說的就是這個意思。

如果只是機械式地讀書，那讀書並不能帶給我們改變，也不會提升你的氣質和氣場，只有把書讀進腦袋裡，邊讀邊反思，你才會發現書的精妙之處。

學生時期因為必須升學，我們不得不讀書，長大之後，沒有來自家長的壓力，很多人因此與書劃清界限。你要知道，你活得快不快樂，很大程度上是由你的心靈決定的，每個人的內心都有一扇只能由內開啟的改變之門，這扇門從外面是推不開的，只能由內向外推。如果你不願意開啟這扇門，不論別人在外面如何動之以情，曉之以理，還是枉然。主動讀書所能達到的效果遠大於被動讀書。

因此，閒暇時主動拿起一本書吧！書中的一句話、一個故事，可能影響你的下一個決定！

我們常說：想法決定行為，行為決定命運。那要改變命運，就要改變行為；要改變行為，就應先改變想法。因此，在閱讀時一定要學會思考，要有針對性，帶著問題去讀書，否則書中的道理再深刻，對你而言也是過眼雲煙，看過馬上就拋到腦後。

「紙上得來終覺淺，絕知此事要躬行」，這就告訴我們死讀書是行不通的，最重要的是要將學到的知識應用在我們的生活中。讀書就是在參考別人的經歷，加以思考讓自己借鑒。所以我們應該用心去領會書的內涵，從中汲取對現實工作和生活有用的東西，用以指導工作和實踐。

仔細想想，我們成長的每一步，都離不開書的幫助，我們從書中學會語言，學到各種知識，學到做人的道理。即使我們現在很少讀書，但從網路、報紙、雜誌上獲取各式各樣的資訊，也可以說是一種變相的讀書。

書籍有著迷人的魅力，它不僅能豐富你的大腦，更能豐富你的內心，讓你的氣場由內而外無窮釋放。

想想看❓

　　飽讀詩書的人，全身都會散發睿智的光芒。他們說話得體、做事得體，其氣場會讓所有人為之折服。讀書讓我們坐在家裡便可知曉天下事；讀書讓我們變得有修養；讀書更是我們提高氣場的有效途徑。

3 重拾夢想，氣場靠熱情助燃

　　每個人在小時候都會編織一個夢想：在不久的將來，我要成為一個怎樣的人。隨著年齡的日益增長，有些人越來越堅信自己的夢想，一步步朝著夢想努力，但大部分人卻早已忘了兒時的夢想，每天渾渾噩噩地生活。當一個人走在追尋夢想的路上，他所散發出來的熱情和光芒是沒有人能阻擋的。

　　現實生活中，有很多人會抱怨：「生活真是沒意思！」這些感覺生活無聊的人絕大多數都是沒有目標的人，他們沒有奮鬥的動力，生活也因而變得索然無趣。

　　漫不經心生活的人，他們對任何事情都不會有太大的興趣，這也不參加，那也不參加，久而久之，你周圍的人也會自動忽略你，把你當做透明的玻璃人，到那個時候，你的氣場也就歸零了。

　　如果你也將兒時的夢想遺棄了，那麼請你重新拾起它，讓夢想的光芒驅散生活中的陰霾，你會發現生活其實可以更美。此時，你熱情的氣場也會感染周圍其他人，激勵大家一起為了實現夢想而努力。

　　這個夢想的源頭是一張照片。一名 14 歲的男孩在街頭嬉戲時，在商店櫥窗裡看到一本健美雜誌，封面人物是雷格・派克扮演大力神的造型。這個男孩深深著迷，對自己說：「嘿！這就是我的榜樣！我要像雷格一樣贏得『宇宙先生』的頭銜，我要去美國，我要像雷格一樣進軍影壇，

我要成為億萬富翁,然後從政!」

這個乳臭未乾的男孩信誓旦旦地說出自己的人生夢想時,朋友們都覺得他太瘋狂了,認為骨瘦如柴的他簡直是在做白日夢。連他的母親也不認為他能美夢成真,她一直希望兒子成為一名木匠。

18歲時,他為了實現夢想,竟然在服兵役期間擅離職守,翻過軍營柵欄,到德國參加「歐洲先生」的健美比賽。這次的冒險旅行有兩個收穫:他成功捧回「青年歐洲先生」的獎盃,可是他也被關禁閉一星期。但值得慶幸的是,他以行動證明了夢想是奇蹟的源頭,夢想越瘋狂,成功就越巨大。

21歲的時候,他的夢想開始起飛,他獲邀參加在美國紐約舉辦的「國際健美健身聯合會奧林匹克先生」爭霸賽。台上的他意氣風發、自信滿滿,相信自己是體格最健壯的健美運動員,但這次他輸了,屈辱的眼淚告訴他,要想徹底實現自己的夢想,還有許多東西要學。在接下來的比賽中,當其他健美運動員出去喝啤酒的時候,他就自己在旅館裡研究上一屆「奧林匹克先生」得主過去所有的健美表演影片,他也真的成為新任健美之王。

在此後五年,他一直蟬聯這個桂冠。他拍攝的第一部電影是《大力神在紐約》,出道的第三部影片《饑腸轆轆》為他帶來一座金球獎。然而他並未因此感到滿足,他有更大的夢想,他對自己說:「我不在意是否會成為一名演員,我將成為明星,每個人都知道我的名字。」

在他拍攝動作片《魔鬼終結者》的時候,導演詹姆士·柯麥隆原本打算讓他飾演英雄里斯,而非終結者。然而,他非常渴望終結者這個角色,於是他主動接近柯麥隆,詳細又清晰地說出自己心中的夢想,即使柯麥隆

略施小計想激怒他，讓他自動離開，他也沒有放棄。最後，柯麥隆被說服了，答應了他的要求。《魔鬼終結者》使他受到電影生涯中前所未有的好評，躍升為一線國際影星行列。

在他 56 歲的時候，宣布參選加州州長，他的太太回憶說：「當時除了我們自己，沒有人認為他有潛力。每個人都在嘲笑他的夢想。」但他越挫越勇，在選舉中大獲全勝，順利當選加州州長，登上夢想之巔，更令人難以置信的是，他還連任美國加州州長。

那麼他是誰呢？他就是心懷狂熱夢想、做人做到極致的阿諾·史瓦辛格。

夢想是內心巨大的渴望，是一路前行的不竭動力。在通往夢想的路上，可能崎嶇不平，也可能荊棘滿布，但是你要明白，你所戰勝的困難越大，你與夢想的距離就越近。別害怕夢想不會實現，因為你在追尋夢想途中所展示出來的氣場，要強過你實現夢想後的氣場。

▶ 重拾夢想的步驟

當重拾夢想的時候，我們會經歷什麼呢？

▷ 1 真正認識自己

當我們重拾夢想時，也應該少了兒時的天真，應該對夢想加以修飾。首先，你要了解自己到底要成為什麼樣的人，你的人生目標是什麼？你最適合什麼樣的工作，你的優勢和劣勢是什麼？只有不斷磨練自己，夢想實現的機會才越大。

2 擁有使命感

你要有明確的使命感，要知道自己來到這個世界上應該做出怎麼樣的貢獻，如果你擁有一個符合自身價值觀的使命感，你的夢想才會是有價值的。

3 設立心中的人物

在我們實現夢想之前，都應該樹立一個榜樣人物，這個人一定是優秀的，而且你要知道他為什麼會成功。因此，買一本榜樣人物的傳記是必要的，透過書了解他成功的過程。

4 時間管理

在實現夢想的時候，我們要管理好時間，知道什麼事應該先做，什麼事能夠拖延，你可以應用「二八定律」來管理自己的時間。

5 人脈借力

良好的人脈關係也是實現夢想的基礎，每個人都不會是獨行俠，少了他人的幫助，一個人是很難取得成功的。

6 付出行動

有夢想就要有行動，只有想像的空殼，而沒有實際行動，你的夢想也只是個華而無實的肥皂泡。

　　沒有行動的夢想只是一個華而無實的肥皂泡。那麼，在行動之前的決心呢？如果缺少了行動的決心，就好比一台沒有發動機的機器，無法產生前進的動力。

　　夢想和實現夢想是兩個截然不同的概念。你的決定應該具體而明確：我想要什麼？我想做什麼？我想擁有什麼？我想追求什麼？你應該用簡短而肯定的句子，將你的夢想寫出來，比如「我想在 50 歲的時候環遊世界」。

　　當你專注於夢想時，要把其他的事放在一邊，堅定地朝著你的夢想而前進，具備破釜沉舟的勇氣。這時，你做的不應該是懷疑夢想，而是思考如何完成夢想。

　　夢想是美好的，而實現夢想的過程卻是艱難的。舉個簡單的例子，如果你把成為奧運冠軍所得到的鮮花、掌聲、榮譽等和艱苦的訓練等同起來，那巨大的心理落差將使你萎靡不振。每天睡前都要回想一下為了達成夢想，今天完成了哪些目標，明天還有哪些目標沒有完成，並準備好為此付出心血。

　　當我們在為夢想狂奔時，也應該注意腳下。把握當下的時間，也是你實現夢想的一個過程，當你全部的力量都集中在當下時，你的生命才會有股強烈的張力形成，而這種張力將使你快速朝夢想奔跑。

　　對於夢想要有很強烈的渴望，才能塑造出強大的氣場，而不是做一天和尚撞一天鐘。當你能如此積極地去追求夢想，身邊的人就會被你的氣場所感染、帶動，主動為你提供幫助，氣場就是這樣強大，它會讓別人為你的目標而行動。

想想看 ?

　　有夢想的人生是五彩斑斕的，追逐夢想的人生是五味雜陳的。當我們重拾夢想，喚起對生活的無限熱情時，你的氣場也會因你的熱情而燃燒起來。

4　在旅行中放眼世界，拓展氣場廣度

　　A 說：「旅行的意義就是看不同的風景，感受不一樣的生活，最重要的是吃到好吃的東西。」

　　B 說：「旅行的意義就是在有限的時間玩完無限的空間。」

　　C 說：「旅行的意義就是和好朋友一起分享美食、美景與好心情。」

　　D 說：「旅行的意義就是開心。」

　　E 說：「旅行的意義，不知道欸，或許好玩吧，我是不想待在家裡才去旅遊的。」

　　F 說：「旅行的意義就是增廣見聞。」

　　G 說：「旅行的意義就是找個沒人認識的地方，放鬆自己。」

　　H 說：「旅行的意義就是放鬆心情。」

　　I 說：「旅行的意義就是放鬆，充電，調整。」

　　G 說：「旅行就是花錢買罪受。」

　　K 說：「我不知道旅行是什麼，去哪兒也都不重要，重要的是跟誰一起去。」

　　L 說：「旅行就是放鬆心情、開拓視野，了解各地的名勝古蹟，感受大自然的美。」

　　M 說：「旅行的意義就是享受生活，同時也是一種人生經歷。」

　　關於旅行，不同的人有不同的看法，有人喜歡旅行，有的人卻厭倦旅行；有的人旅行是為了放鬆心情，有的人旅行是為了逃避。但無論如何，旅行能讓我們了解不一樣的世界，豐富我們的心靈，遊歷和見識多的人，身上也會散發出見多識廣的氣場。「讀萬卷書不如行萬里路」，旅行帶給我們的人生閱歷是其他經歷所不能相比的。

　　當我們下定決心去旅行的時候，實際上我們就已經把旅行中最困難的事情做完了。那我們在出發前，應該做好哪些準備呢？

▶★ 為旅行做好準備

　　我們常說有備無患，旅行前的準備是很重要的，它能為你省掉很多不必要的麻煩。

1▷ 旅行必備物品

▶ 個人證件、信用卡、現金、手機、充電器、雨傘、筆記本、筆。

▶ 洗漱用具（牙膏、牙刷、洗髮精、洗面乳、毛巾、防曬乳），換洗衣服，塑膠袋（裝垃圾或穿過的衣服），紙巾，指甲刀，鑰匙，車票，零食（麵包、巧克力、餅乾等），刮鬍刀，小手電筒，哨子，眼鏡（隱形眼鏡、太陽眼鏡）。

▶ 藥品（消炎藥、止瀉藥、退燒藥、OK 繃）。

▶ 如果行程有安排到海邊或泳池，可以帶拖鞋，泳衣，泳帽，蛙鏡和游泳圈等泳具。

2 旅行前的計畫

一般情況下，旅遊被我們分為三個部分：第一是欣賞當地風土民情，第二是考察當地城市特徵，第三則是品味當地的特色美食。因此，行前準備時要多多查找資料，設定好想去的行程。

▶ 天氣：最近幾天的天氣情況，視近期天氣預報訂下旅行日期。

▶ 路線：先去哪裡後去哪裡，以及中間轉車要在哪裡、坐什麼車，弄清公車、火車的末班車時間。

▶ 住宿：最好提前預訂，網路上有相當豐富及完整的資訊，依自己的預算決定要訂飯店、民宿還是青年旅舍。預訂時要問清楚價錢，告知幾個人住，並詢問訂金如何交付、是否有附餐食等等。

▶ 美食：哪裡有什麼特色小吃，儘量將它們安排在順路的路線中。

當然，我們在這裡所說的是自助旅遊的準備事項，如果是跟團旅遊，這些準備就可以省略，因為旅行社會幫你安排好。

3 值得注意的小細節

如果是獨自一人的自助旅行，那就應該注意以下細節。

▶ 到達目的地後，儘量先購買回程車票。

▶ 現金分裝在不同的皮包或口袋裡，避免發生所有錢都遺失的狀況。

▶ 旅行前要做好縝密的計畫，規劃好路線、花費，而且一定要帶著比計畫中還要多的錢，以備不時之需。

▶ 出發前告訴家人和朋友你要去哪裡，以防遭遇不測，一定要有人知道你人在哪裡。

▶ 儘量少帶東西，通常一個後背包就足夠了。你是去旅行不是搬家，東西越多，負擔就越重。

▶ 人多的時候，要看好自身貴重物品，但也不能太在意，否則很容易成為小偷下手的目標。

▶ 不要羞於問路，且向店家問路比較安全。

▶ 一雙舒適的鞋子是最重要的，因為旅行絕對是你雙腳的大考驗。

▶ 旅行前，用小紙條寫下你能聯繫到的家人和朋友的電話號碼，分別放在不同的口袋，以防手機遺失就失去與他人的聯繫了。

▶ 整理背包的時候，應將較不會用到的東西（比如換洗衣服）放在最下層，再擺放路途中可能要拿取的物品（比如食物、水、雨傘）。

▶★ 豐富心靈的準備

　　從自己熟悉的環境進入陌生的環境，我們會看到不一樣的風景，接觸到全然不同的風俗民情，這時心中常常會有很多突如其來的感觸，為了捕捉這些轉瞬即逝的靈感，我們該準備些什麼呢？

▶ 儘量步行和搭乘大眾運輸系統，你所看到、感受到的將會出乎你意料之外，帶給你許多驚喜。

▶ 帶上心愛的筆記本，旅行的路上一有靈感就馬上寫下來，這將會是最美好的回憶。

▶ 把相機戴在脖子上，方便隨時記錄轉瞬即逝的畫面。

▶ 下車後買一份當地的地圖，即使你不看，也是一件特別的紀念品，看著地圖上自己曾經走過的地方是一件很幸福的事。

▶ 如果因為旅行而把自己搞得疲憊不堪，是件得不償失的事情。旅行的意義在於尋找自己、尋找歸屬感、尋找心靈的寧靜，因此，不必太勉強自己，非要走完預先規劃好的景點。其實，在一個陌生的城市留下些許遺憾，也是一件很美的事情。

▶ 如果可以，不妨嘗試一個人去旅行，這樣的旅行沒有壓力，沒有太多的顧慮與束縛，可以很隨性地逛。

有時候旅行，也只是一種心情的釋放，好比沉在水底的魚兒，在雷雨到來之前感覺煩悶，迫切的想要到水面透一口氣。遠離一個城市，奔赴另一個城市，無論這個城市給你的感覺是好是壞，不變的是，對於未知的風景，我們總抱著憧憬和好奇。

旅行，有時只是為了讓自己的生活多一點偶然，打破一成不變的規律生活。錢永遠賺不完，平日裡的各種壓力，一點一滴累積在心底，終究會在一個合適的機會來臨時，以一種近乎歡呼雀躍的姿態去迎接。無論是住新的飯店，還是坐一趟陌生的班機，想像自己曾在某座城市的街道上穿梭，在某地域上空飛過，那這個地方對我們來說就不陌生了。在一個完全陌生的環境，我們可以釋放自我，做最真實、最沒有壓力的自己。

想想看 ?

　　在不同的地方看不同的景色、品味不同的風情，你會發現一個不同的世界；當鉛華洗盡，你會發現這些旅行會帶給你心靈上的滿足。你的氣場也會因為經歷過不同的風景而魅力十足。

5 把握自信的度，讓氣場溫而有度

　　自信，是前進的動力、成功的保障。古往今來的成功者，他們的背景、經歷、性格、興趣等都有很大的差別，但有一點是相同的，那就是他們對自己的才能、事業和追求都充滿著必勝的信念，這種自信讓他們無論是工作還是生活，都充滿了溫而有度的氣場，相信自己、不自棄、不武斷。這樣的人就像是一塊溫婉的美玉，少了鑽石的盛氣凌人和玻璃的卑微脆弱。所以，我們也應該像玉石一樣，把握好自信的度，讓自己的氣場變得謙遜有禮又不失自我。

　　俄國有位著名劇作家在排演新話劇的時候，原定女主角因故無法參與演出，劇作家實在找不到人，只好請他的大姐擔綱這個角色。他的大姐只是劇團的服裝道具管理員，現在代打上陣出演主角，自然是滿懷自卑膽怯的心理，表演得極差，使劇作家極度煩躁和不滿。

　　一次，他突然停下來排練，說：「這場戲是全劇的關鍵；如果女主角一直演得這樣差勁的話，整齣戲就不用再往下排了！」這時全場靜默，他的大姐久久沒有說話，然後抬起頭來說：「繼續排練！」一掃先前的自卑、羞怯和拘謹，演得非常自信，非常真實。劇作家高興地說：「現在我們又擁有了一位全新的表演藝術家。」

　　這就是「自卑」和「自信」的巨大差距。自卑的人，他人生中所扮演的永遠都是默默無聞的配角，甚至是沒有任何台詞的龍套；而充滿自信的

人一站出來就渾身散發「我是主角」的氣場，所有的目光都追隨著他的一舉一動。舞臺上如此，人生亦是如此。

　　你的氣場是不是因為沒信心而黯淡失色呢？跟著筆者的建議做，找回你遺失的自信吧！

▶ 擺脫自卑的情緒

　　你可能長相普通，你可能身材不好，你可能沒有學歷……你可能身上有很多缺點，但你也不能因此而自卑。每個人都是世上獨一無二的個體，就是因為有著形形色色的人，才得以組成現今豐富多彩的世界。如果你有些小自卑，可以循著以下建議來提升自信心，讓你的氣場傳遞出「我最棒」的資訊。

☑ 提綱挈領

- 🔄 每個人都擁有強大的潛能，因此我們要相信自己的能力。一個人在面試的時候，如果憂心忡忡，還沒開始就擔心自己會失敗，結果多半會惡夢成真。但你真的不行嗎？恐怕是不相信自己的能力吧！每個人都有自己的優勢所在，占據主動位置，會讓你離成功更近。自信也應該有雄厚的實力，這樣你才會擁有自信的資本。如果一個人擁有真才實學，那他自然會對自己的選擇充滿信心和期待。

- 🔄 倘若一個人有明確的目標和堅定的信心，那麼他就能把自己的想法或願望清晰地表達出來。充滿信心的話語能吸引他人的注意力，並感染對方，直到他相信自己。要想在說話時看起來更有信心，就要把聲調放低，這樣聽起來給人感覺更平和、穩重，也顯得魅力十

足，尖銳的聲音往往會讓人覺得煩躁不安。

> ● 試問參加正式會議或私人聚會時，你習慣坐在哪裡呢？是前排還是角落？那些坐在後排和角落裡的人，因為對自身缺乏自信，往往都希望自己不要過於顯眼，以減少自己被注意或點名的機會。其實，要想增強自己的信心，坐在前排是個不錯的主意，因為坐在前面會比較顯眼，而成功就是從顯眼開始的。

> ● 與人交流時，不敢正視對方是自卑的表現，躲避別人的眼神則意味著心中可能有罪惡感，或是做了什麼不希望被對方知道的事情。其實我們沒有必要逃避與他人的眼神交流，即使對方是了不起的大人物，你也要抬起頭來，勇敢正視對方的目光。

➡ 要自信，而非自負

　　自信當然是好的，但自信過了頭，就會變成自負，兩隻耳朵都聽不進別人的意見，這樣的人不會取得大家的喜歡。真正有氣場的人是謙和的，就像稻穀一樣，結實纍纍的稻穀總彎腰低垂著頭，子實稀薄的稻穀才會仰首向天。擁有自信氣場的人就像一塊磁石，能把人們吸引到自己身邊；而擁有自負氣場的人則像一隻刺蝟，令人避之不及。

　　一位科學家研究出「複製機器人」，他知道自己壽命不長了，死神將要降臨，於是「複製」出了 12 個「自己」，想在死神面前以假亂真，保住自己的性命。科學家的技術堪稱完美，連死神也分辨不出哪個是真正的目標，但死神想到一個方法，對著這群「人」說：「先生，你真是一個天才，能夠複製出如此逼真的複製品，可惜我還是發現了一處微小的瑕疵。」死神的話語還未落，那個科學家就暴跳如雷地說：「不可能！我的技術是完美的，不可能有瑕疵！」

　　這雖然是個笑話，但卻說明了人們的心理。有很多人總盲目地相信自己是十全十美的，認為自己的觀點、生活方式等都不會出現問題，然而我們並非上帝，每個人的一生，都在不斷地犯錯和修正錯誤中度過，所以當他人對自己有一些建議、意見甚至是批評的時候，不要著急反駁，因為對方說的有時可能是正確的。

　　那我們在對待他人不同的意見時，應該怎麼做呢？

①　要有接受批評的勇氣

　　每個人都希望獲得他人的尊重，不喜歡受到別人的批評和指責，這是每個人普遍都會有的心理。但我們也要學會接受善意的批評，坦然接受指教的人更有自信。對於善意的建設性批評，反擊和爭辯都是無禮且無濟於事的，若對批評進行無關緊要的糾正，只會演變成更嚴重的問題。

②　從批評中自省

　　一個人要想獲得成功，就要習慣將批評當作鏡子，照一照自己到底存在哪方面的問題，並加以改正。善於虛心接受批評的人，往往會贏得他人的尊重和好感，讚美的話誰都愛聽，但批評的話更加彌足珍貴，它可以使你清醒，使錯誤不至於更嚴重。

③　虛心學習

　　在生活中，遵循「以禮相待、以誠待人、以德服人」的處世原則；對待不同的意見時，要學會虛心接受，小心選擇，衷心採納。

想想看 ?

當一個人有自信的時候，他所散發出來的氣場是溫婉且易於接近的。自負的人目中無人，不會得到眾人的喜愛；自卑的人唯唯諾諾，也不會得到眾人的重視，只有把握好自信的度，整個人才會顯示出平易近人的氣場。

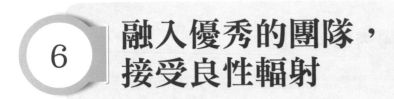

6 融入優秀的團隊，接受良性輻射

　　一支優秀的團隊，能使團隊裡的每個成員顯示出高漲的士氣，激發成員工作的主動性，進而形成強烈的集體意識、共同的價值觀、高漲的士氣、團結友愛的精神，這在於團隊有著深厚的文化底蘊，能散發出一種強大而獨特的氣場。

　　優秀的團隊文化是團隊制勝對手的前提，也是一支團隊戰無不勝、攻無不克的主要原因，是可以傳承和沿襲的內在精神和氣質，團隊的每個成員自願將自己的聰明才智貢獻給團隊，同時也能使自己得到更全面地發展。

　　人的氣場中具有強烈的電磁效應，因為我們在持續不斷地散發和吸收能量。每當你與他人接觸，你們的能量都會產生互換，你會給出一些能量，也會吸收一些新的能量，你接觸的人越多，這種能量互換也越多。

　　如果你面對的氣場非常強大，你自己的氣場就會被它帶動起來，與之進行協調，趨同心理之所以會成為一種強大的影響力，就是這個原因。整體團隊的能量當然比單獨的個人強大許多，個人與團隊接觸得越多，個人的氣場與團隊就越協調，所以要想讓個人氣場獲得提升，我們必須學會融入優秀團隊，耳濡目染，學會借助團隊的力量來提升自己。

⭐ 和比自己優秀的人交流

有句話說得好：「你是誰並不重要，重要的是你和誰在一起。」古有「孟母三遷」，足以說明和誰交往的確很重要。在現實生活中，你和誰一起生活、和誰做朋友的確很重要，甚至能改變你的成長軌跡，決定人生的成敗。

美國一位著名銀行家名叫亞瑟・華卡，他的成功得益於他少年時的一次經歷：華卡在雜誌上讀到企業家威廉・亞斯達的故事後非常崇敬他，想和他見上一面，希望自己能成為他那樣的人。有一天，華卡終於見到亞斯達。當華卡請教對方賺錢的秘訣時，亞斯達對華卡說：「只要多結交比自己更優秀的人，就有成功的那一天。」

此後，華卡一直實踐著這個基本信念，不到五年的時間，他終於實現了自己的夢想，如願以償地成為銀行家。後來，有年輕人向華卡請益成功的經驗，華卡說：「我希望你常向比你優秀的人學習，這對做學問或做人是有益的。」

華卡的做法，值得我們在工作中借鑒。把團隊中優秀的人，作為自己學習的榜樣，多與他們交流，是提升自我的一個重要方法。

所謂「三人行」，必有我師焉，你要善於發現團隊中其他人的優點，把團隊中有能力的人，作為自己學習的目標和榜樣，多向他們請教，你就會變得和他們一樣優秀。

▶ 抓住機會，更上一層樓

抓住表現自己的機會，它可以是藝文表演，也可以是口頭發言。哲學家愛默生說：「只有膚淺的人才相信運氣，堅強的人相信凡事有果必有因，一切事物皆有規則可循。」

俗話說：「機不可失，失不再來」機會在你身邊的時候，你是否能抓住呢？不懂得抓住機會的人，給你再多機會都是一種浪費。最有名的莫過於「諸葛亮借東風」，只有抓住東風來的瞬間，他們的陣營才能獲得勝利，如果抓不住，之前的努力都付之東流。

但抓住機會的前提是你有所準備，因為機會總留給有準備的人，比如你在公司工作，公司只有一次晉升機會，有好幾個人共同競爭，這時問題來了，誰是那個有機會晉升的人呢？答案是準備最充分的人。

有這麼一個例子想與讀者分享，某年奧運會在西班牙巴塞隆納舉辦，當地一間商店老闆在賽前便向市民宣傳：「如果西班牙選手在本屆運動會上贏得的金牌超過十面，那凡是奧運期間六月到八月購買商品的客人，事後出示購買證明，都可以進行全額退款。」

消息一出，市民們爭先恐後地前去購物，店家的銷量暴增，奧運賽開始了，西班牙不斷獲得捷報，七月初統計便已有十金一銀的好成績，於是更多消費者前去購物，你可能會認為這間店要賠死了，但老闆卻從容不迫，更公告九月即可開始退款，這是為什麼？

原來老闆早早作了規劃，他開始這項計畫前，已向保險公司投了專案保險，保險公司起初認為西班牙贏得十面以上金牌的機會不大，便受理這項案子。而這就是謀略，假如獲得十面以上的金牌，退款都由保險公司賠

償，若金牌數不及十面，那這間商店就賺了一筆豐厚的財富。

　　生活中，上帝會在你不注意的時候，悄悄打開成功的大門，這也許是瞬間的功夫，許多人都無意錯過了，但有些人卻能敏捷地看見這敞開的大門，大步邁進，變成萬人稱羨的成功者，也應了那句老話：「機會總是留給那些有準備的人。」

　　世界知名喜劇大師卓別林，他五歲時初次登台亮相便展現出他那卓越的表演天賦。卓別林的母親是一名女演員，他時常陪同母親一起去表演，他就在後台或台下看著她。某次演出時，母親的聲音突然啞掉，只能趕緊結束自己的演出匆匆下台。

　　這時台下抱怨聲四起，現場一片混亂，舞台總監靈機一動，想到卓別林曾在大夥兒私下的聚會上表演給大家看過，當時還對卓別林的表演相當讚許，於是他提出讓卓別林上台代替母親表演。

　　年幼的卓別林就這樣上台了，但沒想到他面對台下滿場的觀眾絲毫不怯場，鎮定自若、毫不拘束地先唱了一首歌，接著邊唱邊跳舞，表演了好幾首歌曲，他甚至模仿了母親剛剛在台上啞著聲音唱歌的樣子，表演得維妙維肖，贏得觀眾熱烈的掌聲，要求他再表演幾首，甚至希望他之後能被安排至演員名單當中，卓別林也因為此次表演機會，使他未來走上藝術的道路，成為家喻戶曉的喜劇大師。

　　相信各位讀者都知道機會是什麼，比如工作晉升的機會，創業進入市場的機會，甚至追一個女孩子也要有機會。但機會並不是什麼時候都有，倘若身邊恰好沒有機會，我們就必須傻傻地等待嗎？時間是相當寶貴的，與其等待，筆者會建議你自己創造機會！

　　有句話說：「智者創造機會，強者把握機會，弱者等待機會。」舉個

簡單的例子，筆者有名學員 A 曾向我分享，他擁有優秀的背景，順利進入一間大公司，期望能在該公司大放異彩，不料他那滿腔的抱負卻未受到組長的賞識，想著若有機會能向大主管展示就好了。而他的同事 B 也同樣擁有許多想法，但行動力遠比 A 高出許多，主動向大主管詢問能否抽空聽聽看他對工作的看法，替自己謀得機會，而他的高見被大主管採納，替自己爭取到升遷的機會。

學員 A 對於自己行動力不足這件事相當扼腕，但也因此認知到把握機會，倒不如自己創造，機會是有限的，愚者錯失機會，智者善抓機會，成功者創造機會，機會確實只留給準備好的人。

有頭腦的人會想辦法創造機會，讓自己在最短的時間內，爬到最高的位置，你可以透過某些方法、某些事情，獲得領導層的關注，他才會進一步評價你，若沒有被看到，那你就不斷創造機會，直到達成目的為止，這就是機會效應。

再比如夜市有很多店家會在店門口吆喝，這也是一種機會創造，消費者會被吆喝聲吸引進入店裡，沒有如此操作的商店，就只能等待消費者自己上門，但這時就形成了機率理論，有在門口吆喝的商家，其成交率會比你高出許出。

誰懂得創造機會，就會比別人有更多的機會，成功的機會也將大幅提升。比爾‧蓋茲曾說過：「我之所以成功，是因為我跟三百人談項目，其中有一百五十個人願意聽我講，五十個人覺得項目不妥，三十個人有意向，最後有十個人跟我合作，這就是創造機率、機會。」因此，光懂得抓住機會是遠遠不夠的，若你有能力，更要替自己創造機會。

避免不良情緒的汙染

你是不是也遇到過這樣的情形：身邊總有幾個一天到晚怨天尤人的同事，無論是在每週的例會上，還是午休吃飯時，他們始終在抱怨。只要他們講幾句洩氣話，就能讓一個熱絡的腦力激盪會議前功盡棄。同事們的壞心情很快就傳染開來——這就是不良情緒的污染。

你是否曾有過這樣的感受，早上走進辦公室時，你隱約嗅到一種不尋常的「味道」，便心想今天大家怎麼悶悶的？你發覺有些人的眼神寫滿沮喪，做事也不來勁，這時有人主動說了：「你知道嗎？公司出大事了，股價跌得一蹋糊塗，損失慘重。」、「公司要被合併了，沒多久我們就要被裁員」類似這樣的壞消息不斷被釋放出來，讓團隊在一瞬間洩了氣，毫無創造力，若你置身其中，肯定能明顯感受到那種情緒感染力。

作為團隊中的一員，杜絕不良情緒污染最直接的方法，就是避免自己成為不良情緒的污染源。對領導者來說，除了不把自身情緒帶到團隊中，更應該重視整個工作氛圍的營造。換句話說，要想自己高興，就不能忽視團隊中其他個體的情緒。

如果你無法使團隊中的某個人停止抱怨，就不要與他靠得太近。

一個人再強，能力也是有限的，所以才需要組成團體，靠集體的力量，為每個人贏得更多的機會。每個團隊都會有它的氣場，優秀的團隊所散發出的氣場有助於我們提升自己，也促進團隊的發展。

7 對自己的態度負責

　　在我們的人生中，絕大多數的事物都建立在「責任」的基石上，若沒有相互之間的責任，我們就會失去很多有意義的東西，諸如情感、信用等等，這些美好的事物，都需要我們付出責任後才能得到。

　　人活在世上，必須知道自己的責任所在，只有對自己負責，才會在人生的旅途中，譜寫出屬於你的無憾樂章。一個對自己負責的人，必定有著強大的內心在支撐，而這也是他們能產生強大氣場的主要原因。

　　無論你擔任什麼角色，你都有一份義不容辭的責任。鄭板橋題曰：「難得糊塗。」這也許是一種人生境界，但在責任面前可千萬別糊塗，每一個人都要清楚明白自己的責任。對自己負責，是人生成熟的標誌，也是事業成功的基礎。

　　一個對自己不負責的人是一個毫無人生價值的人。然而，在我們的現實生活中，對自己不負責的人大有人在，現實會將這兩種不同的人區別開來，就像是一個不知進取的人與一個不知疲倦、不斷勇攀高峰的人之間的區別。

　　不知進取的人永遠隨遇而安，對自己永遠都是滿足的，這樣的人的氣場是懶散的，整天渾渾噩噩，毫無魅力可言；勇攀高峰的人則不斷挑戰自我，他不願讓生命輕擲，對自己負責，這種人的氣場是凝聚的，散發著令人欽佩的無比魅力。

無論在工作還是在為人處事中，做一個對自己高度負責的人，努力處理好每件事，你的氣場將越來越穩固，越來越強大。

▶ 不為自己找藉口

生活中，我們經常碰到類似的情況，遇到一些自己不願或不想做的事情，找個「沒有時間」的理由推脫；看到一些成功人士的事例，想到自己一事無成，找個「別人的機遇好，而自己不走運」的理由自我安慰……其實這都是你的藉口，如果我們真的想做一件事，想得食不知味，夜不能寐，就一定會去做，而且一定會做好。

NBA 退休球星傑森‧基德談到自己的成功時說：「小時候，父親常帶我去打保齡球。我打得很差，總在解釋自己為什麼打不好，而非去找原因。當時父親對我說：『別再找藉口了，這不是理由，你保齡球打不好是因為你不練習。』他說得對極了，所以現在我一發現自己的缺點便努力改正，絕不找藉口搪塞。」

藉口是拖延的溫床，實質就是推卸責任找理由，與其尋找各種推託之詞，還不如說「我不知道」或直接表明自己不想做，因為一個遇到問題就開始找理由推卸責任的人，他的氣場必然是奇差無比。

如果在工作中以某種藉口為自己的過錯和應負的責任開脫，第一次你可能會沉浸在藉口為自己帶來暫時的舒適和安全之中而不自知。然而這種藉口所帶來的「好處」，會讓你在接下來的第二次、第三次……不斷為自己尋找藉口，因為在你的認知裡，你已接受這種找藉口的行為，且你很可能會養成找藉口的習慣。

　　這是一種十分可怕的消極心理習慣，它會讓你的工作變得拖沓而沒有效率，變得消極而最終一事無成，你整個人也會變得頹廢，毫無生氣，自然更不可能用氣場來影響其他人。

　　曾有人在全球五百大企業中做過統計，從美國西點軍校畢業出來的董事長有一千多名，副董事長有二千多名，總經理或董事這一級的也有五千多名。

　　世界上沒有任何一家商學院能培養出這麼多的頂級菁英，那為什麼企業領導人不是商學院培養出來的，而是西點軍校呢？西點軍校有一個廣為傳誦的悠久傳統，學員遇到軍官問話時，只能有四種回答：「報告長官，是」、「報告長官，不是」、「報告長官，不知道」、「報告長官，沒有任何藉口」，除此以外，不能多說一個字。

　　「沒有任何藉口」是西點軍校創校兩百年來奉行的最重要的行為準則，是西點軍校傳授給每位新生的第一個理念，每一位學生都應想盡辦法去完成任何一項任務，而不是為沒有完成的任務找藉口，哪怕是看似合理的藉口。因為秉持這一理念，無數西點畢業生得以在人生各個領域取得非凡的成就。

　　對自己不負責任的人，失敗之後，永遠找藉口；而對自己負責任的人則永遠是找方法。只有對自己負責的人，才是主宰自我生命的設計師、命運的主人，獲得生命的自由，贏得別人的尊重和愛戴。只有這樣，才有收穫和發展。

▶ 不要輕易妥協

法國劇作家小仲馬初涉文壇時，屢屢碰壁。他的父親大仲馬對他說：「如果你告訴大家你是大仲馬的兒子，情況或許會好一點。」小仲馬回：「不，站在別人肩膀上摘到的蘋果不甜。」小仲馬為自己擬了大量筆名，避免眾人把他與大仲馬連在一起。終於，他的《茶花女》問世後一鳴驚人，足與其父的《基督山恩仇錄》相提並論。

小仲馬抱著對自己負責的態度，不求父親協助，不怨天尤人，用自己的汗水打拼出自己的事業，這正是對社會負責，對家庭負責，更對自己的八斗之才負責。

反面教材仲永不對自己的才華負責，將其當作嘩眾取寵的資本，結果文壇上只留下警示世人的《傷仲永》。只有坦然接受失敗、不輕易妥協的人，才能得到自己想要的，這也正是對自己負責的收穫，且這個堅持不懈的過程，其實也是氣場蓄積沉澱的過程，讓我們由內而外地散發出強大厚實的氣場。

▶ 不要看輕自己

對自己負責，就不要看輕自己。每個人都是獨特的個體，因此，我們不必以欽羨的目光仰視他人，更不必對他人的某些成就頂禮膜拜。雄鷹固然能搏擊藍天自由翱翔，但蜜蜂也能傳播花粉使大地五彩斑斕，果實纍纍；碧玉晶瑩剔透，價值不菲，但砂礫也能墊基鋪路，成就百丈高樓和平坦大道，世事就是如此，存在就有價值。

一位父親帶著兒子去參觀梵谷故居。在看過那張破舊的小木床和開了口的皮鞋後，男孩問父親：「梵谷不是位百萬富翁嗎？」

父親答：「梵谷生前是個連老婆都娶不起的窮人。」

第二年，這位父親帶男孩去丹麥。在簡陋的安徒生故居前，男孩又困惑地問：「爸爸，安徒生不是住在皇宮裡嗎？」

父親答：「安徒生是鞋匠的兒子，他過去就生活在這棟閣樓裡。」

故事中的這位父親是一名水手，他每年往來於各大港口；這個男孩叫伊東・布拉格，是美國史上第一位獲得普立茲新聞獎的黑人記者。

二十年後，伊東・布拉格在回憶童年時說：「那時候我們家很窮，父母都以苦力為生。有很長一段時間，我一直認為像我們這樣地位卑微的黑人是不可能出人頭地的，好在父親帶我認識了梵谷和安徒生，這兩個人告訴我，上帝並沒有看輕卑微的人。」

只有你自己看重自己，對自己負責，努力讓自己變得更好，你才能越來越優秀，讓更多人喜愛你、欽佩你，別人才會看重你，你的氣場才能越來越強。

當你在工作中遇到難以解決的問題時，不要輕易放棄和妥協，應該多向有經驗的前輩、資深的同事請教，或是閱讀相關書籍，積極尋找解決的辦法，讓自己成為厲害的人。

在追求理想的過程中，也別被一時的困境所擊倒，面對失敗、不如意的事情，不要一味地抱怨，即便再難也要堅持下來，到最後你會發現自己除了成功外，這些經歷也使你變得成熟，散發出涅槃重生後的魅力。

遇到問題，就要積極找方法解決，而不是找理由來推卸責任。有些時候，與其找藉口，不如說「我不知道」。

樹立一個你每天早晨醒來為之奮鬥的目標，並把目標具體化，若目標模糊不清，會使你失去動力。

強大的氣場源自強大的內心，一個本著對自己負責的人必定不會輕易妥協，他會不斷挑戰自己，因為他不願讓生命輕擲，而這必將為自己的人生軌跡畫一道完美的弧線。

在挫折中磨練意志，完善人格

著名成功學家奧里森・馬登說過：「在當今世界上，很多人都把他們所取得的成就歸功於障礙與缺陷。如果沒有障礙與缺陷的刺激，他們可能發掘出 25％的才能，但一遇到痛苦的刺激，其他 75％的才能就會被開發出來。」

挫折是造就成功的天使，同時也是對我們意志的磨練。經歷挫折並成功戰勝挫折的人，其內心往往有著堅不可摧的力量，這來自於他們在挫折中的意志磨練，戰勝挫折的過程使他們的人格更加完善，擁有面對不如意境遇和解決複雜問題的能力，而他們也如同重生的鳳凰一般，閃耀著奪目的光彩，擁有一般人沒有的強大氣場。

如果你拒絕失敗，你也等同拒絕了成功，因為沒有失敗，就沒有成長。如果你是一個害怕失敗的人，如果你想擁有不怕失敗的態度，不妨記住牛頓的話：「如果你問一個善於溜冰的人如何能溜得這麼好，他會告訴你：『跌倒了，爬起來便會成功。』」

在挫折面前，不要後退，反而要勇敢地戰勝它，當你獲得成功的時候，你強大的意志和人格也會造就出一個氣場強大的你。那要如何在挫折中完善人格，磨練出強大的意志呢？

用積極的心態面對挫折

你用什麼態度對待生活，生活也將以什麼態度回饋於你。法國作家巴爾扎克說過：「世界上沒有絕對的事，苦難對於智者是墊腳石，對於強者是財富，對於弱者卻是萬丈深淵。」這就是態度的力量，消極的態度產生阻力，帶來灰暗的人生，積極的態度則能生成動力，迎來事業的輝煌。

態度是一種信仰，世界上沒有不可能，只要不向命運低頭，命運就掌握在自己手中。人生總會有幾段無所適從、舉步維艱的迷茫歲月，但凡有所成就、有所建樹的人，無不是從逆境中打拼出來的，從這個層面說，態度決定了一個人未來的生活狀況。

廣義上說，沒有真正的失敗，因為宇宙萬物隨時在變化，日日不斷地茁壯發展，不管如何失敗，都只不過是不斷茁壯發展過程中的一幕；在某個期間內或許算是失敗，等轉移後又是一片無限生機。因此，世上的一切，並無所謂的「失敗」或「消滅」，光看表相或許是消滅，但萬物其實均在「更新」的過程之中。

卡內基說過：「最容易被人忽略的是，山谷的最低點正是山谷的起點，許多走進山谷的人之所以走不出來，正是他們停住雙腳，蹲在山谷煩惱哭泣的緣故。」我們處在什麼起點，什麼高度，什麼地方都不重要，重要的是我們要儘快辨別方向，確定下一步該往哪裡走。

敢於面對生活中的挫折和不公平，不躲避、不放棄，努力做出改變，你也能在這個過程中得到人格的完善，擁有良好的心理素質，進而體現出從容的氣場。

➡ **用信念克服障礙**

　　一場突然其來的沙漠風暴使一位旅行者迷失了前進方向。更可怕的是，旅行者裝有水壺和乾糧的背包也被風暴捲走了。他翻遍身上所有的口袋，找到了一顆蘋果，「啊，我還有一個蘋果！」旅行者驚喜地叫著。

　　他緊握著那顆蘋果，獨自在沙漠中尋找出路，每當乾渴、饑餓、疲乏襲來時，他總會看一看手中的蘋果，抿一抿乾裂的嘴唇，又會增添不少力量。

　　一天過去了，兩天過去了，第三天旅行者終於走出了荒漠，那個他始終未曾咬過一口的蘋果，已風乾得不成樣子，他卻當寶貝似地一直緊握在手裡。

　　深深讚歎旅行者之餘，人們不禁感到驚訝：一顆看來多微不足道的蘋果，竟會有如此不可思議的神奇力量！是的，這就是信念的力量！信念的偉大在於，即使遭遇不幸，亦能召喚你鼓起生活的勇氣；信念的力量在於，即使身處逆境，亦能幫助你揚起前進的風帆。信念，是蘊藏在心中永不熄滅的火焰；信念，是保證一生追求目標成功的內在驅動力。

　　人生中，我們創造出很多的問題，然後又創造出解決問題的方法，但所有的方法到最後可能都沒有用，因為達成一件事情需要的不是方法，而是欲望和信念，以及想要完成一件事的渴望。這時你需要做的就是：信念，在人生的旅途中，不可能總是一帆風順、事隨人願。

　　有的人身體可能先天不足或後天病殘，但卻能成為生活的強者，創造出常人難以創造的奇蹟，他們靠的就是信念，這種頑抗到底的信念能讓意志蓬勃生長，使一個人堅不可摧。

⏩ 找出失敗的原因

失敗後回頭尋找失敗的原因，這對不少人都是一種精神和心理上的煎熬。這就如同你被傷到之後還要掀開傷口一般，痛苦萬分，但你必須堅持去做，因為你得從傷口中挑出沙礫和髒東西，並將傷口清理乾淨，否則就會發炎，製造出更大的傷口，甚至危及你的生命。失敗之後也是如此，這不僅能使你的意志變得更堅強，也能使你找到失敗的原因，盡力去避免，為你累積成功的經驗。

因此，失敗後，及時尋找失敗的原因，清除隱患，累積方法，辨清成功的方向，讓自己的內心變得更強大。

▶ 認真對待每一次的失敗，要痛定思痛，理清思路，找出自己失敗的原因，在下一次奮進中引以為戒。

▶ 失敗了不要沮喪，不要氣餒，儘快找到方向，也許換一種方式就會成功。

▶ 你要相信，相信自己能夠做到，做一個樂觀自信的人。

▶ 你要有所行動，用行動實踐你的信念。

想想看❓

碰到挫折，我們既不要畏懼，也不要逃避，要勇敢去正視它，並具備打垮它、英勇拼搏的氣魄。在挫折面前，你表現得越懦弱，挫折就越欺負你，這樣你必敗無疑。只有拿出毫不畏懼的勇氣，凝聚強大的氣場，你的人格才能昇華。

與充滿正能量的人相處，感染對方的靈性

氣質是內在的東西，一部分來自天性，更多來自後天的修練。多與有修養、富含能量的人接觸，可以使人受到薰陶，自己也變得強大，正所謂：「近朱者赤，近墨者黑。」

朋友分很多種，有能夠一起吃三餐的室友，一起學習看書的朋友，也有熱愛戶外活動的朋友，但要跟哪種人相處，變成怎麼樣的人選擇在你手中。我們選擇跟什麼樣的人在一起，終究會成為什麼樣的人，如果你想變得優秀、收穫幸福，那首先要做的，便是去接近那些充滿正能量的人。

你一定有過這樣的體驗，有些人是只要和他聊天，他就會開始抱怨、吐槽，抱怨生活不順、抱怨工作不爽、抱怨家庭不幸福、抱怨自己不夠厲害。在他眼裡，似乎什麼都不順，似乎什麼人都對他不好，似乎所有阻礙都是命運不公造成，他們遇到事情，第一反應不是尋求解決方法，而是下意識地吐槽。還有些人，看誰都不爽，每天吐槽別人，對別人的生活指指點點；對自己的生活則是消極、悲觀、頹廢。

即使你很努力給予他們鼓勵，但換來的依舊是唉聲歎氣、抱怨不休，更可怕的是，跟這些負能量的人相處久了，你也會在無形中沾染了他的壞情緒。這種壞情緒會扭曲你對外界的看法，一點一點侵蝕你的信心，在不知不覺中偷走你的夢想，使你漸漸消極、頹廢，變得和他們一樣，渾身負能量。

可能讀者會想說，朋友不是越多越好嗎？可以拓展自己的社交圈。其實不是的，不曉得你是否有過朋友邀約你去吃飯，明明不想去卻又不敢拒絕的情況呢？到現場只好坐在一旁默默參與，浪費好幾個小時的時間，結束後覺得自己什麼都沒得到，也開心不起來，甚至覺得有點後悔，雖然社交圈變大，但卻覺得越來越沒意思。

問題出在哪裡呢？問題就在於你選擇的朋友無法讓你更有能量。試著審視一下自己的朋友圈，想想自己需要什麼樣的朋友，如果身邊盡是一些負能量、只會消磨時間的人，那你原先可以用來發揮熱情的寶貴時間，將被浪費在你不願意參與的事情之中。

著名心理學家大衛・霍金斯曾對氣場做過百萬次實驗，得出一項結論：一個人的氣場，對我們可能產生的影響是不可思議的，當正能量的人出現時，他的氣場會將萬物變得有秩序、美好。反之，當一個人充滿負能量，不僅自己情緒低迷，也會使周圍的氣場變得紊亂、糟糕。

常說「久入芝蘭之室而不聞其香，久入鮑魚之肆而不聞其臭」便是這個道理，若你跟著飛舞的蝴蝶前行，你看到的會是芬芳的鮮花，但如果你是跟著蒼蠅走，你只能抵達骯髒的溝渠。

充滿負能量者，他的本性可能不壞，但他的氣場卻會在潛移默化中傷害到別人，所以筆者會建議你敬而遠之，遠離負磁場，不被它所影響和控制。

與充滿正能量的人相處久了，你就能感染對方的靈性，因為在與對方接觸的過程中，受到對方氣場的影響，進而使自己得到提升，隨之產生更強大的氣場，你身邊能量強大的人越多，你的能量自然也越好。

▶ 和正能量的人在一起，你會被對方的好習慣所傳遞，自己也成長為更好的人。

▶ 和正能量的人在一起，你會發現人生的美好，感受到人生的意義。

▶ 和正能量的人在一起，你會增長自己的格局、提升自己的境界、積攢更多人品。

▶ 和正能量的人在一起，能夠驅散你的霧霾，趕走你的煩惱，給予你希望和方向。

倘若身邊的朋友都是心懷正能量的人，那麼你對待生活的態度、為人處事的方式，將在潛移默化中變得樂觀、積極，生活也會變得越來越順遂。

▶ 吸取正能量者的思想精華

記得曾有人說過這麼一句話：「與什麼樣的人相處，你將會成為什麼樣的人。」這話不無道理，下象棋的時候，人們都會有這樣的體會：常與棋藝高超的人對弈，棋藝會有所長進；反之，棋藝則會退步。

人類就好比「雜食獸」，身體和精神都需要各種食糧，而各種精神食糧，只能在和各式各樣的人相互交往中取得。在與人交往時，選擇比自己出色的人結為好友，努力向他學習，吸取他人之長處，彌補自己的短處，這樣才可以完善自身。

許多人普遍具有「以他人所長補己之短」的想法，比較容易對與自己互補的人產生好感。如粗心大意者喜歡與細心嚴謹的人交朋友；依賴性強

的人，較傾向與獨立性強者一起做事，這主要是因為當一方的需要與對方的期望值正好成為互補關係時，這兩人之間就產生強烈的吸引力。

一個人從別人那裡所攝取的能量越大、品質越好、種類越多，他個人的氣場就越大。假如他在社交上、精神上和道德上與他的同輩有多方面的接觸，那他一定是個有力量的人；反之，如果他與人斷絕一切關係，那他一定會成為一個孤獨的弱者。

錯過和比我們高明的人結交的機會，實在是一種很大的損失！因為我們常能從這種人身上得到許多益處，只有在這種「交往」中，生命中那些粗糙的部分才會被削平，才可將我們琢磨成才。一個啟發我們與生命中最美、最善相交接的機會，其價值可能遠遠超過你的期望，它能使我們的力量擴增百倍。

古人曰：「三人行必有我師，擇其善者而從之，其不善者而改之。」與可以作為自己老師的人交朋友，這個朋友甚至會改變我們的人生觀。試著常和那些有氣質、有思想的人交往吧！多汲取對方的思想精華，你也會成為一個有思想的人。

而要想汲取這些人更多的思想精華，我們就要善於與對方交流：

▶ 放低姿態，懂得傾聽，認真了解對方的意見、想法，有度量，學會接受批評、指導。

▶ 在與對方交往的過程中，表現出你的親和力，讓對方更願意與你親近，與你分享他們的感受。

▶ 注重言語溝通，如果我們不懂得說話的藝術，說話不得體，就很難得到對方的好感，也沒有機會了解對方的思想。

儘量多花時間與氣場強大的人相處

　　時間是最有魔力的良藥，即便你無法在第一時間領會到對方的氣質和氣場，不知如何學會這些，也沒有關係，只要多與對方相處，仔細感知對方的靈性，時間久了，你會發現自己雖然沒有刻意觀察對方，也沒有刻意學習和模仿，但耳濡目染下，已無形中有了對方的影子，舉手投足皆充滿氣場。

　　科學家研究認為：「人是唯一能接受暗示的動物。」積極的暗示會對人的情緒和生理狀態產生良好的影響，激發人的內在潛能，發揮超常水準，使人進取，催人奮進。和什麼樣的人在一起，就有什麼樣的人生，若和勤奮的人在一起，你不會懶惰；和積極的人在一起，你不會消沉；與智者同行，你會不同凡響；與高人為伍，你能登上巔峰。與優秀、有氣質的人在一起時間越長，你的氣質就越好，也更優秀。

　　有氣場的人，其為人處世都有鮮明的個人特色，處世方式也非常受人歡迎和喜愛，他們的行事風格親切隨和，或我行我素，或不拘一格。有氣質的人談吐大方得體，為人處事崇尚自然和諧，生活態度平和、優雅，不急躁，他們總能站在至高點去看待問題。好比一本好書，無論從什麼角度去看，都不會覺得索然無味，讀起來讓人愛不釋手，與之相處往往能從中受益匪淺。多向對方學習行事上的方式和風格，漸漸地，你也會形成一種成熟大氣的行事風格。

就像情緒一樣，氣場也是可以相互感染的。當你自信、積極，別人同樣會感受到自信、積極，如果你心裡有消極的想法，便會在不經意間把這種情緒反應給周圍的人。所以，多與氣場強大的人相處，可以讓你感染對方的靈性，增強自身能量。

10 培養厚積薄發的人格魅力

　　非洲草原上最高的茅草叫「尖毛草」，有「草原之王」的美稱，其生長過程特別，最初半年是草原上最矮的草，但半年後雨季一到，不用三、五天的時間，就能長至一、兩公尺高。原來，前六個月它不是不長，而是一直伸長根部，雨季前，雖露一寸，但紮根地下近三十公尺，儲了足夠的養料和能量後，便一發不可收拾，一下就長成草地之王。

　　這就是「厚積薄發」的力量，有些事情不能一蹴而就，這就需要我們調整心態，慢慢來，一點一滴地累積我們將來需要的東西，為我們想完成的目標做充分的準備。

　　厚積薄發是一種智慧。還記得當時轟動 NBA 的球星林書豪嗎？他的傳奇在於從單場平均得分數二分、一個賽季被三支隊伍裁員的邊緣球員，突然躍升為紐約尼克斯的核心球員，更成為 NBA 明星球員，所有人無不被這奇蹟所驚呆，但其實這項奇蹟的發生並非偶然。

　　林書豪的成功之路異常艱辛，曾在一個月內輾轉於三支球隊，從美國西岸跑到東岸，但即便命運之神不斷與他開玩笑，他也不束手就擒，不放棄籃球，堅持訓練，期待機會到來。

　　林書豪的一夜成名，被眾人認為是上帝的眷戀，但林書豪接受採訪時曾說，他始終相信自己的努力會得到回報。結果也確實如此，試問，若沒有刻苦的訓練，怎麼會有奇蹟的發生？成功沒有捷徑，如果非要指出來，

那就是努力的奮鬥，從基礎做起，一步一腳印。

把自我的頭低下來，謙卑的想一想真正要做的事情，累積自我的真本領，終會換來厚積薄發的那天。

同樣，日本的川端康成也深諳這一種厚積薄發的智慧，他每日靜坐在櫻花樹下，接受著陽光的沐浴，思索著有關於文學美學的終極思考。多年後，川端康成在諾貝爾獎的頒獎典禮上獲頒文學獎項，笑容仍似這蒼翠林海般平靜，就像《雪國》裡的櫻樹，經歷了寒冬，於春日裡花瓣盡數飄散開來。而這，只因他深深體會到這種厚積薄發的智慧。

懂得厚積薄發的人有著與眾不同的氣場，他的身上散發著迷人的魅力。而要想培養厚積薄發的人格魅力，筆者會鼓勵你用心經營以下部分。

腳踏實地才能展翅飛翔

生活中，有些人飛得太高、太突然，一夜暴富或一夜成名，於是有人慨歎，生活的自我並不是缺才，而是缺少發現自己的伯樂；理想的路上並非沒有捷徑，而是缺少機遇，大有「前不見古人，後不見來者」的棄世悲風。更甚者，以投機鑽營為榮，視腳踏實地為恥，難道真的不需要腳踏實地就能振翅飛翔嗎？

若你心中有這個想法那實在是太傻了，因為成功是沒有捷徑的，必須靠我們自己一步步達成。國外曾有教育機構做過一項調查，在頂尖大學及普通大學中，各挑選出資質平凡，學業成績中等甚至偏下，沒有特殊天分，默默學習，參與學校活動的學生，以及成績優秀，在校活躍的學生做長時間的觀察。

　　實驗結果竟出乎意料之外，這些參與實驗的學生，畢業數年願意回饋學校、展示其優秀成果的人，都是先前在校資質平凡的學生。而那些學業成績優秀，積極融入校園生活的人，出社會後竟與唸書時的意氣風發有著明顯落差。

　　根據這個調查結果，科學家認為，成功與在校成績之間並無必然的關係，但和踏實的性格密不可分。排除富二代不說，你會發現事業成功者大多是腳踏實地的，因為他們明白花拳繡腿雖然能快速贏得掌聲，但也會因此自滿，加速自身的滅亡，所以他們會時時警惕自己，選擇行於務實、自律的中道上。

　　李嘉誠曾說：「不腳踏實地的人，是一定要當心的。假如一個年輕人不腳踏實地，我們聘請他就要非常小心。建造一座大廈，若是地基沒打好，那儘管上面再牢固，建築師再厲害，也會倒塌。」

　　人稱經營之神的松下幸之助，他年少時進入一間工廠當學徒，同期的學徒很多，大夥兒的薪資都不高，所以時常在工作時間議論公司、發牢騷，工作態度相當馬虎。但松下跟眾人的想法不同，因為比他厲害又有經驗的人太多了，所以他很慶幸工廠老闆願意雇用他，讓他獲得這份工作機會。

　　松下清楚明白自己有很多不足之處，所以每天都辛勤、認真地工作和學習，他除了比其他學徒晚下班外，還會找空檔大量閱讀各種電子產品的使用說明書，並在工作之餘報名修理電器相關的培訓課程，想讓自己成為該領域的專家。

　　其他學徒都不理解他為什麼要這麼拼，松下告訴他們：「過去我和所有人一樣，太隨心所欲了，我認真思考未來後，覺得自己真是自大愚蠢又

好笑，現在的我知道腳踏實地有多重要，所以我必須創造環境來強迫自己成長，磨掉這些壞習慣。而我不能只用看、用聽的，我要動手做才行，這樣才能一次比一次好。所有事都無法阻止我學習的渴望，絕對不行，因為只有我自己能改變自己。」

這一切努力都沒有白費，老闆全看在眼裡，對松下那認真的態度給予極高的讚賞，認為他將這份工作視為自己的事業在經營，升他為正式員工，薪資也比一般員工高出許多，甚至賦予他許多權力，將許多事務都交由他處理。

相較於其他只為餬口飯吃，自以為學到一身功夫便離開的學徒們，松下一步一腳印，腳踏實地的苦幹實幹，為自己贏得升遷機會，也讓他未來的創業之路奠下基礎，而氣場就是在這些過程中被建立養成的。

又比如當初若沒有李時珍數十年如一日的採集整理，怎麼會有《本草綱目》的誕生；如果沒有曹雪芹十載批閱，增刪數次的嘔心瀝血，又如何有鴻篇巨制的《紅樓夢》問世。只有腳踏實地，認真看待自己人生的決定，埋頭苦幹，一步一腳印，才有「晴空一鶴排雲上」的那天。

不要好高騖遠，眼高手低，從眼前的小事開始做起，一步一腳印，不因事小而不為。

自己能做的事情，要勇於承擔，不要推給別人。放下不切實際的幻想，時刻提醒自己活在當下。

► 堅持才有出頭之日

很多情況下，如果我們多堅持一分鐘，許多失敗就可以轉化為成功。

勝利者往往是能比別人多堅持一分鐘的人，唯有經得起風雨及各種考驗的人，才是最後的勝利者，正如歌德說：「我最大的光榮不是從未失敗，而是每次倒下去都能再站起來。」所以，最可怕的不是失敗，而是被失敗嚇得倒下去後便一蹶不振。

愛看小說的人，大多知道科幻小說《氣球上的五星期》、《從地球到月球》、《地心歷險記》的作者儒勒‧凡爾納，他亦被稱為「科幻小說之父」。他的成功其實得來不易，第一部科幻小說問世的過程相當坎坷，全憑藉著他那堅決的心。

當他把第一部科幻小說《氣球上的五星期》送交出版社時，備受冷眼，連續十五次被出版社退了回來，歷經十五次的冷眼對待！這對於一位愛好文學的人來說，無疑是個沉重的打擊！

他先是失望至極，繼而拍案大怒，一把將書稿扔進壁爐，這時，他的妻子及時把書稿搶救出來，勸他一句：「你應該再試一次。」

他冷靜地想了想，決定再試一次，把書稿寄了出去，終於，第十六位出版商慧眼識英雄，決定出版他的小說。

小說甫推出即一炮而紅，隨著小說的熱銷，世界開始對他刮目相看——他成功了，成了舉世聞名的大作家！

那讓凡爾納成功的是什麼？顯而易見，是堅持。

而堅持最常見的表現形式，就是勇敢再試一次。是的，許多時候可能你以為只是少試一次，但往往就那一次，勝利便與你擦肩而過。成功，就是比人多努力一點點，只有懂得堅持的人，才能嚐到勝利的果實。許多人認為堅持到底是一件很難的事，需要有頑強的毅力才能做到，但其實只要一個小小的技巧就能搞定，那就是每日追蹤！

我們做許多事之所以會半途而廢，並不是因為我們受不了苦，而是我們太健忘，老把這件事給忘了。因此，我們需要有個備忘錄，提醒自己想要實現的目標，就不會把這個目標拋之腦後。

☑ 提綱挈領

- ➜ 把你的每一步計畫都寫出來，記錄每天的進展情況。
- ➜ 對自己有信心，遇到困難要鼓勵自己，為自己加油。
- ➜ 提醒你要實現的目標，以及每天要採取的行動。
- ➜ 將每天的資訊詳細記錄下來，了解自己的現狀。
- ➜ 真實地追蹤你取得的進步。有利於你自我評價的提升，樹立自信，增強堅持下去的決心。

▶ 用忍耐積蓄力量

福樓拜曾說：「天才，無非是長久忍耐。」人生漫漫長路上，無論我們走得多麼順利，只要稍遇上不順的事，就習慣性地抱怨老天虧待我們，進而祈求老天賜給我們更多的力量，幫助我們度過難關。現實中，每個人都可能受到命運之神的捉弄，當我們不甘心做命運的奴僕，又未能扼止住命運的咽喉時，就必須學會忍耐。

當敵我之間的力量太懸殊，正義與邪惡之間的勢力差距太大時，忍耐便是一種最為明智的退卻手段。不硬拼、不消磨自己的元氣，將力量慢慢積蓄起來，把忍耐變成保存自己力量的重要手段才是上上策，就像越王勾踐一樣，經過十多年的艱苦磨練，終於一舉滅吳，殺死夫差，實現復國雪恥的抱負。

忍耐，絕不是對傳統習慣勢力、落後勢力的妥協和投降，而是要積蓄力量，等待時機。李安，現已是享譽國際影壇的著名導演，他早年在打拼事業時也並非一帆風順。

在紐約大學學習期間，李安就顯現出他那非凡的導演才華。1984年，他的畢業作品《分界線》獲得紐約大學生電影節金獎作品獎及最佳導演獎，並取得電影碩士學位。

畢業後，李安留在美國開拓自己的電影事業，然而一個沒有背景的華人要想在美國電影界混出名堂來，談何容易。最初有一家經紀公司看中李安的才華，答應做他的經理人，但李安一直沒有適合美國市場的劇本，因此也只是空談。李安在美國有長達六年的時間都沒有收入，主要靠妻子藥物研究的工作，養家糊口。

時間一天天過去，就連李安自己也陷入深深的彷徨。他開始懷疑自己是不是永遠等不到出頭的那天，看著妻子肩上背負著整個家的重擔，李安覺得過意不去，內心經過一番掙扎與煎熬後，他決定趁早放棄，偷偷去社區大學報名電腦相關的課程，因為那個時候會電腦比較容易找工作。

有天妻子回家，發現了李安的課程表。她驚訝地看著他，一反往日的溫和，把那張課程表撕得粉碎，憐惜地說：「電影是你一直以來的理想，難道就要這樣輕易放棄嗎？」他呆呆地望著那堆撕碎的紙屑，回想起曾經付出的一切，重重地搖了搖頭。

李安重拾專業，更加專注地投入到電影創作中。1990年，他的劇本《推手》成功搬上銀幕，隨後他又拍攝了《喜宴》、《臥虎藏龍》等經典，並於2005年獲得奧斯卡金像獎最佳導演獎，成為好萊塢最具身價的導演之一。

李安常提及那張被撕毀的課程表，意味深長地說：「人生的成功，有時就取決於一紙之隔的忍耐。」正是懂得忍耐，才讓後來的李安厚積薄發，成為今日享譽國際影壇的著名導演。很多時候，忍耐是在積蓄能量、自我提高，只有在忍耐中完善自我，才能不斷地向心中的目標靠近。

☑ 提綱挈領

- ⮑ 以合理發洩、注意力轉移、遷移環境等方法，把快要引爆的衝動情緒宣洩和釋放出來，保持情緒穩定，避免衝動。

- ⮑ 平時經常思考問題，增強預見性，凡事多想後三步，才能在關鍵時刻及時、果斷、準確地做出選擇。

- ⮑ 遇事要沉著冷靜，排除外界的干擾或暗示，克服自卑，培養自信心和獨立性。

想想看？

厚積薄發是一種智慧，是一種力量的積蓄。懂得厚積薄發的人，會在實力噴湧而出的時刻，展現出非凡的人格魅力，他們內心積聚成的那股強大而堅實的力量，會由內而外地展現出來，對他人形成影響力，產生強大的氣場，這都是他們暗暗累積和努力的結果。在厚積薄發的過程中提升和完善自己的人格，你也將散發出迷人的魅力，成為氣場強大的人。

你的人格魅力有幾分

每個人都有自己的人格魅力，也各不相同、有大有小，但常常無法了解自己的人格魅力到底有多大，現在就來測試一下你的人格魅力吧！

01 你通常在什麼時候感覺最好？

A. 早晨。
B. 下午及傍晚。
C. 夜晚。

02 你走路時通常是……

A. 大步地快走。
B. 小步地快走。
C. 不快，仰起頭。
D. 不快，低著頭。
E. 很慢。

03 與別人說話時，你的舉止狀態是什麼樣子？

A. 雙臂抱胸地站著。
B. 雙手緊握著。
C. 一隻手或兩手放在臀部。
D. 碰著或搭著與你說話的人。
E. 玩著自己的耳朵、摸著下巴或用手整理頭髮。

04 坐著休息時，你的雙腿如何擺放？

A. 兩膝蓋併攏。
B. 兩腿交叉。
C. 兩腿伸直。
D. 一隻腿盤起壓在屁股下。

05 聽到讓人發笑的事時，你的反應是什麼樣子？

    A. 欣賞的大笑。

    B. 笑著，但不大聲。

    C. 輕聲地咯咯笑。

    D. 羞怯的微笑。

06 當你參加一個派對或社交場合時，你會……

    A. 大聲地走入會場，引起眾人注意。

    B. 安靜入場，找你認識的人。

    C. 非常安靜地入場，不想被他人注意到。

07 當你非常專心工作時，有人打斷你，你會有什麼反應？

    A. 歡迎他。

    B. 感到非常惱怒。

    C. 在上述兩極端之間。

08 下列顏色中，你最喜歡哪一種顏色？

    A. 紅或橘色。

    B. 黑色。

    C. 黃或淡藍色。

    D. 綠色。

    E. 深藍或紫色。

    F. 白色。

    G. 棕或灰色。

09 臨睡前幾分鐘，你在床上的姿勢是什麼樣？

    A. 仰躺，伸直。

    B. 俯躺，伸直。

    C. 側躺，身體微微蜷縮。

    D. 頭枕在一手臂上。

    E. 棉被蓋過頭。

10 你經常夢到自己在做什麼？

A. 落下。

B. 打架或掙扎。

C. 找東西或人。

D. 飛或漂浮。

E. 你平常不做夢。

F. 你的夢都是愉快的。

計分方式

將下列計分表中根據你選擇的選項，將對應的數字相加，即得出結果。

題號	1	2	3	4	5	6	7	8	9	10
A	2	6	4	4	6	6	6	6	7	4
B	4	4	2	6	4	4	2	7	6	2
C	6	7	5	2	3	2	4	5	4	3
D		2	7	1	5			4	2	5
E		1	6					3	1	6
F								2		1
G								1		

▶ 低於 21 分→ A

▶ 21 分到 30 分→ B

▶ 31 分到 40 分→ C

▶ 41 分到 50 分→ D

▶ 51 分到 60 分→ E

▶ 60 分以上→ Ｆ

A. 內向的悲觀者

你是一個害羞、神經質、優柔寡斷的人，需要人照顧，永遠要別人為你做決定，不想與任何事或任何人有關。你是一個杞人憂天、一個永遠看到不存在的問題的人，有些人認為你乏善可陳，只有那些深知你的人才知道你不是這樣的人。

B. 缺乏信心的挑剔者

你勤勉刻苦、很挑剔，是一個謹慎小心的人，平時總緩慢而穩定辛勤工作。如果你做任何衝動或沒準備的事，會令人大吃一驚，這反應是基於你那過於小心的天性所引起，因為一般你會從各個角度仔細地檢查一切，確認各項環節。

C. 聰明的自我保護者

你明智、謹慎、注重實效，是一個伶俐、有天賦有才幹且謙虛的人。你不會輕易和他人成為朋友，但成為朋友後，會對朋友非常忠誠，並要求朋友也以同等地忠誠回報予你。那些真正有機會了解你的人，明白要動搖你對朋友的信任是很難的，相對地，一旦這信任被破壞，你會很難過，不再與他往來。

D. 平衡的中道者

你是一個新鮮、有活力、有魅力、好玩、講究實際且永遠有趣的人，經常成為人群中的焦點，但你不會因成為焦點而大頭症，能加以權衡。你親切、和藹、體貼、善解人意，是一個會顧及他人情緒，並幫助別人的人。

E. 熱情的冒險家

你是一個令人興奮、高度活潑，但相當衝動的人；你是一名天生的領袖、能快速做出決定，雖然你的決定不一定是對的，但卻是大膽和冒險的，願意嘗

試任何事，而你所散發的刺激訊息，也讓人們喜歡跟你在一起。

F. 傲慢的孤獨者

別人認為對你必須「小心處理」。在別人眼中，你自負、以自我為中心，是個極有支配欲、統治欲的人。別人可能欽佩你，希望能像你一樣，但不會永遠相信你，會猶豫是否與你有更深一層的往來。

閃光力

氣場讓你渾身是電

The Power of Charisma

氣場的修成來自細節的點滴改進，強大的氣場是氣質、氣勢和排場的組合，這些元素能讓一個人如金子般閃亮，在眾人中熠熠生輝而不過分耀眼，舉手投足間表現不凡的魅力而不突兀，恰到好處地展現最令人賞心悅目的自己。

精氣神是氣場的發動機

在本節開始之前，筆者先問大家一個問題：如果你在街上，迎面走來兩個人，一個精神抖擻、滿面春風，一個精神萎靡、滿臉倦容，你會覺得哪個人較有氣場？毫無疑問地，你的答案會是精神抖擻、滿面春風的人。可以見得，精氣神是氣場的發動機，我們越有精神，傳遞出來的氣場也越強大。

強健的身體與平和的心態會讓人精力十足，而精力十足的人才能弧射出巨大的氣場，一個人如果萎靡不振、毫無精神，必定不會受到其他人的關注。

➤ 舒暢的心情

人活著就是為了追求更快樂、更幸福的生活，但幸福的生活要自己努力爭取而來。為了追求自己的幸福，人也就有了為之奮鬥的欲望，為了人生的奮鬥目標，人必須努力工作，在工作中尋找樂趣，讓單調乏味的工作充滿生趣，懂得排憂解悶，維持身心健康，生活和平而安逸，快快樂樂過好每一天。

一個人如果沒有鬥志、信心、毅力，就會因為遭遇種種困難而深陷痛苦之中。因此，為了使自己的人生更幸福，我們必須建立人生奮鬥的目

標，盡自己最大的努力去實現這個目標，讓每天過得很幸福，輻射出吸引人的氣場。

1 給自己正確的人生觀、世界觀

人之所以被稱為「萬物之靈」，就是因為具有思考能力。任何動物都沒有人類所具備的複雜、豐富的主觀內心世界，而它的核心就是人生觀和世界觀。一旦有了正確的人生觀和世界觀，就能對社會、人生、世界上可能出現的各種狀況保持正確的認識，面對各種問題都能採取適當的態度和行為。一旦有了正確的人生觀和價值觀，我們就像是站在高處，能冷靜而穩重地處理各種問題。

2 經常自我歸零

學會讓自己靜下來，沉澱自己的思緒，慢慢降低自己的欲望。你要告訴自己，每天都是新的起點，你能贏得更多的機會，也就是所謂的「退一步人生自然寬」。

3 在任何情況下，都不要忘了愛自己

如果自己都不愛自己的話，那也別指望別人會關愛你。如果你還有其他能力愛別人，就要儘量幫助你能幫助的人，這樣你將得到更多快樂。幫助他人，善待自己，也是一種很好的減壓方式。

4 不羨慕和嫉妒，多和自己競爭

有很多人總是羨慕別人，卻始終把自己當成旁觀者，越是如此，越容易掉進不能進步的泥沼中。你要相信自己，只要去做，你一定可以的，我們要為每一次的進步感到開心，即使是一丁點進步。

面對激烈的競爭、複雜的人際關係等，為了讓自己不至於在某些場合尷尬，不妨廣泛地閱讀，豐富知識庫，因為充實自己也是一種減壓的方式。若你頭腦空空時會覺得很焦慮，這就代表求知欲正呼喚著你，人生是一個不斷進步的過程，而閱讀便是一個吸收養分的過程。且不論在什麼情況下，都要相信自己，哪怕沒有一個人相信你，你也要相信自己。

5 成為自己喜歡的人

你希望自己是什麼樣的人，只要你努力去做就會實現。很多人之所以無法實現自己的目標，最大的原因就是堅持不下去。

6 學會調整情緒

很多人失敗的原因就是因為慌張，本來可以解決好的問題，往往因為他們急得像熱鍋上的螞蟻而搞砸。他們掌握不好情緒，才讓簡單的事情複雜化，讓複雜的事情更難。其實只要把握好事情的關鍵，把每個細節處理得妥貼，就會游刃有餘。

因此，即使問題很棘手，也要冷靜下來，思考如何把它做好。

7 善待身邊的人，珍愛生命

　　學會珍惜身邊的一切，用語方面儘量溫和，即使這個人你非常不喜歡，也應儘量避開，不要肆意傷害，這樣不僅讓自己的心情變糟，也會讓場面尷尬。我們每天都要學習新的知識，每天要有不同的思維，多進行換位思考，揭開新事物的神祕面紗，滿足自己的新奇感。

　　不要對自己過分苛求，把奮鬥目標定在自己能力所及的範圍內，儘量使自己有圓滿完成目標的可能。這樣，你在完成目標的過程中，心情才會是愉悅的。

　　樂觀是心胸豁達的表現，樂觀是生理健康的目的，樂觀是人際交往的基礎，樂觀是工作順利的保證，樂觀是避免挫折的法寶。

★ 培養健康的生活習慣

　　培養健康的生活習慣能讓人體力充沛，精神十足。以下實踐要點，請務必做到。

● 每天起床後先熱身五分鐘，不僅能喚醒沉睡的身體，還能加倍燃燒卡路里。很多人誤以為晨練必須跑上幾千公尺，其實大可不必，只要你每天持續花上五分鐘的時間做一些伸展或跳躍運動，就能達到預期的效果。

● 養成主動喝水的習慣。處於缺水狀態的人，容易感到疲憊。其實當你感到口渴的時候，你的身體早已處於嚴重缺水的狀態，因此，養成主動喝水的習慣是必要的。一早起來先喝一杯水，進行體內清潔，替五臟六腑加一些「潤滑劑」；每天至少要喝一公升的水，但也不要過量。

▶ 養成吃早餐的習慣。醫學研究發現，不吃早餐的人體重容易超標，還容易精神不濟，做事無精打采；而注重早餐的人精力充沛，身形也相對勻稱。

▶ 午飯後，體內的睡眠因子增加，此時是最容易疲乏的時候，這時喝一小杯咖啡，能讓你清醒過來，你也可以選擇喝茶。

▶ 張馳有度。工作中碰到難題，短時間無法解決時，不如休息一會兒，起身倒杯茶，透透氣，然後再繼續完成它。當你累得快透不過氣時，深吸一口氣，然後呼出來，可以翻翻雜誌，上網瀏覽娛樂新聞，或是找人聊幾句，靈感說不定會突然迸發出來。

▶ 站起來接電話，藉著打電話的機會舒展筋骨。這時深呼吸會讓富含氧氣的血液流進大腦，這個簡單的變化，能讓你在接下來幾小時都精力旺盛。

▶ 樂觀、精力旺盛的人，他們積極的情緒總能感染周圍的人，因而更容易受到大家的喜歡。我們不僅要和聰明有才華的人交往，更要和那些充滿熱情，積極向上的人交朋友；如果跟一個悲觀、喜歡抱怨的人一起待上半小時，你的能量會被間接耗盡。

▶ 保持微笑。笑能鍛鍊臉部肌肉，促進臉部血液循環，以提高注意力。有研究顯示，儘管快樂不一定能挽留青春，但每天保持愉悅心情的人確實更健康，罹患各種疾病的風險也較低。

▶ 多睡一個小時。這裡的多睡一個小時，並不是要你周末拼命睡懶覺，而是每天晚上提早一小時上床睡覺，多睡一小時的提神功效等於喝兩杯咖啡。

▶ 美國麻塞諸塞大學曾做過研究，結果顯示冬天易產生憤怒和敵對的情緒，夏天則較少。這與陽光有著莫大的關係。曬太陽能提升大腦血清素的含量，改善心情，為身體充電，多和太陽親近，你會更快樂。

▶ 控制飲酒量。睡前喝酒會因興奮影響睡眠，即使你閉著眼，眼球其實仍不停地轉，所以建議睡前二小時不要喝酒。

美國芝加哥大學的學者認為，晚上鍛鍊的新陳代謝至關重要，因此不妨調整一下你的健身時間，下班後去健身，活絡全身筋骨，回家再洗個澡、睡個好覺，每天早晨彷彿獲得新生。

想想看❓

一個健康的心靈和一個健康的身體所透露出的強大氣場是非常迷人的，它會使人們不由自主地被吸引。

自然真誠的微笑，
能產生正向磁場

　　微笑是人類獨特的表情，微微上揚的嘴角，帶著笑意的眼角，都會使氣場瞬間強大起來。微笑就像一種無聲的召喚，一首小調，一朵含苞待放的小花，吸引人們前來駐足欣賞。

　　自古以來，微笑就具有神奇的魔力。戰國宋玉的《登徒子好色賦》寫到：「含喜微笑，竊視流眄。」漢代張橫的《思玄賦》曰：「離朱脣而微笑兮，顏的礫以遺光。」宋朝馮去非的《喜遷英》詞中說：「送望眼，但憑舷微笑，書空無語。」一個甜美的微笑，總是那麼神祕，又讓人心情舒暢。

　　微笑是自信的象徵，是勝利者發自內心的喜悅；微笑是寬容的象徵，是記憶博大、涵養深沉的表徵；微笑是溝通的象徵，是人與人之間表示友善的最佳表情；微笑更是強大氣場的象徵，懂得微笑的人，能得到更多的支持與幫助。

➥ 微笑帶來的強大氣場

　　世界知名的希爾頓飯店，其創始人非常重視微笑對企業發展的作用。他說：「我的旅館如果只有一流的服務，沒有一流微笑的話，那就像一家永不見溫暖陽光的旅館，又有什麼情趣可言呢？」其實人也一樣，微笑著

的人帶來的氣場遠大於愁眉不展的人。

1 微笑能表現出良好的心境

一個人面帶微笑，代表他心情愉快、樂觀向上，這樣的人才能表現出吸引別人的魅力。

2 微笑能表現出真誠友好的姿態

與人交往時，向對方微笑，能反映出自己內心坦蕩、善良友好，能讓對方放鬆心情，拉近彼此之間的距離。

3 微笑是自信最好的證明

面帶微笑，能表明信心，以不卑不亢的態度與人交往，讓人產生信任感，容易被他人接受。

當我們與人產生摩擦的時候，微笑也是最好的「滅火器」，它可以輕而易舉地消弭人與人之間的隔閡，打開對方的心扉。

▶ 怎麼微笑最好看

我們都知道，有魅力的微笑是由內而外散發的，但你也要相信，經過後天的努力，一樣可以擁有完美的微笑，由微笑而延伸出來的氣場，能讓你瞬間征服在場所有的人。

現在就立即行動起來，站在鏡子前，練習微笑吧！在這一個階段，鏡

子就是你最好的老師。

☑ 提綱挈領

- 首先放鬆肌肉。從低音 Do 開始，到高音 Do，大聲且清楚地發音。需要注意的是，不是連著練，而是一個音節一個音節的發音，並且注意發音的正確嘴型。

- 增加嘴唇肌肉的彈性。以下幾個動作可以幫助我們增加唇部肌肉的彈性：張大嘴，使嘴周圍的肌肉得到最大限度地拉伸，這個動作保持十秒；閉上張開的嘴，拉緊嘴角，同樣也保持十秒；在上一個狀態下聚攏嘴唇，當嘴唇嘟起來的時候保持十秒。接著用門牙輕輕咬住筷子，嘴角翹起，觀察連接嘴唇兩端的線是否與筷子在同一水平線上，同樣保持十秒。

- 在放鬆的狀態下形成微笑。關鍵是嘴角上升的程度要一致，否則就不會好看。在這一過程中，你將會發現最適合自己的微笑。

- 一旦找到自己滿意的微笑，就要進行訓練，維持那個表情三十秒，剛開始會比較難，但反覆練習後就會形成美麗的微笑。

▶ 發自內心的微笑最迷人

美國鋼鐵大王卡內基說：「微笑是一種奇怪的電波，它會使別人在不知不覺中同意你。」

我們常說「相由心生」，發自內心的微笑才是最迷人的。要想笑得自然迷人，你必須先有良好的心情、心態，每天早晨起床後告訴自己：「今天又是嶄新的一天，真棒！」當你與他人交往的時候，一定要先想想對方的優點；而當你遇到困難時，要安慰自己，愁眉苦臉不能解決任何問題，

要微笑面對。

　　當然，不是在任何情況下都能發自內心地微笑，但只要做到以下幾點，相信你臉上的微笑會越來越多。

▶ 經常與人分享你積極樂觀的心態和想法。

▶ 用整張臉去微笑。

▶ 舒展開你緊鎖的眉頭。

▶ 培養和多運用你的幽默感。

▶ 笑的時候要大聲笑出來。

▶ 永遠不要說「氣死我了」，而要說：「我今天很高興」和「我喜歡你」。

　　希望大家明白，微笑和所有樂觀的事情一樣，是很有感染性的。當你微笑的時候，人們就會認為你感覺很好，而你的這份好心情也會讓他人跟著你笑。漸漸地，你的氣場也會影響周圍的人。

➤ 沒有人會拒絕微笑

　　從心理學角度來分析，人們要拒絕一個面帶微笑的人，要比拒絕一個面無表情的人承受更大的壓力。在一般情況下，人們不會攻擊那些對自己充滿微笑的人，也不會給他們釘子碰，因為微笑代表著善良、平和，具有震懾人心的作用。筆者與各位分享一故事。

　　一名業務走進一間公司推銷產品，該公司見多了上門推銷的業務，對此不以為意，各自埋首於工作之中。這時，一名員工開口說：「你好，我

們不需要這些產品，請不要擾亂我們的工作情緒，上班時間謝絕推銷，麻煩你離開。」

業務員並未因拒絕感到受挫，依然帶著微笑溫和地說：「不買也可以啊，請容許我展示一下產品好嗎？」他很快拿出一包紙巾擦拭電腦有汙垢的地方，十分認真投入、動作嫻熟，但員工們仍埋首於工作之中，不大搭理他，於是他禮貌地說了聲：「對不起，打擾了，再見！」

片刻，他又來了，他說：「你們老闆說需要這種產品，請你考慮考慮好嗎？」一名員工開玩笑地說：「老闆需要就讓老闆去買，我們不需要，還是請你走吧！」這名業務員並未因為受到冷漠的對待，而放棄可能談成交易的希望，仍努力詳細介紹產品的性能和好處。雖然最後沒有賣出產品，但他還是微笑著離開了。

接下來的第二天、第三天、第四天，無論工作人員怎麼拒絕，他始終面帶微笑，終於在第五天時，成功賣出自己的產品。當他被問及堅持的原因時，他只說了一句話：「因為我相信沒有一塊冰不會被陽光融化，沒有人會拒絕微笑。」

俗語說：「伸手不打笑臉人。」很少有人會忍心拒絕一張微笑著的臉，不是嗎？真誠的微笑能讓你擁有不忍拒絕的氣場。

▶ 請求幫助時，帶著謝意的微笑會讓人不忍拒絕。

▶ 拒絕他人時，帶著歉意的微笑會讓人不忍抱怨。

▶ 與人產生摩擦時，帶著忍讓的微笑會讓人不忍發作。

想想看？

　　泰戈爾說過：「當他微笑時，世界愛了他；當他大笑時，世界便怕了他。」足以見得，微笑帶給人強大的氣場。微笑是自我推銷的一種友善神情，更是保護自我、完善人格的一種良好武器；微笑是給予別人、映襯自己的心靈語言，是人們感情上的美好，更是人與人之間的心領神會、互動感應的媒介。

魅力眼神讓氣場凝聚

眼睛是心靈的視窗，而眼神則是凝聚氣場的光源，對有氣場的人來說，眼睛的大小並不是重點，最重要的部分在於眼神。看看那些商業巨賈和當紅藝人，你會發現並非每個人的眼睛都天生完美、亮眼，但他們懂得用眼神的力量弱化眼部所有弱點，以充滿魅力的眼神凝聚強大的氣場，吸引所有人的目光。

魅力眼神並沒有一個確切的概念和規定，因為每個人的眼神都有其特點，比如梁朝偉的憂鬱眼神、舒淇的性感眼神、陶晶瑩的知性眼神、周迅的靈動眼神……不同味道的眼神便散發出不同的魅力。即便如此，我們還是會發現這些動人的眼神中，都有著一些相同的基本特質，因為在眼神上滿足了這些特質，這些人才能加入自己的特色，向旁人詮釋帶有個性魅力的眼神，散發與眾不同的氣質，製造出不同的氣場。這些基本特質是什麼呢？我們該如何做，才能讓眼神更有魅力呢？

▶★ 練習堅定的眼神

你的眼神可以熱情，可以溫和，可以憂鬱，甚至可以冷漠，但絕對不能夠不堅定。因為眼神躲躲閃閃、不夠堅定是缺乏自信和心虛的表現，缺少存在感和凝聚力，甚至給人一種畏畏縮縮的感覺。

　　讓眼神變得堅定的方法不單是端正眼神這麼簡單，一個人的內心如果缺乏足夠的自信，也是沒辦法將堅定「假裝」出來，所以說外修的根本在於內修。

　　看看那些氣場強大的明星們，剛出道時，並非每個人都氣場強大，面對氣勢逼人的前輩和只有雛形的事業，一開始難免流露出信心不足、心虛的目光，但經過一番磨練後，昔日那些還不夠堅定的眼神早已不見，取而代之的是充滿力量又不咄咄逼人的自信眼神。

　　想讓眼神變得更加堅定有力，就要先從增強自信開始，也許你有時認為自己還算有自信，但你的朋友或家人卻曾向你提過你的眼神看起來不夠堅定，有可能是因為你自己沒有察覺，但旁觀者清，試著站在另一個角度重新審視一下自己吧。

　　單單對著鏡子練堅定的眼神，並不能發揮多大的作用，關鍵是當你在人群中，特別是其中有比你優秀的人時，你的眼神是否能依舊保持堅定自信，否則你的氣場很難感染到別人。那該如何實現這樣的效果呢？你需要做到以下幾點。

☑ 提綱挈領

- ➤ 每天在心中默念十遍「我是最棒的」。
- ➤ 遇到氣場比自己強大的人時，不要大驚小怪。
- ➤ 接觸比自己各方面優秀的人時，默念「我同樣非常不錯，我們是一樣的」，眼神繼續堅定地看著對方，千萬不要因為覺得自己不如別人，而中途退縮。」

⚡ 削弱氣場的三種眼神

與其說用眼神製造氣場，不如說以眼神凝聚氣場，「形散神聚」不僅可以用在文章上，同樣可以用在一個人的外在表現上。如果一個人擁有凝聚力強的眼神，那即便穿著普通，沒有很大的排場，也會因為眼神凝聚了全身氣場，而引人注目。

眼神擁有較強的凝聚力除了來自足夠的自信外，最重要的是放正眼神，大大方方地看出去，不要給別人留下怯懦的感覺。如果眼神飄忽、不端正，很容易給別人留下不舒服的感覺，更會迅速削弱一個人的氣場，給人留下小氣、不體面的印象。以下三種眼神最具代表性，應盡力避免。

☑ 提綱挈領

- 頭微低，眼睛往上看，好像做錯了事，畏畏縮縮、小裡小氣。
- 頭稍側到一邊，斜著眼睛看人，好像心裡有鬼，正盤算著什麼。
- 目光游移不定，閃閃躲躲，不時地用眼睛掃視，好像心虛氣短，做了什麼見不得人的壞事。

此外，像是瞇瞇眼、眼神渙散、習慣性翻白眼，這些眼神動作看似不經意，可能當事人也沒有什麼惡意，但完全可以毀滅個人形象。很多時候，有以上問題的人，往往自己沒有察覺出來，常常是要別人提醒後才能注意到。一個人要改善這些問題，最有效的方法是與人多接觸、交流，只要消除恐懼感和生澀感，整個人就會變得大方起來。

一般眼神流露出的訊息有……

▶ 眼睛眨動速度快代表不解、調皮、幼稚、活力；慢表示深沉、老練、可信。

▶ 目光集中表示認真、動腦思考；目光分散表示漠然、木訥；目光游移不定，表示此人心不在焉。

▶ 眼神注視的時間長，代表喜歡、欣賞、重視；眼神注視的時間短，代表輕視、討厭、害怕。

★ 讓目光深邃而豐富

深邃而豐富的眼神是智慧的表現，有些人的眼睛並不特別漂亮，但卻十分引人注目，只因為他們的眼神深邃神秘，吸引別人不得不去關注和解讀。像影帝梁朝偉即是這個眼神，一個人的氣場能在這種眼神中變得豐富而濃郁起來。

如何讓眼神變得深邃而豐富呢？這就需要我們有豐富的內心，擁有較強的領悟能力，敢於經歷挫折，善於思考，善於觀察，善於總結，讓心智逐漸豐富成熟起來，而不是簡單地鍛鍊眼神就能實現。關於內修的部分，筆者後面會再跟各位分析。

炯炯有神的眼睛充滿光芒，眼神充滿魅力的重點在於「神」，「神」則來自精力，因此在練習眼神的同時，也要學會保護眼睛，注意保存精力，確保身體健康。

☑ 提綱挈領

➋ 多吃對眼睛有益的食物，含有維生素 A 的食物對眼睛最有益。

➋ 充足的睡眠。睡眠不足時，你不僅精神萎靡不振，眼神一定缺少神

采，有了充足的睡眠，在確保精力充沛的同時，也能讓眼睛更有神。

　　做護眼操，疏通眼部經絡，緩解黑眼圈和眼睛疲勞。

想想看

　　有魅力的眼神能讓氣場凝聚，這樣的眼神不是天生的，而是內外兼修得來的。善於保護眼睛，運用靈活的眼光，透過內在的提升，使眼神變得更加深邃，讓眼神堅定而又和善、平靜又充滿期盼，乾淨又不乏智慧，你便能以眼神「秒殺」眾人，將你的氣場傳遞出去，感染身邊的人。

4 正確站姿將形成強大氣場

　　與人交往的第一時間，我們往往都是以站立的姿勢示人，良好的站姿所形成的強大氣場，是你掌控局面、影響他人的首要武器。站立是很一般的基本動作，我們應該練就優美而典雅的站姿，因為不同的站姿會帶給人們不同的印象。

 怎樣才是標準站姿

　　站姿是靜態的造型動作，是其他動態美的起點和基礎。古人主張「站如松」，說明良好的站立姿勢應給人一種「挺、直、高」的感覺。背脊挺直、胸部挺起、雙目平視。如果不是刻意偽裝，代表這個人很有自信，給人「氣宇軒昂」、「心情愉快」的印象，使人願意與他交流任何問題，周圍的人也會被他強大的氣場所折服。

　　小婷是個不拘小節的女孩，她總是向朋友抱怨自己沒有能吸引男生青睞的氣場。有天，她最好的朋友小白直接、中肯地說：「妳的站姿讓妳註定得不到男孩的青睞。」安妮非常驚訝，認為站姿沒有什麼大不了的，怎麼可能對自己造成什麼不好的影響。

　　「小婷，如果我和妳交談的時候駝著背，眼睛向下看，身體又習慣性地搖來晃去，妳會有什麼感覺呢？」

「我想我會離那個輕浮的傢伙遠一點。」小婷馬上說。

「是的，如果我是男性，一樣不會喜歡動作不端莊的女性。不同的站姿會散發出不同的氣場，即使是一個微小的細節也不能隨便。」

下方與各位分享標準站姿應呈現的樣子，趕緊檢視一下自己的儀態吧！

▶ 兩腳跟併攏，腳尖展開 45 至 60°，身體重心放在腳掌、腳弓上。

▶ 兩腿併攏直立，腿部肌肉收緊，大腿內側夾緊，髖部提起。

▶ 腹肌、臀大肌稍微收縮並上提，臀、腹部前後相夾，髖部兩側略向中間用力。

▶ 脊柱、後背挺直，胸略向前方提起。

▶ 兩肩輕鬆下放，並微微向後張開，氣沉於胸腹之間，自然呼吸。

▶ 兩手臂放鬆，自然下垂於大腿外側。

▶ 脖頸挺直，頭向上頂，保持微笑與精神。

▶ 下巴微收，雙目平視前方。

▶ 站姿影響他人的第一印象

前段有跟各位談到不同站姿所體現出的氣場是不同的，主要把握保持挺直和穩健的體態，人在身體挺直的情況下，能呈現自然的曲線美。在性別平權的倡導下，我們不應該將早期的刻板印象，套用於新世代的男女身上，但我們仍要注意自己的儀態，在適當的場合呈現適當的站姿，這樣才能給人良好的印象。

我們應該知道，氣場有消極，自然也會有積極，你在站立時所展現出來的氣場為何，與你的站姿有著莫大的關係，為了避免消極氣場出現，我們應避免以下幾種姿勢。

☑ 提綱挈領

- 有些人喜歡彎腰駝背、佝僂著身子站著，你或許只是為了節省力氣，但這種站姿會讓你表現出很強的自我防衛意識，且這種萎靡不振的站姿，還會讓你處於劣勢，採用這種站姿與人交流，你將永遠處於被動位置，若想讓對方重視你，就請直起腰來。

- 一個人如果極具自信或有很大的優勢，那他很可能會雙手叉腰站立，通常這是老闆、上司或是在爭辯中理由充分的人會採取的站姿，一個人如果沒有充分的準備，他不會輕易採取這種站姿。且有鑑於此種站姿帶有強烈的攻擊性，會建議讀者不要在與友人聚會等場合使用。

- 靠著牆壁或站在辦公桌旁的時候兩腿交叉，這種站姿傳遞出來的是抱持保留態度或輕微拒絕的意思，同時也讓對方感受到你的拘束和缺乏自信心。

- 雙手插入口袋站立，給人留下不坦露心思、暗中策劃和盤算的印象，是思想成熟的表現。但如果你雙手叉腰站立時彎腰駝背，則是心情沮喪或苦惱的表現。

- 習慣靠牆站立的人多是失志者，他們比較坦白，很容易接納別人。但這種姿勢會讓人覺得你沒有實力，給人一種「出局」的印象。

- 背手站立的人很自信，喜歡把握局勢，具有極強的操控力和氣場，但這種姿勢只適用於與下屬對話的時候，不然你那官僚作風會讓人感到不舒服。

站立時的不雅動作

不雅的站姿會削弱你的氣場，同樣的道理，站立時出現不雅的小動作，也會讓你的氣場蕩然無存。筆者列出以下幾項不雅的姿態，讀者可以檢視一下，看看自己在站立時有哪些不雅的小動作吧！

1 手位不當

站立時，注意以正確的手位去配合站姿，站立時的手位不當，會破壞站姿的整體效果。不當的手位有：①雙手抱在腦後；②用手托著下巴；③雙手抱在胸前；④把肘部支在某處；⑤雙手插腰；⑥將手插在衣服或褲子口袋裡面。

2 腳位不當

在正常情況下，V 字步、丁字步或平行步均可採用，請避免人字步、蹬踩式和三七步。人字步即俗稱的內八字；蹬踩式指的則是一隻腳站在地上，另一隻腳抵在鞋側或踏在其他物體上。

3 半坐半立

在正式場合，必須注意坐立有別，該站的時候就要站，該坐的時候則應坐。站立時，絕不可為了貪圖舒適，而擅自採用半坐半立之姿，一個人半坐半立時，不但樣子不好看，還會顯得過分隨便。

166

④ 身體歪斜

　　站立時不能歪歪斜斜的，若身體明顯歪斜，比如頭偏、肩斜、腿曲、駝背或膝部不直，這些動作不但直接破壞了線條美，還會使自己顯得頹廢消沉、萎靡不振或輕浮的感覺。

　　能夠產生強大氣場的站姿是可以訓練出來的，只要我們勤於練習，假以時日也會擁有迷人的站姿。屆時，你就能散發出迷人的魅力，吸引更多人的目光。

☑ 提綱挈領

- 看電視或在家有空檔時，可以多多練習九點靠牆：後腦、雙肩、臀、小腿、腳跟等九點緊靠牆面，由下往上逐步確認姿勢要領。
- 女性腳跟併攏，腳尖張開不超過45°，雙膝併攏；男性則雙腳分開站立，與肩同寬。
- 腰打直、收腹，使腹部肌肉有緊繃的感覺；臀部收緊，使背部挺直，感覺整個身體向上延伸。
- 挺胸，雙肩放鬆，雙臂自然下垂於身體兩側。

想想看？

　　優雅有風度的站姿，能讓你的氣場發揮出來，讓人們第一眼就鎖定你，願意接近你，與你深入交流。當你意識到站姿會對氣場產生影響的時候，就是一個良好的開始。面對鏡子，找出自己站姿的瑕疵及時改正，你也能擁有瀟灑又迷人的站姿。

5 寧缺勿濫，衣著簡單但優雅

俗話說：「人靠衣裝，佛靠金裝。」服飾不僅是遮羞禦寒的工具，它還能給人們帶來氣場的改變。我們在電視劇裡常看到這樣的場景：劇中女主角本是沒沒無聞的醜小鴨，因為換了一件漂亮的衣服，而擄獲一直與她作對的男主角的心。當然，這是電視劇誇張的表現手法，但也證明服飾能增強一個人的氣場，使其更具魅力。

心理學家曾做過這樣的實驗：有三位志願測試者，一位是嘻哈風格的搖滾青年，一位是身穿筆挺西裝的青年學者，另一位是手提籃子、衣著邋遢的中年婦女。這三位測試者分別站在十字路口處，在交通號誌為紅燈，但沒有車輛的情況下橫越馬路，結果跟隨青年學者闖紅燈的大有人在，卻沒有人跟著嘻哈青年和中年婦女闖紅燈。這個實驗證明，衣著確實能增加一個人的影響力，使氣場超越交通規則。

那什麼樣的穿著能表現出一個人的氣場呢？

服飾穿著的 Top 原則

Top 是三個英語單詞的縮寫，它們分別代表時間（Time）、場合（Occasion）和地點（Place），即一個人的穿著打扮應與當時的時間、場合和地點相協調，只有與時間、場合、地點相和諧，才能產生正向的氣

場，否則會帶來反效果。

1 時間原則

　　一般來說，男性只要有一套材質較好的深色西裝，就能包辦絕大多數場合，反之，女性就相對複雜。女性著裝時，要根據時間的不同做變化，白天工作的時候，應著正式服裝，充分展現自己的專業性，雖然現今的辦公室文化已不再局限於制式套裝，但講求舒適性外，仍要以端莊為主。

2 場合原則

　　不同場合，我們對著裝也有不同的要求。出席正式會議與客戶商談的時候，衣著應較為考究，以幹練的套裝為主；和朋友聚會、外出遊玩時，則以輕鬆、休閒的服飾為主。總之，我們的服裝要與所在的場合匹配，若特立獨行或穿錯服裝，不免遭人注目，顯得突兀外，也有失禮儀。

3 地點原則

　　如果去公司或機關團體拜訪，穿著正式服裝能顯現出自身的專業性，但如果是在家中，那就以舒適簡單的家居服即可。另，我們的穿著也要顧及當地的風俗文化及習慣，比如去教堂或寺廟等莊嚴、肅穆的場所，就不宜穿著過於暴露的服裝。

　　日常生活中，每個人穿著的服裝不僅會給你貼上標籤，還會被視為其身份、地位、修養與品位的客觀體現，只有你的服裝與所在時間、所處的場合地點相吻合，你所散發出的氣場才會是和諧、美好的。

顏色的搭配秘密

我們都知道，不同的顏色會帶給人不同的感覺，服裝的顏色搭配亦是如此。如果不加選擇地將所有顏色都穿在身上，你看起來就會像小丑那般滑稽可笑，更別說要有什麼氣場了。那你知道衣服如何搭配較不容易出錯嗎？

▶ 暖色系＋冷色系：紅 VS 藍、黃 VS 紫，此配法為互補配色。

▶ 淺色系＋深色系：淺藍 VS 深藍、粉紅 VS 鐵灰，此配法為深淺配色。

▶ 暖色系＋暖色系：黃 VS 紅、黃 VS 綠，此配法是同系配色。

▶ 冷色系＋冷色系：灰 VS 黑、紫 VS 黑，此配法是同系配色。

▶ 明色系＋暗色系：白 VS 黑，此配法是明暗配色，亦是對比配色，營造不同的視覺效果。

不同材質及色澤衣服的搭配，也會有不同的視覺效果，只要找出最適合自己的色系，整體視覺和諧即可。其實顏色搭配並不難，只要掌握以下幾個大原則，就能避免搭配錯誤的風險。

▶ 顏色不超過三種：全身搭配的色系不超過三種，太雜亂花俏外，還會混淆穿搭比例。當然，黑白灰這類沒有彩度的顏色不大會產生影響。

▶ 三七分比例配色：配色也能改變身形比例，上下配色儘量保持三七比例配色。

▶ 想不到配什麼，先配白色：當你買了一件很搶眼的顏色，如果沒有太多單品

輔助，先從白色配起吧，這樣最安全，也最好發揮。

▶ 全身單一亮點：通常我們的穿搭會從一項重點去延伸，配色也是，今天鎖定一個顏色，以其他色彩去輔助它，就算是配件也能大大加分。

在人際交往中，服裝既可以遮風、擋雨、防暑、禦寒、蔽體、遮羞，發揮多重實用性功能，又可以美化人體，揚長避短，展示個性，反映精神風貌，體現社會情趣，發揮多種裝飾性功能。

不但如此，在正式場合還具有反映社會分工，體現地位、身份差異的社會性功能。服裝在某種意義上好似每個人手持的一封無言介紹信，時刻向他人傳遞著各種資訊，因此，一個人的衣著習慣，往往也能透露出他的人生觀和價值觀。

由此可見，學習服裝禮儀，遵守服裝禮儀，實乃人際交往取得成功的一個前提。

想想看❓

西方的服裝設計大師認為：「服裝不能打造出完人，但第一印象有 80％ 來自衣著。」端莊的正式服裝能給你沉穩、謹慎的氣場；活潑舒適的休閒裝扮，則讓你呈現青春洋溢的氣場；雋永素雅的裙裝，能帶給你溫婉可人的氣場……在不同的場合中，你想帶出怎麼樣的氣場，服飾的挑選是很重要的。

6 坐著同樣有氣場

優雅的坐姿不僅能傳遞自信、友好、熱情的資訊，同時也能顯示出高雅莊重的良好風範。古裝劇中，常見皇帝上朝時正襟危坐的模樣，渾身散發出一股不怒而威的氣場。

生活中，我們會見到一些不雅的坐姿，比如翹二郎腿，腿還不停抖動，這樣的動作實在讓人不敢恭維。想想看自己坐著時，是否能向周圍的人傳遞出沉穩、高雅的風度呢？常說魔鬼藏在細節中，千萬別讓不雅的坐姿，破壞了你的氣場。

 以坐姿鎮壓全場

坐姿與站姿同屬一種靜態姿勢。正確的坐姿要求端莊而優美，給人文雅、穩重、自然大方的美感。坐是行為舉止的主要姿態之一，無論是伏案學習、參加會議，還是會客交談、娛樂休息，都離不開坐。

坐，作為一種舉止，有著美與醜、優雅與粗俗之分。坐姿要求「坐如鍾」，指的即是坐姿像座鐘般端直，當然這裡的端直是指上身的端直。優美的坐姿讓人覺得安詳、舒適、端正、舒展大方。

而要想練就有氣場的坐姿，可以從以下方面著手。

1▷ 入座時的基本要求

在和長輩、上司、客人一起入座時，要分清主、次，先請對方入座，自己不要搶先。入座的時候，最好從座位的左側接近它，這樣不僅容易入座，也是一種禮貌。

入座時，如果你認識旁邊的人，應該主動打聲招呼，即便不認識，也應點頭示意，假如你想坐在某人旁邊，最好先獲得對方的允許。

在別人面前就坐時，為了避免背對著對方，最好背靠著自己的座椅。你可以先側身走近座椅，背對著站立，右腿向後退一點，用小腿確定一下座椅的位置，然後順勢坐下。必要時，用一隻手扶著座椅把手，但動作一定要輕，避免發出聲響。

2▷ 離座的要求

當我們要離開座位的時候，如果身邊有人，應該用語言或動作示意對方，然後再站起來。如果與他人同時離席，也要注意先後順序：身分地位低於對方時，應等地位較高者離座後再離開；地位高於對方時，則可率先離座；雙方平等時，一同起身離座即可。

離開座位時，座位要緩慢，但不能拖泥帶水，弄響座椅，把椅墊、椅罩弄掉在地上，這些雖然都是小細節，卻可能因為這些細節，讓對方覺得你做事不俐落，對你產生不好的印象。另外要注意，離座時要跟入座時一樣，從左側離開。

③ 下半身如何擺放

一般站立時，對方視線大多會落在上半身為止，但坐下後，整個身體都會進入他人的視線區中，這時如果未注意到下半身的擺放，那你好不容易建立起的氣場就會大打折扣，產生不利影響。

關於下半身的擺放，筆者提供以下幾種姿勢供讀者參考。

- ▶ 「正襟危坐」式坐姿：這種坐姿適用於正式場合，要想保持這種坐姿，你的上身和大腿，大腿和小腿都必須呈現直角姿勢。雙膝、雙腿以及腳跟都要完全併攏，這種姿勢雖然很難保持，但它是最標準的坐姿。

- ▶ 垂腿開膝式坐姿：這是一種較正規的男性坐姿，它同樣要求上身和大腿，大腿和小腿皆呈現直角姿勢，但雙膝允許分開，可是分開寬度不能超過肩寬。

- ▶ 前伸後屈式坐姿：這是女性適用的坐姿，它的動作要領是緊併大腿，向前伸出一條腿，將另一條腿屈後，兩腳腳掌著地，且雙腳前後保持在一直線。

- ▶ 雙腳內收式坐姿：這種坐姿男女皆適用，而且在一般場合中也可以使用。它的動作要領是大腿併攏自然擺放，小腿不用與大腿呈直角，可向內側屈回，雙腳腳掌著地。

- ▶ 雙腿疊放式坐姿：女性穿裙子的時候可採用此坐姿，它的動作要領是將雙腿上下交疊在一起，交疊後雙腿間不要有任何縫隙，就像一條直線。然後，雙腳斜放在右側或左側，斜放後小腿與地面呈現 45°，疊放在上的腳其腳尖自然垂向地面。

- ▶ 雙腿斜放式坐姿：如果你穿了裙子，就坐的位置比較低又較低時，則應該採用此種姿勢，它的動作要領是先併攏雙腿，然後雙腳向左或向右斜放，儘量使斜放後的腿部與地面呈 45°。

▶ 雙腳交叉式坐姿：該種姿勢適用於任何場合，男女都適用，它的動作要領是雙腳先併攏，然後雙腳在腳踝處交叉。交叉後的雙腳可以選擇內收或斜放，但千萬不能向前方直伸出去。

4 上半身的姿勢

　　頭部位置要端正，仰頭、低頭、歪頭、扭頭等情況都不能出現。務必保持你整顆頭部看上去像一條直線和地面垂直。你可以低頭看辦公桌上的檔案，但如果有人與你交談時，一定要抬起頭來，否則會讓對方覺得不被尊重和未受到重視。在與他人交談的時候，若回應對方一個後腦勺更是非常失禮的事情。

　　就座後，身體也應該端正筆直。即使我們坐在有靠背的座椅，也不能將自己完全靠在椅背上，如果你不是很累，最好一點都不要倚靠。坐滿座椅會使我們不由自主地鬆懈下來，因此可以只坐椅面的 2/3，這是最合乎禮節的姿勢。此外，我們在與人交談的時候不僅要面向對方，也應把整個身子稍微轉向對方。

　　而坐下時，雙手擺放的位置也很重要，以下分享幾種供讀者參考。

▶ 放在大腿上，雙手各自扶在一條大腿上，或是雙手疊放、相握在大腿上。

▶ 手放在一條大腿上，如果你側身與人交談，就要將雙手疊放或以相握的方式，放在自己這一側的大腿上。

▶ 放在皮包或檔案上，這適用於面對男士而坐、身前又沒有屏障時，為了避免走光，可以把自己隨身的包包或資料夾放在大腿上，然後雙手放在包包、資料夾上方。

▶ 放在身前桌上，雙手平扶在桌子邊緣、相握置於桌上皆可，有時也可把雙手疊放在桌上。

▶ 放在椅子扶手上，如果是正身坐著，宜把雙手放在兩側扶手上；如果是側身坐著，宜把雙手疊放或相握後，放在側身那側的扶手上。

☆ 會減弱氣場的坐姿

剛坐下時，我們都還能保持自己的姿勢，但時間一久，我們很可能會慢慢鬆懈下來，接著出現一些不良的姿勢，整個人「原形畢露」，影響到剛剛建立起來的良好氣場。

以下筆者列舉一些會削弱氣場的坐姿，希望大家引以為戒。

▶ 雙腿張開幅度不宜過大，不論男女都非常不雅，特別是身穿裙裝的女性更不能忘記這點，腿張過大會使自己的裙底曝光。

▶ 坐下時，我們可以把兩條腿交疊在一起，但要注意是將兩條大腿架在一起而已，兩腿仍要併攏。有很多男性會把一隻小腿架在另一隻大腿上，兩腿之間留出很大的空隙，這樣就會顯得過於隨便。

▶ 將兩腿筆直地伸出去，既不雅觀還會影響別人，即使身邊有桌子，也不要將腿伸出去，要不然可能會不小心絆到別人。

▶ 有人為了圖舒服，喜歡把腿跨在高處，甚至抬到身前的桌子、椅子上，這是非常失禮的行為。有些人還會在椅子上盤腿而坐，這也十分不雅觀。

▶ 有些人坐著時喜歡不停抖動自己的腿部，這樣不僅讓人心煩意亂，也會給人不穩重的印象。

▶ 腳尖指向別人是一種很失禮的做法，不論採用哪一種坐姿，都應儘量避免這

個動作。

▶ 坐下後，要把腳固定在地面上，不要在別的地方亂蹬亂踩。

▶ 在公共場合就坐時，有些人會把鞋子稍微脫掉，以踩鞋跟的方式讓腳略微放鬆，這是相當不雅觀的行為，一定要禁止，也不要在公眾場合用手觸摸腳部。

▶ 將你的手放在應該放的位置，單手、雙手放在桌下，或是雙肘支在前面的桌子上、夾在兩腿之間都是不允許的。

▶ 就坐後，上身趴伏在桌面或自己的大腿上，這種姿勢只能用在休息狀態，不能在工作中出現。

場合不同，氣場也要有所不同

我們在不同的場合，希望傳遞給他人的氣場也會有所不同，比如在會議、談判等場合，我們希望散發嚴肅、睿智的氣場；在聚會、休閒等場合，我們希望散發熱情、有親和力的氣場……等。所以針對不同的場合，我們也應該選擇不同的坐姿，以符合當下所需之氣場。

☑ 提綱挈領

➡ 在比較輕鬆、隨性的場合，比如自己家中和朋友聊天的時候，可以選擇自己舒服、自在的姿勢。

➡ 在嚴肅的場合，比如會議、談判、面試時，就適用「正襟危坐」。

➡ 傾聽長輩和上司的教導、指示時，由於對方是尊者，坐姿除了要端正外，還應坐在椅座的前半部或邊緣，身體稍向前傾，向對方表現出你積極、重視的態度。

不同的坐姿有不同的含義，同時也表達出不同的氣場秘密，我們來看看以下十個坐姿所表示的含義，並同時檢視你平時的坐姿，利用坐姿向他人傳達你想要傳遞給對方的氣場。

☑ 提綱挈領

- ⊙ 「正襟危坐」能表現出嚴肅、認真的態度。
- ⊙ 把上半身深深坐入椅內，說明這個人在心理上占了優勢地位；淺坐於椅子上的人，則流露出內心的劣勢和缺乏精神上的安定感。
- ⊙ 不停抖動雙腿，是不安、煩躁的表現。
- ⊙ 男性張開雙腿坐著是充滿自信的表現。
- ⊙ 如果女性很自然地將一條腿架在另一條腿上，這說明她對自己充滿信心。
- ⊙ 頻頻變換翹腳姿勢，說明情緒不穩定，心中焦慮。
- ⊙ 把腳擱在桌上，表示這個人有較強的支配欲和占有欲。
- ⊙ 聽他人發言時，坐著時手捂嘴、掩嘴、摸下巴的人，大多是以「評判」的態度在聽對方發言。

想想看 ❓

掌握了良好的坐姿要領，即使坐著也能有王者風範，讓你的氣場征服眾人，但很多人坐著的時候會忽視一些小細節，而這些細節可能就是破壞氣場的殺手鐧。身體的優雅需要鍛鍊，因此，每一次就坐的時候，多留意這些細節，成為練習坐姿的重點，只要不斷地練習，把它延伸到生活裡，自然就能在舉手投足間，讓自己更優雅。

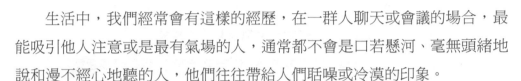
有條不紊地說，聚精會神地聽，讓你知性而高貴

生活中，我們經常會有這樣的經歷，在一群人聊天或會議的場合，最能吸引他人注意或是最有氣場的人，通常都不會是口若懸河、毫無頭緒地說和漫不經心地聽的人，他們往往帶給人們聒噪或冷漠的印象。

真正有氣場的人，是那些說話條理分明、頭頭是道，以及那些全神貫注傾聽的人，這些人渾身散發著知性而高貴的氣質，讓人們的目光不由自主地聚焦在他們身上。

適當的時候侃侃而談，在合適的時候側耳傾聽，有誰能不被這樣的人所散發出的氣場所吸引？那我們又該如何練就這樣「有條不紊地說」和「聚精會神地聽」呢？

▶ 說，要有條不紊

要想在說話時展示自己強大的氣場，清晰的調理是重中之重，因為有條不紊地談話，才能在對方心中留下穩重的印象，你的話也才具有說服力，能使人信服。

溝通中，漫無目的地誇誇其談只會讓人厭煩，條理分明、言之有序，才能讓對方清楚明白你想說的到底是什麼。

若想做到說話思路清晰、有條不紊，讀者們可以試試以下方法，筆者

對此有所體悟。

> 很多人在講話前沒有準備，往往是脫口而出，想到什麼就說什麼，因為他沒有認真思考過說話內容，所以在說話時，很可能會思緒混亂，甚至無話可說，苦苦糾纏於某個話題，使談話局面變得尷尬。在開口說話前，你應該要有一個準備過程，如果時間來不及，至少也要花1至2分鐘在腦中打個草稿；如果時間充裕，那不妨寫個大綱試講一下。你對內容越熟悉，就能講得越好，清晰流暢的言談，往往能緊緊抓住聽眾的耳朵。

> 現在的社會生活步調緊湊，沒有人會願意花大量的時間去聽你長篇大論。在理清談話脈絡的同時，你也應該精簡談話重點，言簡意賅、一針見血，才能先人一步，獲得別人的認同。

> 話不在多，說到重點上才能產生關鍵性的作用。與人交流也像辯論一樣，只有抓住對方的要害，才能打敗對手，使自己立於不敗之地。說話時，我們不僅要善於總結，更要學會去蕪存菁，切中要害。開口前，先在心中順一下說詞，把廢話吞回肚子裡，用最精簡的話去表達最豐富的內容，這樣表達才會明確，談話也才能更輕鬆。

> 在交流的過程中，都不是自己的「一言堂」，雙方想法需要交流，要有碰撞才能產生更強大的力量。這要求在與別人談話時，需耐心地傾聽別人的意見，善於「察言觀色」，注意對方的姿態、態度、表情等，該講則講、該停當停。

　　每個人都不是天生的語言家，相信很多人都有過這樣的情況，面對一個人或幾個人時，都還能夠充分發揮自己的語言能力，可一旦在眾人面前開口講話，就會思緒混亂，無法井井有條地表達自己的意思。

　　所以，我們平時要多加練習，把握在眾人面前談話的機會，以不斷提

升自己的口語表達能力，擁有良好的表達能力後，帶給人的氣場自然也強大。

聽，要全神貫注

有一個神奇的超能力，能讓你發揮影響力、獲得幫助，也讓你和對方建立信賴和溫暖的關係，而這超能力便是「傾聽」。

「你到底有沒有在聽？」電影男女主角吵架最常出現這句經典名言，這也是真實生活中，不斷上演的日常對話。當同事向你訴說最近遇到的困難，當家人向你說心裡話時，你明明很認真想幫助對方解決問題，為什麼卻常溝通不良，甚至造成對方的挫折？

成功學教父卡內基說過：「在他人的意見還沒有表達完畢之前，他根本不會注意到你。所以，你應該有耐心，保持一顆開放的心傾聽，態度一定要誠懇，鼓勵他將自己心中的意見全發表出來。」良好的傾聽技巧能建立彼此間的信任和友誼，少說多聽會贏得別人的好感，而認真的傾聽能讓對方的表現欲得到滿足，進而獲得他的信任，在傾聽過程中，對方也會被你的氣場折服。

曾任日本外交官並協助開發中國家培訓領導者的國武大紀，過去常因妻子與他討論事情時，他邊聽邊不斷提供意見而被妻子責備。妻子常說：「你根本沒在聽我說話」、「我不需要你的意見，我只是要你聽我說而已」，妻子的反應讓他印象深刻，因而使他重新思考人與人之間的溝通。

他曾在著作《聽的能力才是最強的武器》一書中指出，人類偏向依靠情感來採取行動。不論你怎麼以邏輯說服對方，只要你沒有想要了解對

方，想和他產生共鳴，永遠只會徒勞無功。但如果能好好正視對方，認真聽對方說的話，學會傾聽，不僅大多數的人際關係問題能順利解決，職場與人生往往也能更一帆風順。

過去在職場上，他常看到同事因溝通問題而挫折不已。例如，一位同事遇到問題去向上司詢問時，才初步說出跟客戶之間的糾紛，主管便馬上接話：「原來如此，我懂了。從結論來說就是……沒關係，後續我來接手吧。」

這名主管原先確實是有心聽下屬說明的，但因腦筋轉得太快，導致對方才說兩、三句，自己就將解決辦法、結論說出來，讓下屬認為上司不想聽自己說明原委，而不再找他商量。

相反地，隔壁部門的主管既安靜又不擅言詞，卻能受到部屬的愛戴與信賴，只因為他在跟別人講話時，會觀察對方的表情及動作，營造一個好好說話的舒適環境，且在對方說完前不插嘴，僅以溫柔的神情傾聽。這也是他能受到推崇的原因，把對方說話時的心情都一併聽進去。

可見打造一個讓下屬良好溝通的工作環境有多重要，讓他們習慣馬上報告問題，不至於發生無法挽回的大差錯。另一方面，上司若接收到部屬的多方資訊時，也能更準確地下決策。

簡單來說，在聽對方說話時，最好不要在中途插話，也不要在聽的過程中擅加詮釋。你可以做的，就是觀察對方在言語外所傳達的訊息，例如表情、聲音語調、姿態，或是對方是否緊張。

因此，對國武大紀來說，「聽的能力」不僅是能促使他人行動的一個方式，也能讓自己感到溫暖、和人建立信賴關係、發揮領導力，增進情報的收集。而在聽其他人說話時，也別忘了聽聽自己的聲音，多了解自己，

過著更加充實、更像自己的真正人生，帶來更多、更好的關係。

那在傾聽的過程中，又該如何將氣場發揮至極致呢？

1 表現出傾聽的興趣

任何人都希望自己的看法能得到別人的認同，所以我們在傾聽對方談話時，要表現出足夠的興趣，而不是被動地強迫性傾聽。我們要認真、耐心地傾聽對方講話，讓自己的注意力集中在談話內容上，同時也要讓對方覺得你贊同他的觀點，他的談話使你獲益匪淺。

記住，要表現出你的傾聽興趣，才是最有效的傾聽。

2 適時表達自己的意見

傾聽是溝通中重要的環節，且我們在傾聽的過程中，要懂得適時表達自己的意見，這樣可以讓對方感覺你很認真聽他說話，增加對方繼續說下去的興趣。一來一往的互動，也能降低我們因傾聽所帶來的疲勞感，但要注意發言的時機，不要打斷對方。

3 不要評價對方

在傾聽的過程中，我們可以適時發表自己的見解，但不要批評或評價對方的觀點及談話內容，因為評價和批評很可能會使積極的談話受到威脅，甚至引起對方的不滿或憤怒。我們可以在傾聽中了解對方的感受、探究對方的思路，獲取信任，拉近彼此距離，但不要隨意評價。

4 不要打斷對方

打斷對方的談話是一種不禮貌的行為，如果對方正說在興頭上，話還沒說完就不斷被你插話，就會打擊對方說話的熱情和積極性。若是不巧遇到對方心情不好，打斷對方這個行為更是火上加油，因此，我們最好不要隨意插話或接話，更不要不顧及對方的感受，隨意轉移話題。

我們都知道在談話的過程中，說話的人處於主動地位，聽的人處於被動地位，一般來說，講話者的氣場要強於傾聽者，但如果傾聽者能掌握一些技巧，他的氣場也會增強。

這秘密武器就是──眼睛，傾聽時我們不僅要用耳朵，還要用眼睛去交流、觀察，表現出專注的神情。

此外，一個人的喜怒哀樂也會透過眼睛真實地傳達和接收。在日常工作與生活中，眼神的靈活變化及豐富內涵，有時還比語言表達來得微妙。

☑ 提綱挈領

- 我們在與對方目光交流時，眼神一定要集中，不要游移不定，因為這會給對方留下輕浮、不誠實的印象，使對方產生防備心理。我們要正面迎接對方的目光，把視線停留在對方雙眼與嘴部之間的三角區域。

- 炯炯有神的雙眼，可以向對方傳遞出熱情和執著，如果我們的兩眼空洞無神，將會給對方留下心不在焉的印象，進而產生不信賴感。所以，我們要儘量使自己的目光表現得柔和親切，保持平和、愉悅的心態。

- 我們在與對方對視時，一定要掌握好對視的時間。如果時間太短，

對方會認為我們對這次談話沒有太大興趣；如果時間太長，則會使對方感到不自在。一般 3 到 5 秒是最適宜的時間。

想想看？

真正有氣場的人，在談話中不論是處於主動地位，扮演說話者的角色；還是被動地位，扮演傾聽者的角色，都會把自己的氣場傳遞給周圍的人，讓人有「眼前一亮」的感覺。而要想做一個真正有氣場的人，說話時就要有條不紊，傾聽時全神貫注。

8　走起來，讓氣場形成颶風

　　前面有跟各位提到該如何坐跟站能具備好的氣場，接下來想跟讀者們討論怎麼走路，才能有好的氣場。我們常用「走如風」來形容英姿颯爽的走路姿勢，而這也是最有氣場的一種走路姿勢。走路的姿勢若標準，會給人樂觀向上、積極進取的印象；不好的走路姿勢則會給人頹廢、負面的印象。

▶ 什麼樣的走路姿勢讓你的氣場更強

　　當我們走在街上，廣大的人群中一眼就吸引你注意力的人，就是氣場最強的人，仔細觀察他們的走路姿勢，是不是很有風呢？走路自帶氣場其實是有幾點技巧可以掌握的，只要時時提點自己，相信你未來在走路時，也能颳起氣場颶風。

　　我們在走路時，上半身要筆直，下巴向前伸，抬起頭，兩肩向後舒展，這樣走起來才會好看，不至於駝背。掌握下巴突出、抬頭、氣力充足，好比頭頂有根絲線拉著上身似的，將意念集中在一點上，精力自然旺盛。

　　走路時，兩肩向後拉，這樣肺部可以吸入更多的空氣，但要注意一點，肩膀向後拉時，不用刻意用力，自然往後即可。

　　行走時，腳跟先著地，再將身體重心移到腳尖，前腳著地時，腳跟先著地，身體重心落在腳跟上，然後，身體重心由腳跟透過腳掌向腳尖方向「滾轉」，最後到達腳尖。我們走路時的身體重心是由腳跟移到腳尖，但要特別提醒讀者，腳跟不承受全部體重，身體重心的移動應是在整個腳底下流暢進行才對。

　　腳步不可太大也不要太碎小，兩步的距離恰好是自己一隻腳的長度。兩腳跟內側幾乎走在一條直線上，眼睛看前方，頭抬起並隨時注意膝蓋保持彈性，挺胸縮小腹。雙臂靠近身體自然垂下，前後隨步伐頻率擺動，但擺動幅度不宜過大。

　　正確的走姿步伐應該是輕盈平穩，身體有重心，態度優雅從容，把氣質與自信帶進走的動作中。如果我們能掌握優雅走姿的要點，那我們就會走得正確，走出風度、走出氣場。

毀掉氣場的走路姿勢

　　其實絕大多數人的走路姿勢並不標準，一個小細節就會使你削弱氣場。正確的走路姿勢可以增加熱量的消耗和基礎代謝的提升，同時提振自己的精神，讓人看起來更精神奕奕，充滿煥發的光采。平時走路時，可以練習走在一直線上，並提醒自己維持標準姿勢，體態就能在不知不覺中被訓練出來。

☑ 提綱挈領

- ➲ 有些人會因為害怕弄髒鞋子和褲子,而不自覺地踮著走路,以腳尖著地,致使膝蓋跟著彎曲,像在走小碎步一樣,且踮著腳尖走路,會給人浮躁又不穩重的感覺。
- ➲ 有很多人走路會內八字,看起來很可愛,但其實這樣的走路方式毫無氣場可言。
- ➲ 外八字走路時,膝蓋乃至腳掌會向外,看起來沒有氣質。

各位已明白走路姿勢將帶出不同的氣場,所以我們也可以利用這點,來觀察他人的走路姿勢,看出對方的氣場,事先掌握對方的個性、脾氣大致為何。筆者列出幾種走路方式所呈現出的氣場,讓各位在觀察時,能有一個參考依據。

☑ 提綱挈領

- ➲ 走路時,以大步伐前進的人,表示此人身體非常健康且心地善良,但也十分好勝且頑固。
- ➲ 走路姿勢非常柔弱的人,即使身體強健,精神也十分衰弱。這種人一旦遭受精神上的打擊,就會立刻崩潰。
- ➲ 拖著鞋子走路或鞋跟磨損嚴重的人,缺乏積極性,不喜歡變化。
- ➲ 以小步伐快速行走的人,性情大多較為急躁。
- ➲ 走路會頻頻回頭看的人,通常有著強烈的猜忌心和忌妒心。
- ➲ 步行時,上身擺動幅度大的人,具有蓄財之心。
- ➲ 走路時,習慣把右肩抬起來的人,是權威主義者。

想想看❓

　　要想走出氣場，最重要的一點就是身體端正，只有身體端正了，走起路來才有魅力。

9 乾淨整潔的外表，
最能讓人親近

　　在火車站、公車站和鬧區的街道上，經常會看到一些衣衫襤褸的乞討者，當然，我們會因為同情而施捨他們一些錢，但絕對沒有聽過誰是因為感染到他們強大的氣場而進行施捨。在路上也時常看到一些街頭表演者，他們的衣著雖不華美，至少乾淨整潔，路人們被他的表演吸引而駐足欣賞，他們的表演無疑是精彩的，但也不可忽視說可能是因為他們乾淨的外表為他加分，使他的氣場產生了些微變化，以致被他們吸引。

　　外表包括我們的頭髮、臉龐、五官、手腳等，是第一眼就能被人看到的。一個人即使天生麗質，但假如他指甲縫藏汙納垢、體味難聞、衣著邋遢，旁人也會對他退避三舍，我們必須知道，一個人的氣場並非從身上的名牌堆砌而來，只要乾淨整潔，你的氣場不見得會遜於身著華服的人。

★ 修飾儀容，為氣場加分

　　乾淨整潔的外表自然少不了乾淨的儀容，乾淨整潔的儀容能為你帶來清新的氣場。關於修飾自己的儀容，以下幾點必須注意。

　▶ 潔淨、清爽的臉龐會使人看起來精神十足，氣場也會在瞬間增加不少。

▶ 男性要養成每天刮鬍子的習慣，還要經常檢查鼻毛，使其不外露；而女性要注意臉部肌膚的狀況，還要檢查四肢或腋下的毛髮，即時進行清理和修整。

▶ 擁有一口潔白的牙齒是每個人的願望。開懷大笑時，如果露出發黃或發黑的牙齒，即使微笑動人，也會大打折扣。牙齒上不要留有牙垢，飯後漱口、刷牙是保持清潔與健康的好方法，也別忘了定期檢查牙齒，隨時保持口氣清新也很重要。

▶ 眼睛是心靈之窗，更應保持清亮，眼角一定要保持乾淨，眼睛掛著眼屎，會給人留下不好的印象。

▶ 耳朵在鏡子裡被注意的次數總少於其他部位，但也不能因此忽視，保持耳朵的潔淨、不藏汙納垢相當重要。

▶ 為了修飾自己和表現對他人的尊重，女性應該適度地妝點自己，根據不同的環境和場合來決定是要濃妝還是淡抹，日常生活中，以自然大方的淡妝為宜；參加某些社交場合如晚宴、舞會等，可以適當化濃妝。不同年齡層的化妝要領也不盡相同，年輕女性青春亮麗，化淡妝能凸顯出自己青春活潑的一面；職業女性在商務場合，則要用典雅的妝容才得體；中年熟女也可以化一點淡妝，讓氣色提升，襯托出其閱歷豐富、穩重大方的獨特氣質。

▶ 選擇髮型時，我們首要考慮自己的髮質、臉型，一味地追求潮流未必是最好的，因為它不一定適合你，除此之外，職業、年齡及性格也是必須納入考慮的因素。

⭐ 服裝的整潔遠勝於名牌華服

我們都知道，名牌服飾因為材質和剪裁講究，確實可以幫助人們提高自身氣場，但並非所有人都消費得起名牌服裝。事實上，普通的服裝也能穿出好氣場，但前提是一定要整潔。筆者簡單說個小故事，相信各位就能

理解了。

　　某天，藝品公司的約翰去拜訪理查先生，想向他介紹產品。

　　「理查先生，您好！」約翰禮貌地問候。「我想向您介紹一下我們的產品。您知道現代人對工藝品的熱愛越來越濃厚，我們公司有各式各樣的手工藝品，它們分別來自中國、印度、越南等地，以下向您介紹一下我們的產品……」

　　約翰不停向理查先生介紹，拿出公司最新的產品清單。可是，理查先生卻無心瀏覽清單，他眼睛掃過面前這名小夥子：髒汙的牛仔褲，沒有光澤的鞋子，最可怕的是那件有著明顯油漬的襯衫領子，心想：「哦，上帝！他不會這麼不修邊幅地就來見客戶吧！」

　　「理查先生，我介紹了這麼多，想必您對我們的產品也有了一定的認識。您知道嗎，我現在有很多訂單，我的客戶也很多。我想，您也一定對此感興趣吧！如果您現在下訂，我們將提供您更多的優惠……」

　　「哦？」理查先生回過神來，「對不起，約翰先生，我對這個不感興趣，我想我需要再考慮一下才能給你答覆。」

　　上述例子中，理查先生真的對工藝品不感興趣嗎？最大的問題應該是業務員那邋裡邋遢的服裝！即便約翰的態度多謙和有禮，也會讓客戶避之惟恐不及。那服儀的整潔，有哪些地方是需要注意的呢？

▶ 易皺的毛衣要在想穿的前一天就掛起來，因為毛衣容易被拉長，通常不會用衣架吊掛起來，但折起來又很容易有摺痕，特別是較輕薄的毛衣。所以，若你已決定好明天要穿什麼衣服，建議前一天就把它掛起來，且為了避免袖子被拉長，可以把袖子折上來，搭在衣架上方。

▶ 如果發現西裝有摺痕，一定要熨平再穿，裡面的襯衫也要平整挺直。

▶ 家中最好放一面全身鏡，出門前從頭到腳審視一下，看哪裡需要改善，鞋、包是否跟衣服搭配合宜。有時間的話，可以試著做幾組服裝搭配，包含鞋子和包包。

▶ 如果是女孩子，首飾、手錶、髮飾等要收納在抽屜裡，這樣會比較方便，哪層抽屜放哪樣物品，要非常清楚和整齊，像耳環、戒指等小飾品最好集中放在一個小盒子裡，這樣可以避免遺失。

▶ 早上要出門了，才發現鞋子很髒，你有沒有這樣的窘境呢？如果你一到家，隨手把鞋子清理一下，還會發生這種情況嗎？不要忘記，鞋子可是你整體形象中最重要的一個環節，養成一到家就清理鞋子的好習慣，不僅可以保養鞋子，延長鞋子的使用壽命，還能讓你在早晨上班時從容不迫地出門。

▶ 平時在家可以把服裝、包包擺在床上試著搭配組合，想像穿上時的感覺。當你不知道穿什麼褲子好時，這樣試一下效果就很容易看出來，出門時也能節省不少時間。

▶ 要勤於更換服裝，不要等衣服變得髒兮兮時才更換、洗濯。

　　有很多人把自己打扮得光鮮亮麗，可一看到他的房間或辦公桌便會讓人跌破眼鏡。保持外表的乾淨、整潔固然重要，而維護周圍環境的乾淨、整潔也是不容忽視的。

☑ 提綱挈領

　◆ 無論是在家裡還是辦公室，要習慣把各種用品放在固定的位置，用完後也要及時歸位。
　◆ 定期打掃房間和整理辦公桌。
　◆ 垃圾要隨手清理，不要放過夜也不隨地亂扔，確實做好垃圾分類。

我們的容貌是天生的，不會隨意改變，但保持乾淨整潔的外表是我們可以做到的。清爽乾淨的儀容、簡單合適的服裝所帶來的氣場遠遠大於精神萎靡、邋遢的人。

收斂過於開放的舉止和誇張的表情

大聲說話、肆意大笑、坐著的時候隨意踢掉鞋子，如果這些誇張的舉止和表情發生在自己的家裡，我們或許可以說這個人不拘小節、自然真實，但如果發生在公司、醫院、餐廳、公車等公共場合，那麼無疑是相當失禮，會被人們認為沒有教養，更別提氣場了！

因此，除非是在自己的家裡、在自己最親近的朋友面前，否則還是收起你過於開放的舉止和表情吧，不然你的氣場可能因此消失殆盡。在公共場合，我們應該表現得溫婉有禮，才能為自己塑造強出大的氣場。

▶★ 走路

人們在上下班、辦事購物、假日休息時總要走路，簡單的走路也能表現出你的氣場是否強大。

▶ 走路最基本的是遵守交通規則。道路上人來人往、車水馬龍，如果不遵守交通規則，可能導致自己或他人發生危險，比如行走於人行道上，過馬路要走斑馬線，駕駛於道路上則不超速，嚴禁闖紅燈，聽從交通警察的指揮。

▶ 保持道路衛生，不要隨地吐痰，更不能亂扔垃圾和菸蒂。

▶ 走在路上對人要有禮貌。與年長者相遇時，要主動讓路；前方路人跌倒，主

動上前扶一把；看到別人東西掉了，要及時告知對方或幫忙撿起；在人多擁擠的地方，不爭先恐後；三人或三人以上同行時，不並排行走，更不要嬉笑打鬧；不在道路中央與朋友聊天，以免影響交通。

⭐ 乘車

我們探親訪友、上下班、假日遊玩，免不了要搭乘公車、捷運、火車等大眾運輸工具。乘車時，我們也要注意言行舉止，為自己維護良好的氣場。

▶ 等車排隊，不可插隊；不爭先恐後，按次序上車時，遇到老人、小孩、病人上下車，要伸出手幫忙；主動為老人、病人、孕婦和抱小孩的婦女讓座；在車廂內站立時，要扶好站穩，以免煞車時撞著、踩著別人；撞到他人要及時道歉。

▶ 乘車時禁止在車內飲食、抽菸，頭手不伸到車外，不在車上大聲交談，更不能嬉笑打鬧。

▶ 人多時，車上遇到熟人只要點頭示意、輕聲打個招呼即可，不要擠過去交談，更不要隔著眾人大聲交談。

▶ 在公車上接聽或撥打電話、聽音樂時，應該使用耳機。

⭐ 購物

在商場和超市購物時，也要注意自己的氣場，有禮的行為舉止是購物時最基本的要求。

▶ 呼喚店員、服務生時，語氣要平和，顧客與店員是平等的，不可用命令式語氣傳喚，當工作人員忙於接待別的客人時，要耐心等待，不要急不可耐地高聲叫喊、比手劃腳或以手敲櫃台。

▶ 挑選商品時，不要過分挑剔。對於易汙損的商品要輕拿輕放，萬一汙損了，應當買下來或進行賠償。如果挑選後不滿意，禮貌地請店員把商品放回，並說一聲「麻煩你了」。

▶ 對態度不好的店員，最好早一點離開，必要時，也應當耐心、冷靜地講道理，倘若實在無法溝通，再向其老闆反映，請求協助解決，即使理由充分，也不能在公共場合大聲爭執、吵鬧。

★ 看電影或話劇

　　觀看電影、戲劇，是一種娛樂和美的享受，如果在這種場合下不注意自己的言行，就會遭到周圍的人白眼，對你感到反感與厭惡。

▶ 買票時，要排隊，不要插隊，最好也不要請人代買。

▶ 要提前幾分鐘到場，對號入座。如果你遲到了，叫請服務人員引導入座，行走時腳步要輕，姿勢要低，不要在走道上停留，以免影響他人；入座時要壓低身子，向經過的觀眾道歉。如果別人坐錯位子，輕聲地請他檢查一下座號即可，不要引起無謂的爭執。遇到熟人，不要大聲招呼，也不要擠過去交談，點一下頭、打一個手勢就可以了。

▶ 觀賞時，不大聲說話。如果你戴著帽子，為了不遮擋他人視線，要注意脫下帽子，身體不左右搖晃，兩腿不要抖動，更不要脫鞋子。熱戀中的情侶應當自重，在公共場合過分親暱是不禮貌的，會遭到他人的厭惡。

▶ 如果沒有特殊情況，中途不要離場，必須離開時，要等中場休息或電影情節不緊張、精彩的片段。離座時，輕聲說「對不起」、「抱歉」，壓低姿勢，輕步退場。

▶ 舞台劇結束時，不要提前起立退場，這對演員十分不禮貌。散場時要慢慢依序離開，從容離場。

✪ 在圖書館

圖書館是公共學習場所，來這裡借閱圖書資料或看報紙雜誌，可以豐富充實自己的精神世界，提升文化素養，用內涵支撐自己的氣場。

▶ 去圖書館，衣著要整齊乾淨、大方得體。

▶ 人多時，要排隊依次進入。不大聲說話，不吃零食、不抽菸，步伐輕盈。

▶ 在圖書館佔據座位的行為是不對的，要禁止。

▶ 在書架上找書，要輕取輕放，看完後記得放回原處。

▶ 入座時，移動椅子動作要輕，儘量不發出聲響。

▶ 閱覽時，翻書要輕輕地翻，儘量不發出聲音，也避免因過度用力使書頁破損。

✪ 在餐廳

餐廳是公眾場合，人來人往非常頻繁，所以要特別注意自己的公眾形象。

▶ 到餐廳用餐時，要衣著整齊、得體大方。遇到熟人打招呼，不要大呼小叫，走到他的身邊輕聲交談。

▶ 如果沒有預訂位置，要請服務人員協助安排。暫時沒有位置時，也不要抱怨、耐心等待，如果實在等不及，可考慮換一家。進入餐廳時如有座位，在服務人員的帶領下，應當儘快入坐，不搶位置，也不要多佔座位。小件物品可以隨身攜帶或放在桌邊，如旁有空位，可暫放在椅子上。

▶ 吃飯時，交談的聲音不要過高，如果有酒助興，也需顧及他人和注意個人形象。若是在包廂內，可以隨意些，但若在大廳，就要注意別影響其他人用餐。

▶ 用完餐後，要及時結帳，及時離開，讓出位置給後來的人，不宜沒完沒了地和友人聊個不停。離開時，別忘了要對服務人員說聲「謝謝」、「辛苦了」、「再見」。經過其他座位時，不大聲交談，以免打擾其他客人用餐。

想想看 ?

　　過於開放、不拘小節的舉止和表情會讓人覺得缺乏教養，不僅氣質全無、氣場也蕩然無存，因此，在公共場所我們要注意自己的一舉一動，讓你的氣場帶給對方有禮、有教養的印象。

11 避免刻意、另類的動作

　　古有云：「千里之堤毀於蟻穴。」很多人往往是敗在細節上。或許你臉上帶著具有親和力的微笑，有著堅定的從容眼神，穿著大方得體的衣服，儀態翩翩，但如果你有不良的習慣動作，也會把你苦心經營的積極氣場引來負面能量。

　　筆者有一學員有著過人的設計才華，在公司擔任設計總監，其出色的工作表現讓老闆相當器重。雖然他已經三十多歲了，卻常會有孩子氣的行為，像抓後腦勺、咬指甲等，平時沒有人注意也無傷大雅，可是有一天讓他尷尬不已。

　　他分享公司某次接了一個很重要的廣告案，為了確實了解客戶的想法，必須經常開會討論。有一天，眾人在會議室討論得如火如荼時，他又開始情不自禁地抓後腦勺、咬指甲了，正當他投入地咬指甲時，突然覺得所有人都在用一種古怪的眼神看著他，當下他尷尬極了，恨不得立刻鑽到會議桌底下。

　　可見，在公共場合中一個不雅的小動作，便會讓你苦心經營的良好形象消失殆盡。仔細審視一下，你是不是有一些不良的小動作？

你的氣場有沒有被小動作毀掉

「金無足赤，人無完人」，即便是維納斯也有斷臂的遺憾。因此，我們有一些不良的小動作也是可以理解的，但當你自己察覺到之後，一定要有意識地加以改正，否則你隨時有可能因為這個小動作損失慘重。當然，我們不會苛求你成為一個完美的人，但最起碼你應該向完美的人接近，這樣你的氣場才得以變強。

以下為大家列舉一些常見的不良動作，這些動作幾乎涵蓋了所有不良動作。

☑ 提綱挈領

- ➤ 把物品放在身體前方，將自己置於咖啡杯、筆記本、書包……後面，這個動作所反映出來的是你害羞和抵觸的心理：想躲在什麼東西的後面，習慣把自己和別人隔離開來。如果身邊有東西，一定要有意識地把它放在旁邊。

- ➤ 與人交談時，習慣不時看錶或玩手，這些動作代表你對正在進行中的談話感到厭煩，所以在談話的過程中嚴禁看時間和玩手，除非你有意中止這段對話，但委婉打斷他人也比不雅的行為來得好。

- ➤ 如果在與人交談的過程中，你不斷把玩自己衣服上的線頭，尤其是低下頭去，會讓對方認為你不認同他的觀點或者不自在，不願表達自己真實的想法。

- ➤ 我們在思考的時候常會以手托下巴，但如果在注視他人的時候也托著下巴，就會讓對方有一種被批判的感覺。

- ➤ 輕微地瞇眼是一種出自本性表達憤怒的方式，對於動物世界裡各式

各樣的動物都是通用的，因此，不要單純地認為瞇眼是在思考。如果你不想留給對方你不喜歡他，或是不贊同他觀點的印象，千萬別在注視他的時候把眼睛瞇起來。

◐ 一般人都把自己周圍大約 0.37 平方公尺的空間當做私人領地，如果你不是對方親密的好友，請不要輕易跨越這道無形的界限。

◐ 有其他人在場時，低頭向下看，傳達著漠不關心的意思，有時甚至會被理解為你態度傲慢，因此若想向別人展現你的親和力，記得一定要抬起頭看著對方。

◐ 在交談中摸臉，尤其是摸鼻子，通常人們都認為這是欺騙他人的表現。捂嘴也被認為是說謊時的常見動作。因此說話時，手要遠離自己的臉。

◐ 有些人在交談時習慣發出不自然的笑容，也就是我們常說的「皮笑肉不笑」。你的笑容是否發自內心是很容易被人辨別的；真誠的笑容會皺起眼角，然後帶動整個臉部表情；偽裝出來的笑容只反映在嘴角和嘴唇上。

◐ 與人相處時，身體後傾是無聊和冷漠的象徵，也會被人理解為「我不喜歡你。」所以，當你面對喜歡的人，身體都是前傾的，面對不喜歡的人身體則會向後傾。如果和自己喜歡的人在一起，你的身體不自覺地向後傾，那你傳遞給對方的訊息就與你的內心背道而馳了。

◐ 把手放在腦後或屁股上是高人一等或妄自尊大的表現，如果對方並非很親密的朋友，最好不要使用這種手勢。

◐ 當我們愉快地和別人交談時，身體和腳會直接面向對方。如果持以懷疑態度或沒有完全投入到談話中，身體和腳就容易轉向側面。所以交談中要面向對方，這樣才會讓人覺得你對他所講的話感興趣。直接面向交談對象，不僅代表尊重對方，還能向其傳遞出你對此次的談話是很感興趣的。

◉ 雙臂抱胸是防禦抵抗的心理表現，也會被人認為是一種自傲自大的表現。如果你實在不知道將雙手放在哪裡，那就自然地放在身體兩側即可。

◉ 抓後腦或後頸是質疑和不確定的典型表現，這個動作還會讓人聯想為你是在找藉口和託辭等。

◉ 擺弄襯衫領子，實際上是告訴對方「我心裡很不安」和「我感覺不舒服」。管好自己的手，不然會讓你在交談中給人留下不好的印象。

◉ 當我們在焦慮或緊張的時候會頻繁地眨眼，因為交談時，基本上都會有眼神交流，所以對方會看得非常清楚。在焦慮和緊張的時候，記得給自己一個心理暗示，減少眨眼的頻率，尤其在與對方近距離交談的時候更要小心。

◉ 駝背是沒自信的表現。人們習慣將抬頭挺胸和強烈的自信聯繫在一起，所以，隨時把肩膀往後收，這樣不僅看起來更有自信，你自己也會感到更有自信心。

◉ 用手撐著頭說話代表對談話內容不感興趣。因此，與人說話時，千萬不要用手撐著頭，宜將雙手放在桌上。

◉ 用衣服擦手汗表現出極其緊張的心理，這時不要管你手心的汗，深呼吸幾次，你會慢慢平靜下來。

◉ 緊張、不安和無聊的人，他們的手指和腳會不停地敲擊桌面和地面，這些或許是你無意識的動作，但要注意保持手腳不亂動。不停地交換支撐的腳則是心裡不悅或身體不舒服的一個表現。

◉ 用手擺弄筆、杯子、紙團等是焦躁緊張的體現，也可以解釋為準備不足。

想想看 ❓

　　在正式場合中，我們應該儘量約束自己的動作，如果下意識中的行為讓對方產生不快時，只要迅速修正，並以眼神向對方表示歉意或直接說聲對不起即可。有些小動作可能跟隨了你很多年，一時難以改正，但為了維持好的氣場，一定要盡力避免這些會帶給自己減分的小動作。

12 別讓扭捏和坐立不安毀掉從容優雅

　　很多人都有過這樣的經驗：與朋友和家人在一起時，往往能談笑自如，輕易成為眾所矚目的主角，可是一旦碰到老闆、老師或年紀和地位比自己高的人，就會不自覺地怯懦，做出頻繁點頭哈腰，用眼角餘光看人等扭捏的動作。這樣只會在上司主管、老師或地位比自己高的人心中留下不大方、沒自信、不能重用的印象。

　　如果在那些年長和地位高於自己的人面前，我們也能像與親友在一起時那樣落落大方、談笑風生，你那從容優雅的氣場就會征服這些人，為自己爭取更多的機遇和榮譽。

　　如何將自己的動作變得從容優雅，在前面章節都有詳細描述，但常說：「相由心生。」所以筆者也想跟各位討論由內而外所散發出的氣場。

▶ 自信的人不會扭扭捏捏

　　為什麼我們會在比我們年長或社經地位比自己高的人面前扭捏不安呢？原因就是沒有自信，覺得自己在各方面都不如對方。其實大可不必，尺有所短，寸有所長，我們沒有必要特別放大這點，每個人都有其優勢和劣勢，只要相信自己，就能在眾人面前留下從容優雅的好印象。

　　一個人一旦有了信心，那麼他的動作和語言都會散發出一股迷人的力

量，讓人為之傾倒。

法國名畫家紀雷有天出席一場宴會，席間有位身材矮小的人走到他面前，向他深深一鞠躬，請求成為他的弟子。

紀雷朝那人看了一眼，發現他是缺了兩隻手臂的殘障人士，於是婉轉地拒絕他，說：「我想你畫畫恐怕不太方便吧？」不料那個人竟不在意，還充滿自信地說：「不，我雖然沒有手，但還有兩隻腳。」說著，便請主人拿來紙和筆，坐在地上用腳指頭夾著筆開始畫了起來。

他雖然是用腳畫畫，但畫得很好，可以看出來下過一番苦功，在場的客人，包括紀雷在內，都被他的精神所感動，紀雷當下便收他為徒。這個矮個子拜紀雷為師之後，更加用心學習，沒幾年工夫便名聞天下，他就是著名的無臂畫家杜茲納。

這就是自信的力量，它能將原先默默無聞的人，變成一位舉世矚目的大師。或許你平凡得像一株小草，但你也應該要有相信自己的勇氣。

1 挖掘自己的優點

你可能還不清楚自己的優點，但無需過度擔心，花一點時間去挖掘自己的優點，一開始可能會有點困難，可只要找到第一個優點，下一個優點便會隨之湧來。將自己的優點進行分類：個人特長、曾做過成功的事、曾被人怎樣稱讚過、親友對你有什麼評價等等，多花一點心思，你會發現自己身上其實有很多優點。

你可以為自己準備一本記錄本，把自己覺得表現好的、朋友稱讚過的事蹟記錄下來，將你的自信存摺累積起來。

2 為自己挑選一個榜樣人物

這個榜樣人物可以是你身邊的人，也可以不是，但必須是你最敬仰、最羨慕的人，希望自己可以變得跟他一樣。這個人可以是世界偉人，也可以是你的父親，不論他是誰，一定有值得你學習的地方。他們的人生也會遇到挫折，遭受失敗。因此，當你面對困難時，又有什麼好大驚小怪的呢？

3 相信自己可以

每天找出三件能獨自完成的事。千萬不要把成功看得比登天還難！成功可以是很小的事，比如準時抵達公司、今天的工作沒有出現狀況、順利吃到自己想吃的美食等等，這些小成功都能為我們的生活增添樂趣。

在每天結束的時候，計算自己做好哪些事情，但這樣做的目的不是為了檢討自己還有多少事情沒做。你要知道，我們沒做的事情遠多於已經做好的事，如果時刻聚焦在自己沒有做好的事情上，那你只會越來越沮喪，覺得自己沒能力、辦事沒效率，讓自己渾身都是消極的氣場，但如果你能把自己做過的工作列成一張長長的清單，也是一件值得驕傲的事情。

不曉得讀者們是否有聽過「米飯實驗」？把米飯分別放在三個器皿進行實驗，每天對它們說不同的話，七天後你會發現三碗米飯的腐敗程度完全不同。

將此運用在人的身上更是如此，如果我們的嘴邊總掛著「我能行、沒問題、我可以」，每天都與口說好話的人相處，那我們每一天都將過得非常順利，即便遇到困難，也能很快度過難關。

與之相反，那些嘴上說著「我太糟了」、「他太讓人氣憤了」、「我沒辦法了」這樣的人，那麼他們似乎永遠都有解決不完的問題，運氣也特別糟糕。

在日常生活中我們知道，做一件事順不順利、開不開心，和你想不想密切相關。比如你做自己想做的事情，便會特別積極，對這個事物也特別有耐心，態度始終和善；但如果你做一件自己不喜歡的事情，即使你做的勉強還可以，心中仍會有不好的感受。因為意念是行動背後最大的驅動力，擁有自己感覺良好的意念和想法，才能激發出相應的行動，行動和意

念的頻率一致，才會給人愉悅的感覺。

無論你的注意力或能量集中在哪個方面，也無論這種注意力或能量是消極還是積極，你都在吸引著它們成為你生活的一部分。這是不是和吸引力法則有著異曲同工之妙呢？當你想要什麼時，就一定得會得到什麼！

自信的人散發出溫暖、穩定、正向的氣場，被他們的「光束」掃到的人都會自然被吸引；不自信的人則散發出不穩定、負面的氣場，不是過於強勢，就是太畏縮，引起人的戒心。只要調整心態，就能大幅改善自己的氣場，傳達更好的第一印象。

④ 培養自己在某些方面的興趣

在眾多興趣中，找出一項來特別培養，使之變成專長，你不一定要成為專家，但至少要做到在自己朋友圈中提到某事，大家會公認非你莫屬。當然，這個專長不必高深莫測，它可以是做蛋糕、游泳、美食達人、環保小尖兵等，有了專長，你就有機會當上主角，自然神采飛揚。

⑤ 發揮自己的內在美

即所謂的「人靠衣裝」。你的衣著可以不是名牌，但一定不能過時，要清潔、整齊、光亮，尤其在情緒低落的時候，更要讓自己穿得鮮豔明亮些，再加上新剪的頭髮和得體的妝容，這樣不但可使自己因打扮而分散注意力，也會給他人帶來愉悅的感受。

當工作或生活遇到很大的瓶頸時，你在穿著上就要有很大的改變，原本保守的要變性感，性感的要變保守，衣服的色系也別忽略，平常愛穿深

色系的你，就要改穿亮一點的衣服，而老是穿著過於閃亮華麗衣服的人，不妨試試穿著顏色穩重的衣服。

▶★ 沉著冷靜的人不會坐立不安

我們形容一個人沉著冷靜時，常用這樣一句話：「泰山崩於前而面不改色。」《三國演義》裡諸葛亮以空城計征服了所有人，這就是沉著冷靜的魅力。但並不是所有人都有諸葛亮那樣的智慧、氣度與自信，很多人在遇到某些突發問題，甚至只是一些小事時，便會感到手足無措，不知該如何處理。在這種情況下，如果你能冷靜下來，那你所表現出來的睿智將有助於你解決問題，周圍的人也會因為你指揮若定的氣場而折服。

如何讓自己在任何情況下都沉著冷靜，筆者有幾個具體建議：

1 克服自己的緊張心態

遇到年長、地位較高的人或重大場合時，要克服自己緊張的心態，你可以多加善用心理暗示法，默念「我不緊張」或深呼吸。

2 駕馭憤怒情緒

喜怒哀樂是人之常情，憤怒是一種激烈的情緒表現，它可以有一些好處，經常發怒是不好的，而駕馭憤怒的方法又有哪些呢？一是拖延法，二是轉移法，比如上廁所。不管有沒有大小便的意向，到廁所裡冷靜二十分鐘，處理事情就會不一樣，這種方式雖然不雅，但不妨一試。

3▶ 緩解緊張情緒

當壓力來臨、矛盾重重、面臨突破、承擔風險、面對危機的時候，我們容易滋生緊張情緒，但緊張情緒對我們沒有任何好處。那克服緊張情緒的方法是什麼？正確的目標、溝通協調、學會及時行樂、參加一些朋友的聚會活動。

4▶ 培養耐性

遇事不急躁，沉著冷靜，學會有條理地分析和解決問題。

5▶ 負面情不能聚積

一旦感受到消極的情緒，一定要想辦法擺脫，轉移注意力或做一些自己喜歡的事，為自己找快樂，不陷入自怨自艾才是最好的心態。

6▶ 找到發洩情緒的出口

面對繁重的工作和雜亂的人際關係，每個人都會產生巨大的壓力。如果你把所有的壓力都悶在心裡，不良的情緒越積越多，你就會崩潰，因此，找到合理宣洩情緒的方法也是非常重要的，找一個沒有人的地方大喊大叫，或是玩極限運動、跑步把體力耗得筋疲力盡，你會感受到前所未有的放鬆。

7 顧及他人的情緒

不能把注意力全放在自己身上，心情難過就大哭、高興了便大笑。很多人，尤其是年輕人，一有情緒起伏，便會忽視他人的感受，這是不好的行為。

想想看？

十幾歲的小孩子做出扭捏的動作和害羞的表情，我們可以稱之為可愛，但如果成年人也如此，只會給人不大方、難以承擔重任的印象，你的氣場也會因此元氣大傷。不要再讓扭捏和坐立不安毀掉你可能唾手可得的機會。

塑造「捨我其誰」的風度

受到兩千多年儒家文化的影響，我們東方人總是謙遜溫和的，這點在接受讚美的態度上便可以表現出來。如果一個人在聽到他人的讚美後，謙虛地說：「哪裡哪裡。」基本上就可以確定他是東方人了。但一般當我們接受謙和有禮的評價時，是不是少了些「捨我其誰」的風度？相較而言，那些具有「捨我其誰」風度的人擁有更強大的氣場。

確定人生的目標

找個時間，靜下心思考你的目標究竟是什麼，而這個目標一定要是你內心最真實的想法，唯有如此，你才能主動朝著這個目標努力，不因為中途遇到阻礙而敗下陣來，勇往直前，如此一來困難才會在強大的氣場前不堪一擊。

二十世紀五、六〇年代，美國社會十分歧視婦女，男女同工不同酬，女性薪資只有男性的一半，這令玫琳凱相當不滿。有一次她出差回來，發現男助理居然升遷到比她更高的職位上，她憤而辭職。離職後，她坐在廚房餐桌旁，列出兩份清單，一份記述了以往在公司裡發生的美好事情，另一份則列舉過去數年遭遇過的問題。

完成這些工作後，她不知不覺發現自己規劃出一套「夢想公司」的市

場計畫，於是她決心與男士們一爭高下，憑著身上僅存的五千美元和兒子的支持來創業，1963 年，玫琳凱女士在達拉斯一處只有十五坪的店面裡正式成立「玫琳凱化妝品公司」。

公司從微不足道的五千美元投資起步，到如今全球批發銷售額已超過十四億美元，自成立以來的平均年成長率將近兩位數，銷售部門在三十三個國家開展業務，美容顧問達到百萬人，遍及全世界。

這就是確定目標的強大力量。而現在該換你行動了，請確定一下自己的人生目標。

☑ 提綱挈領

- ↪ 找個時間，靜下心來，寫出你人生目標的清單。這個目標不是不切實際的想像，而是只要你付出努力、投入精力的去做時，便可以達到。你要理順思路：你在一生中希望達到怎麼樣的目標？你一生中最想完成的是什麼？在你垂垂老矣時，想起一件事沒有完成，感到相當後悔，那這件事會是什麼？這些在你腦海中盤旋的事情都是你的目標。釐清之後，把每個目標用一句話寫下來。

- ↪ 替目標設置一個合理的期限，你就可以按照時間實現自己的目標，比如一年內我要達到怎麼樣的地位、五年內要取得怎麼樣的成績、十年內要完成怎麼樣的蛻變。但需要注意的是，某些目標可能會因為諸多原因而暫時擱置，比如年齡、健康、經濟狀況等，可即便是這樣也不要放棄，一旦條件成熟，便要著手進行。

- ↪ 把每個人生目標單獨寫在另一張白紙的頂端，然後寫下完成這個目標需要的所有條件，你所具備的條件可忽略，重點強調你不具備的條件，這些可以是某種教育、職業生涯、經驗的累積、經濟狀況的支持、新技巧等等。如果要達成目標，必須以更小的目標來支援，

那你也要補上，確保每一步都有相應的行動。

⤷ 檢查你的時間期限，目標表上寫下你完成目標所需要的時間，即使你無法確定時間，也要記錄下概略的時程。

⤷ 確定細小的目標，比如一週或一個月的時間，以便你能按照預定的路程去完成你的目標。

⤷ 在每個時程的結尾，比如一週、一個月或一年，回顧你在這段時間裡所做的努力，劃掉你已完成的部分，然後規劃下一個階段所要完成的事情。

▶ 抓住轉瞬即逝的機會

我們的一生會遇到很多機會，好比考取明星學校的機會、晉升的機會、向異性表白的機會等等，但只有那些氣場強大的人，才懂得牢牢抓住轉瞬即逝的機會。且很多時候，機會甚至會忽視氣場微弱者的存在，因此，我們要做一個氣場強大的人，在機會面前表現出「捨我其誰」的大將風範。

1 敏銳的觀察力

當我們具備敏銳的觀察力後，才能擁有一副火眼金睛，讓機會在你面前無所遁形。

訓練自己的觀察力，成本最低、成效最高的方法就是新聞分析。說得簡單一點，就是你可以利用新聞報導來提升自己的觀察力，首先選擇一個自己感興趣的話題，比如 COVID-19，然後按照時間進行閱讀，縱覽各國的態度等等，在新聞中發現連貫、合理的線索，由此推斷出事件的始

末，如此便能加強自己的觀察力。

觀察你周圍的人。在上班的路上、購物的途中，都不妨利用時間觀察你身邊的人，你可以猜測他們的職業、觀察他們的心情、判斷他們要做什麼……一開始，你可能會覺得有難度，但觀察多了，你自然而然也就養成良好的觀察力。

閒暇時間多看看推理小說，如《福爾摩斯探案集》等，你要把自己當做偵探，試圖揭開隱藏的真相。

觀察公車或捷運上人們的言行，有的人在沉思，有的人在聊天……偷偷聽他們的談話、觀察他們的表情和服裝，甚至可以偷瞄他們在看什麼雜誌和報紙，為每個人推理出一個合情合理的身分和背景。

嘗試以文字或語言描述日常生活中常見的動作，比如說話。比較一下用語言與文字描述的不同處，比較一下每個人說話時的不同點，試著用最精練的文字來表達，以最形象化的語言發掘每個人說話的不同之處。

② 準確的判斷力

一旦擁有了準確的判斷力，你就能輕而易舉地知道眼前的究竟是機會還是陷阱。

首先，你需要判斷事情是否緊急，如果不緊急，那就靜下心來，好好想想該如何做出決斷。在做決定的時候要縱觀全局，你可以拿出紙筆，列出不同決定的利弊，然後相互比較以作為依據。

如果事情很緊急，也要保持鎮定，果斷、勇敢地做出判斷，要注意，猶豫不決可能反倒讓你做出最壞的選擇。

③ 科學的預見性

　　具備預見能力，我們才知道機會能給我們帶來何等成就。我們在預見未知的時候，會應用到知識水準、應變能力、思維方式和思想傳統等等，這些都可能對科學的預見產生重要影響，因此，我們要盡可能提高自己的素質，為準確預見奠定基礎。

★ 主動爭取者的氣場最強大

　　成功不會自動送上門來，世上所有美好的東西，都需要我們主動去爭取，尤其是機會。

　　某集團打算招聘一位技術主管，在眾多求職者中，其中甲、乙兩人的知識儲備量、技能和能力都旗鼓相當。正當公司思考錄用哪一個最合適時，乙先生主動給公司的人力資源部打了通電話，並寄了一封信過來，信中表達了他對這家集團的憧憬以及為什麼認為自己是最合適的人選，此外，信中還附上他發表過的論文、老師的推薦信和他希望來公司做的企畫等。他雖然並非於名校畢業，但他積極主動的自找推銷，使集團主管印象深刻，最終得以勝出。

　　這個故事告訴我們，只有那些主動出擊、善於創造機會和把握機會的人，才有可能從最平淡無奇的生活中找到一絲機會，用積極的行動改變自己的處境，使人生之船航向理想的彼岸。

在面對挑戰的時候，我們身上那「捨我其誰」的風度，會讓你的氣場在瞬間發揮到極致，如此一來，我們的氣場魅力就會贏得他人的信任和尊重，也才能實現自己的目的。

看看自己屬於哪個季節的人

對著鏡子仔細觀察一下自己的外在特徵，看看你是哪個季節的人，又適合哪種顏色的服飾搭配。

A. 春季型

春季顧名思義為明媚、生機、活潑、純真。春季型人膚色有兩種：一種是發黃的象牙色皮膚，另一種是泛粉的粉紅色皮膚，這兩種膚色的共同特徵都是白皙、透明、淺亮、光潔。眼睛靈活明亮，透出孩童般的純真。

春季型人面若桃花，明亮之中帶有初春溫潤的暖意，讓人想到初春的新綠，梨花桃花的柔粉，小雛菊般嬌嫩的鵝黃。根據其神態、笑容，粉紅皮膚和象牙皮膚，春季型人又可分為亮春、柔春，亮春的笑容明媚，燦爛如陽光，性格開朗外向；柔春型則給人秀美、柔美的感覺，個性較內向。

春季型人的膚色都呈現象牙調的淺色皮膚，皮膚很薄，臉頰容易泛紅，感覺時常過敏。頭髮細軟而偏黃，棕黃的眼睛明亮而晶瑩，整體給人年輕、開朗的印象。

適合的顏色以暖色調為主，且必須是淺淡明亮、乾淨的顏色，比如：淺黃、肉粉、淡綠、乳白、淺暖灰、駝色、米黃等。對於紫色，黑色等較深的顏色則要避免，這些顏色會讓春天型人失去其特有的輕盈和健康。

春天型人適合對比的搭配，多種顏色搭一身也很好看，但需要注意的是，這些顏色都必須是春天型的顏色。比如：淺駝色套裝配淺藍色的襯衫，再加上與套裝同色系的鞋子與皮包，就會是一個柔和又不失專業的幹練形象。

B. 夏季型

夏季給人柔和、淡雅、寧靜、內斂的感覺。夏季型人膚色有淺亮泛粉的粉紅色皮膚和晶瑩剔透的冷米色皮膚，以及陽光撫育後的健康色皮膚、土褐色皮膚。其眼珠多為黑色、深棕色、深茶色，眼神柔和友善，頭髮則是柔軟的棕黑色。

根據膚色深淺的程度和眼睛柔和的程度，夏季型人又分為柔夏和仲夏。柔夏季型人膚色較淺亮，眼神輕柔，給人文靜秀氣、小女人的感覺；仲夏型人膚色較深，眼神偏穩，給人外柔內剛，優雅而獨立的新女性感覺。

　　夏季型人的膚色類型較多，有極白皙的皮膚也有較暗的膚色，但通常都泛著淡淡的玫瑰粉色腮紅，髮色的類型也較多，有黑色、深褐、深棕色等等，黑棕色的眼睛透著沉穩，唇色一般呈現玫瑰粉色。

　　適合的顏色以藍色、紫色為主的冷色調色系，但必須是淺淺、模糊的混合色，比如：淺藍、淺藍灰、藕荷色、紫色、水粉、玫瑰紅等等。黃色系、咖啡色系等，無論怎樣流行都不要穿著，在這些顏色的映襯下，會使得夏天型人的膚色顯得蠟黃無光。

　　夏季型人必須嚴格遵循同一色系或相鄰色系的搭配原則，才能營造出飄逸、雅致的氣質。要避免穿著過於對比的花色，以及全身衣服色彩反差過大，因此，在熟練掌握搭配要領前，上下身的衣服最好購買成套的，再搭配相同色系、不同深淺的襯衫、絲巾、鞋包等，這樣才能穿出獨特的品味。

C. 秋季型

　　秋季給人的感覺為沉穩、端莊、成熟、自然、時尚。秋季型人的膚色有：瓷器般溫暖勻整的淺象牙、中象牙、深象牙皮膚，還有一種為數不多，時尚漂亮的金棕色皮膚。眼神沉穩知性，眼珠深棕色，頭髮深棕偏黑。

　　秋季的顏色令人想到經過歲月洗禮的成熟楓葉，也能讓人想起午夜派對上流光溢彩的華麗服飾。根據秋季型人膚色的深淺和勻整程度又分為淺秋和深秋，看其整體氛圍的華麗度又可再分出豔秋。淺秋型人膚色較淺，深秋型人膚色較暗，豔秋型人在知性中又透出一種華麗感。

　　秋季型的膚質極為勻整，膚色有不同深淺的象牙色，也有較深的棕色等，多數人都不易出現腮紅，棕黃的頭髮、穩重的目光，整體給人成熟、穩重的感覺。

　　適合金色、黃色為主色的渾厚、濃重的暖色調色彩，比如：咖啡色、金棕色、磚紅色、鐵銹紅色、苔綠色、芥茉黃、橄欖綠等等。這些混合的暖色群，

與秋天型人的膚色相映生輝，會使得膚色更加健康而細膩。

　　全身的色調要掌握在不同深淺的同一色調或鄰近色調中，對比色只能作為小面積的點綴色使用，方能搭配出秋天型人特有的華麗及都市感。咖啡色是秋天型人職業裝的主要用色，若要穿出時尚感，打破咖啡色的沉悶感覺，在穿著咖啡色時，可搭配芥茉黃的絲巾或襯衣，鞋子和包的顏色也要相對明亮些，比如選擇駝色，才能把普通的咖啡色搭配出潮流感。

D. 冬季型

　　冬季給人冷豔、分明、個性、張揚的感覺，所以冬季型人的膚色有明度高的冰雪般的青白色皮膚和明度低的土褐般的冷黃色皮膚。

　　其眼珠黑色，眼神鋒利、黑白分明，頭髮粗黑，髮質較硬。冬季型人的色彩也如冬天一樣冰冷、純正而又熱情、飽和。冬的紫，鬼魅情迷；冬的紅，如血般濃烈；冬的黃，明得沁人；冬的藍，純得靜謐；冬的綠，翠得香豔；冬季的深色深到深不可測，淺色又淺到透如薄紗；冬季還有完全不摻雜色的純正的黑白灰。

　　根據膚色的深淺，冬季型人可分為明冬和深冬。明冬型的人笑容熱情、奔放、張揚，深冬型人笑容冷豔。冬季型人的膚色多數較暗，無論膚色深淺都有略發青色的感覺，頭髮、眉毛較為濃重，眼珠與眼白對比分明，目光銳利。

　　這類人適合黑色、純白色以及各種深淺不一的灰色，還有一切純正的鮮豔色彩，比如：正紅、正綠、正藍等等。除了這些飽和的濃重色群外，淺淡發冷的冷色系也非常適合。

　　冬季型人的黃金搭配是：淺粉色與同色調的灰色相配；玫瑰粉色與淡灰色相配；冬季型人出席聚會時，適合正綠色與純白色相配的禮服。冬季型人是所有季型中最適合穿著純白色、純黑色的；冬季型中的冰色系適合在夏天穿著；也可做襯衫，與鮮豔的外套進行對比搭配；冬季型人最適合的正裝顏色是藏藍色、深紫紅色、葡萄酒紅色，也可以穿著黑色與檸檬黃相配的正式服裝；在冬天，冬季型人可穿著藍紅色、皇家紫、松綠色。

你屬於哪種氣質的人

你想知道自己有哪種特別的氣質嗎？快來來做個測試吧！

01 貓和狗，你比較喜歡哪一個？

A. 貓（接第 5 題）。

B. 狗（接第 6 題）。

02 你會自己一個人去咖啡廳喝咖啡嗎？

A. 會（接 3）。

B. 不會（接 15）。

03 你喜歡哪一型的異性？

A. 始終是同一型（接 4）。

B. 各種各樣，沒有一定（接 7）。

04 你和一群朋友出去吃飯，其中包括你的戀人，你會坐在什麼位置？

A. 一定要坐在戀人身旁（為 B 型人）。

B. 有時會坐在戀人身旁，但分開坐也無所謂（為 A 型人）。

05 你如何支配金錢？

A. 有計畫地消費（接 6）。

B. 經常胡亂揮霍，入不敷出（接 9）。

06 約會的時候，你通常會早到還是遲到？

A. 提早抵達，等候對方（接 2）。

B. 通常都遲到（接 10）。

07 你認為你喜歡的小貓，牠會有什麼表情什麼樣？

A.「哈哈」地笑（接 11）。

B. 困倦地打哈欠（接 12）。

08 你與朋友通電話的時間通常有多久？

A. 只談正經事，通話時間通常都很短（為 A 型人）。

B. 除了正經事，閒談的時間更長（為 C 型人）。

09 如果要為小貓取名，你會選擇哪一個？

A. Vivian（接 13）。

B. 喵喵（接 10）。

10 你會怎麼處理旅行時所拍的相片？

A. 細心的處理，然後詳細記錄（接 7）。

B. 你只滿足拍照時的歡樂氣氛，因此手機裡總有很多照片（接 11）。

11 星期天的約會因對方臨時有事取消了，突如其來的空閒時間，你會如何打發？

A. 一個人在家看電視消磨時間（接 8）。

B. 打電話給其他朋友，約他們出來玩（接 12）。

12 一個相識的異性對你表白，希望與你交往，你會怎麼想？

A. 對方是不錯的人，交往也無妨，或許能發展一段美麗愛情（為 A 型人）。

B. 如果不是一開始就陷入愛的感覺，便不會開始相戀（為 D 型人）。

13 有時朋友雖然是以開玩笑的口吻，但也曾說過你任性？

A. 有（接 14）。

B. 沒有（接 10）。

14 你的書包或手提袋、隨身包包裡通常會放多少東西？

A. 袋子裡總是放了許多東西（接 15）。

B. 少量的隨身物品（接 16）。

15 你去朋友家玩，朋友養的小狗一見你就叫個不停，你認為牠對你的感受如何？

A. 見到你來玩，十分開心，是高興的叫聲（接 11）。
B. 這隻狗一定討厭自己（接 12）。

16 假如開學第一天，你出席開學典禮，面對新同學，你的表現會如何？

A. 主動自我介紹，與新同學交談（為 C 型人）。
B. 新同學若不與自己交談，你也不會主動交談（為 D 型人）。

測驗結果

A. 機警獵犬型

你的個性冷靜淡漠，有主見，有很強的自信心，喜歡一個人靜靜地散步思考。做任何事，你都會以自己的想法為主，最討厭受到別人的約束，也很直率，喜歡就是喜歡，憎惡就是憎惡，信守承諾。

B. 觀賞犬型

你總是面帶笑容，友善待人，所以特別討人喜歡，屬於可愛的類型。你天真無邪的態度、直率的性格，容易吸引別人的關注。

C. 短毛小貓型

你並不精明，給人一種天真且不諳世事的印象。但這個特點讓你偶然的任性也能得到他人的諒解，對你頗為有利。

D. 波斯貓型

你擁有強烈的自信心和自尊心，給人一種高高在上的感覺。你的外型也頗為出眾，引人注目。你是個追求完美的人，對自己的目標窮追不捨，具有獨特的審美觀，追求有品質的東西。

吸引力

氣場讓你備受矚目

The Power of Charisma

擁有強大氣場的人本身就是一個強大的磁場,能夠感染、帶動
周遭人群的情緒,讓周圍人的注意力不自覺地集中到他身上,
這種能量,除了來自一個人的學識、氣質、精神,更來自於他
高尚個人品質所帶來的強烈感召力和對人際交往的精通。想製
造強大的個人磁場,你就要融入群體,贏得支持和歡迎,做群
體中的靈魂人物。

1 流露真我，自然的你最能打動人

《菜根譚》中有這樣一段話：「文章做到極處，無有他奇，只是恰好；人品做到奇處，無有他奇，只是本然。」意思是說，一個人寫文章寫到登峰造極的地步時，並沒有什麼特別的地方，只是將自己的思想表達得恰到好處；一個人的品德修養達到爐火純青的地步時，並沒有什麼特別的地方，只是回歸到樸實純真的本色而已，這句話告訴我們，自然的你才最動人、最具有魅力。

一名商人到一間寺廟享用齋飯。席間，他問僧人齋飯為何這般清淡？為什麼不多放一些佐料？為什麼不把油鹽放重一些呢？這位老僧指著桌上的一盤青菜笑著說：「人人都吃青菜，可是又有幾個人能品嚐出青菜的味道。要想嚐出青菜的味道，只要將其洗淨以滾水燙熟即可，這樣我們吸取的才是青菜本身真正的營養。而世人所吃的青菜，做法講究，五味調和，味道鮮美，但他們嚐的不過是青菜佐料的味道，滿意的不過是廚師的精湛技術而已，青菜的味道和營養，他們並沒有品嚐到。」

老僧的一席話，道出我們生活中處處疏忽和遺忘的本色。的確！在如今這個複雜多變的社會中，為了保護自己，人人都會刻意給自己加點「佐料」，用以粉飾自我。雖然這是一種自我保護的需要，但如果人人都戴著面具，我們將漸漸失去真實的一面，難以體會到真實所帶給我們的美。

真實是保持做人本色的體現，做人就應該講究真實，真實是難得之

美。遺失了最真實的東西，氣場又從何而來呢？與人交往，我們不需刻意為之，只需真實流露自己的喜怒哀樂，做最自然的自己即可，這才最能打動人心。

★ 真誠的態度，才能流露真實的自我

哲學大師巴爾扎克說：「坦白直爽，最能得人心。」這正是氣場的體現，所謂得人心者，得天下，以生命最真實、自然的本性與人相處，真誠待人，便能吸引他人的真誠，吸引越來越多的真心朋友，獲得別人的喜愛和尊重。

真心是由內而外的自然流露，它可以是一個眼神、一句問候、一個動作，但是它傳達給人們的資訊應該是誠懇的。與人交往的過程中，有了真誠，你就擁有了堅實的氣場，這樣，別人才會對你真誠、向你袒露自己的心房。正如一位交遊廣闊的朋友曾說：「我在與別人交往時，絕對不會給對方虛偽的言行，因為那種行為別人一看便知，它是一種感覺。若感覺到你不真誠，誰還敢與你結交呢？你只有尊重別人，相信別人，對方才會相信你，進而與你交心。」

假如生活是無垠的天空，那真誠就是雨後的彩虹；假如生活是船，那真誠就是船上的帆；假如生活是一台機器，真誠就是機器上的發動機，是你生活前進的動力；假如把生活比作鐘錶，那真誠就如鐘錶上不可缺少的指針，指引你生活的方向。

假裝出來的「真心」可能會一時蒙蔽人們的眼睛，但它註定不會長久。敢於流露真我，展現的是一種坦蕩和胸襟，不管周圍環境發生怎樣的

變化，不變的是自己一如既往的追求，也正因為如此，自然的你反而更容易凝聚氣場，吸引他人。

☑ 提綱挈領

- ➲ 發自內心深處的自己最真實，不加任何掩飾的微笑就是你最真誠的微笑。
- ➲ 讓每一個眼神、一句問候、一個動作都傳達你的真心。
- ➲ 真誠就是不對人說謊、不虛偽、不騙人、不侮辱人，所謂：「騙人一次，終身無友。」
- ➲ 不要把別人對你的幫助視為理所當然，不懂感恩的人早晚會被唾棄。
- ➲ 不要期望所有人都喜歡你，這是不可能的，只要讓大多數人喜歡你就可以了。

► 不自欺欺人，承認自己的錯誤

做真實的自己，可以讓自己活得真實而坦蕩。生活中，有的人與人交往遮遮掩掩，害怕別人看到自身缺點，其實這是氣場不足的一種表現。只有不做作的人，才能贏得他人的真誠和信任，那些總戴著「面具」生活，言行與內心不符的人，終會在時間面前「原形畢露」；相反，如果待人真誠，即使無過人之處，有時犯些小錯，都不妨礙你擁有真正的朋友。

敢於流露真情，就是要發揚優點，修正缺點，不斷認識自己，進而完善自己。有人說：缺點不一定是不好的東西，它至少給我們指明了努力的方向，所以不要厭惡別人指出自己的缺點，這意味著你得到一個變得更好

的機會。

☑ **提綱挈領**

⊘ 不用想太多，用輕鬆的溝通方式與人坦誠交流。

⊘ 不刻意隱瞞缺點，展現最真實的自我。

⊘ 不受名望、權位的束縛，用最真實的本性來待人接物。

⊘ 自然的你，氣場更足，自然更吸引人。

▶ 讓自己的舉止自然隨性

認真想一想，有沒有人向你提起過，你認真在電腦前工作的時候是最動人的，你在工作忙碌時的背影是最動人的。的確，你最打動人的一刻，往往都是在認真做事時流露出來的，而不是你刻意打扮，穿上自己認為最漂亮的衣服，並且擺好姿勢在陽光下拍寫真的那一刻。

為什麼？因為認真工作的你，表現的是自然狀態下的你，你的勇氣和信心來自心底，不做作，不扭捏，乾脆俐落，自然隨性的一舉一動讓你熠熠生輝，不需要任何外在的修飾來裝點，就顯得很獨特、完美。

因此，在與人相處時，請大方表現出隨性、自然的自己，不需刻意掩飾，具體可以參考如下。

▸ 穿著乾淨簡潔的衣服，不要過度裝飾自己，別讓太累贅的衣物遮掩了你的風采。

▸ 與人打招呼時自然地擺手，與人道別時微笑送別。

▶ 與人交談時自然輕鬆地展現自己，不要縮著肩膀，也不要低著頭玩弄衣服鈕扣或用手指頭反覆纏繞頭髮。

想想看 ?

　　只要把握住一點，就會讓你活得更加怡然自得，即內不化而外化。在做人處世的過程中，「內」要秉持自己的風格，自己的個性，自己的理想，自己的原則；「外」要適應周圍大環境，不能與所有人都格格不入。真誠而不做作，讓你贏得好人緣，交際離不開談話，鎮定自若，敞開心扉，才會讓人難以忘懷。透過神態、談吐、儀表等，建構起強大的氣場，給對方留下良好的第一印象。

成為被人需要和依賴的人

　　歐洲中世紀時期，一名將領拯救了一座城池，百姓們想要報答他，苦思著要用哪種方式才足以表達他們的感激之情？

　　金錢似乎顯得輕微，多少金錢才足夠獎勵這名英雄的功績呢？有人想讓這名傭兵首領擔任城邦領主，但又有人反駁說，這也不足以報答他。最後人們採用了他們一致認為最滿意的方式：「讓我們吊死他，然後封他為守護百姓的聖人吧！」這就是將領得到的回報。

　　在這個世界上，失去一個可以替代的人對於權勢者來說，並不會有太多的損失。西方一位學者曾說，感恩是極有教養的產物，不可能從一般人身上得到，如果你想透過施恩於人來獲得對方對你的依賴的話，那你就錯了！

　　有句成語「兔死狗烹」是指事情成功後，一些曾經有過功勳的人往往得不到報答，因為他們再也不被需要了，遲早都會被後起之秀取而代之。真正聰明的人寧願讓人們需要，而不是讓人們感激。有禮貌的需求心理比世俗的感謝更有價值，因為有所求，所以能銘心不忘，而感謝之辭最終將在時間的流逝中淡漠。

　　希望大家能記住：被人需要勝過被人感激。與其讓對方感激你，不如讓他有求於你。想在人群中被人記住和關注，就要讓別人需要和依賴，甚至是達到少了你計畫就無法運作，生活就難以正常進行的地步。一旦建立

起這樣的關係，你的地位就會變得不可替代。

當然，這需要你尋找「中心」氣場的感覺，在某個特定的空間或環境中，讓別人發現「我很重要」，進而成為被人需要和可以讓人依賴的人。當你在某個場合一出現，在場的每個人都會立即被你吸引，願意聽你講話，與你深入交談。

當然，要想做到這些，你必須要具備無可替代的氣場。讓我們來看看如何成為被人需要和依賴的人吧！

➤ 酒香也怕巷子深，要能主動出擊

古語：「酒香不怕巷子深。」然而在現代社會早不如以往，酒香也怕巷子深、如果不吆喝，不宣傳，再香的酒也只能自己享用。如果你有實力卻不懂得透過社交來展現自己的長處，累積自己的人脈，那你的實力也很難施展。

在國外，曾有人做過這樣一個調查，詢問一千名企業主管在招聘員工時，最看重的條件是什麼。最初，調查者以為能力一定是企業主最為看重的，然而答案卻出乎他們意料之外，沒想到企業主首要考慮的竟是人際關係。

有一個類似的調查與之有異曲同工之處，調查者向一千名企業家調查：通常解雇員工的首要理由是什麼？答案竟然是：人際關係不好。

從這兩項調查看出：一個人要想在社會上立足，就必須有良好的人際關係，一個不能主動建構人際關係的人，即使知識淵博，能力再好，也得不到施展才華的空間。

俗話說：「一個籬笆三個樁，一個好漢三個幫。」一個人若想要事業有成、生活美滿，就要多結交朋友，將人脈化為成功的後盾，並懂得借助人脈的力量提升自己，帶動成長。所以，與人交往時，要善於主動與人接觸和交流，讓別人接受、注意和重視你。

在與人交往時，先看著對方的眼睛，當你看著某人的眼睛時，意味著：我很好，你會喜歡我，我會成為你重要的朋友。主動對別人微笑，讓別人感受到你的親和力，用微笑迅速拉近你們之間的距離。

盡可能記住與你所交往過的人的名字，以便再次見到對方時，能立即喊出他的名字，讓對方覺得自己在你心中有很重要的位置，這樣他也會反過來重視你。

在允許的範圍內，和所接觸的人聊一些私人問題，能讓對方打開心扉，漸漸願意把你當成傾訴的對象。試著主動與別人握手，用溫暖、堅定而不咄咄逼人的握手，來表達你的主動和真誠，向別人傳遞你的溫暖和熱情。說話的時候也要記得常用「我們」開頭，拉近雙方的心理距離。

▶ 不甘於平庸，努力讓自己變優秀

我們在不重要中生活得太久了，平凡不是你的錯，但如果甘於平庸，就是大錯特錯！事實上，除了王公貴族、巨富之子、名流之後，我們每個人都是平凡的，所以平凡既不可恥，也不是你的錯，因為它不是任何人主觀所能決定的，但甘於平庸又完全是另外一回事，因為它是一種出於主觀的生活態度。

試想，你會喜歡不思進取，得過且過的人嗎？你會願意與這樣的人交

往嗎？如果你是企業主管或老闆，你也絕不會需要一個這樣的員工、下屬，因此甘於平庸是條註定越走越窄的路。只有讓自己變得重要，讓自己成為別人依靠，腳下的路才會越走越寬廣。

國外進行過這麼一項實驗，安排一名長跑選手與四名素人跑者比賽，賽前教練對他說：「據我了解，他們的實力並不如你。」果不其然，選手輕鬆跑了第一名。

之後教練又替他安排了一場十人的比賽，賽前一樣將其他人的成績拿給他看，當選手看到這些的人成績遠不如自己時，他一樣在比賽中拿了第一名回來。

選手再參加了一場二十人的小組比賽，但這次教練沒有拿成績給他看了，只說：「只要戰勝那個人（手指著一個人），你就能取得勝利。」比賽開始了，選手緊跟著教練說的那個人後面，一直到最後一百公尺時，才奮力衝刺超越對方，順利獲得第一名。

後來，教練不向他透漏其他運動員的狀況，像之前一樣安排了幾組比賽給他參加，在五人競賽中，選手很勉強地拿了第一名；十人競賽中，選手拿到第二名；二十人競賽中，選手的成績嚴重下滑，僅拿到第五名。結果出乎意料之外，因為這次的競爭對手跟前一次的水平完全相同。

不僅是選手，我們往往也是這樣，生活中欠缺對競爭者能力的估量，將自己安排在一個較低的位子。試著回想，你在唸小學的時候，是不是覺得自己很優秀，是班上的佼佼者，但升到國中後，競爭者變多，便覺得能考個前十名就很不錯了，還對於自己考進前十名，感到沾沾自喜。升高中後，你的目標更低了，早已視名次為浮雲，只要考差了便會安慰自己，致使自己一步步從優秀走向平庸。

　　曾有位企業家說過：「一名優秀的人才，他的自信互久不衰。」假設我們原先是一塊是金子，但只要缺乏信心，最後也會甘心從金子變為沙子。缺乏自信心將把我們一步步拉到平庸的位置，有些人可能會怨天尤人，認為自己運氣不好，但其實是他們自編自導了這場災難和悲劇，將自己走到這步田地。

　　我們原本是優秀的。只不過，是我們缺乏自信心，一步一步把我們從優秀的高位上拉下來，一直拉到了平庸的位置上。自甘平庸，是人生的一場災難，也是人生的悲劇。只是更多的時候，是我們自己導演了這場災難和悲劇。

　　你甘於平庸嗎？如果不，那就放手去做吧！努力向上、實實在在地付出，你就會成為被需要的人。讓自己變得強大、重要，你才能讓別人依靠。

　　試著每天早上站在鏡子前，用兩分鐘的時間深呼吸，然後對著鏡子裡的自己說：「我是最棒的，我要成為舉世矚目的人！」然後設定一個目標，並給自己詳細的執行計畫，把它寫出來，貼在每天能看到的地方，時刻提醒自己去完成。並在睡前回想一下今天完成了哪些目標，明天還有哪些目標要繼續努力的，把自己最欣賞、佩服的人當成自己的偶像和目標，不斷鼓舞自己向他靠近。

⭐ 成為有決斷力的領導者

　　在一個團體中，我們通常會看到焦點人物都是團隊的領導者，這個領導者往往由團隊所有成員選出，能帶領整個團隊制定計畫、實施方案，遇

到問題時，團隊的領導者也能迅速找到解決方案，並指導團隊共同解決，分配給團隊成員不同的任務和責任。

一般來說，這個人有著雷厲風行的行事風格、較強的分析能力、判斷力和決斷力、也有較大的抗壓能力，在團隊中有領頭羊的作用。

在人際交往中，具有這種特質的人也非常受人歡迎，原因在於當人們遇到困難或猶豫不定時，這樣的人能提出寶貴的意見和方法，協助人們解決問題，也能在眾人沒有主意的時候給大家吃一顆定心丸，這樣的人無論走到哪裡，他們的領導魅力始終影響著身邊的人，始終是人群中的靈魂人物。

那如何才能讓自己成為一個善於做決定的領導者和組織者呢？

1 凡事多想三遍，讓自己善於考慮全局

在與人交往中，你應該做一個善於考慮別人感受和全局的人，要有大將之風，而不是只顧全自己的利益。

2 善於組織和指導

要做人群中的焦點，你就要有優秀的組織能力，不論發生什麼情況，都能有條不紊地分配與指揮若定。

3 善於傾聽和表達

善於表達你的意見和看法，也善於傾聽周圍人的意見，但需要注意的是，你的意見最好經過慎重思考，才具有一定的權威性和影響力。

想想看?

　　過往的功績不能保證你的位置不被取代，只有讓自己變得重要，在人群中充當起核心人物的角色，做別人的依靠、被人需要，成為被人矚目的對象，吸引身邊的人，進而讓大家對你有所期待。

3 適當控制你的表現欲

表現欲是人將自我價值在他人面前顯示出來，以求得肯定與讚揚的一種欲望，它是人特有的心理欲望，是人的發展天性。人們為了生存，要以自己的本領做出種種表現，且表現本身也就是人的發展過程。

心理學家研究發現，當一個人說話時，若總說「我怎樣」或「我應該」，代表他對自我的關注度很高，有強烈的表現欲，有「唯我獨尊」的味道。「我」是第一人稱，能反映出人的自我意識，如果你反覆提及這個字，就會讓人認為你是個自我意識過強、過於自信的人，或是一個不謙虛的人，且一旦大家對你產生這個印象後，要改過來就困難了。

善於自我表現的人常常是既「表現」了自己，又未露聲色。他們與同事進行交談時多用「我們」，而很少用「我」，因為後者給人距離感，前者給人感覺較親切。「我們」這個字眼代表著「你也參加的意味」，往往使人產生一種「參與感」，還會在不知不覺中把意見相異的人歸為同一立場，並按照自己的想法試圖影響他人。

因此，在說話的時候，要學會用「我們」代替「我」。在人際關係上也不要太愛表現或是強出頭，否則很可能遭受忌妒，而被排斥孤立，尤其是與長輩之間的關係，對他們所注重的禮貌、傳統、風俗習慣等最好不要隨便插嘴批評，否則容易對你產生反感。

璐璐畢業後找到會計的工作，但公司整個財會部只有主任、出納和她

三個人。主任不管事，出納又是靠關係進來的，只需要管好現金的收支即可，什麼報表都不用做，主任不會交派其他任務給他，因為對方有靠山，因此部門所有工作幾乎都壓在璐璐身上。

且在老闆的縱容下，出納工作極其馬虎，有時現金還會有短缺，雖然璐璐做事努力盡心，可到最後總是吃力不討好。主任有時會抱怨璐璐工作太認真，把事情都默默做完了，讓他感覺自己好像被架空一樣？

聞言，璐璐覺得十分冤枉，因為根本不是自己搶著做，是因為主任不太會使用電腦，工作自然而然都堆到她一人身上，還害她累得不成人形。沒想到反被主任咬一口，埋怨她太過能幹，讓璐璐覺得自己裡外不是人，不知該如何是好。

現在，主任和出納都明顯表現出對璐璐的不滿，平時兩人總是有說有笑、有商有量，唯獨將璐璐排除在外，璐璐為此鬱悶不已。在工作中，如果有一個人不喜歡你，可能是他不對；如果所有人都不喜歡你，問題也許就出在你身上。

但對璐璐來說，這個問題就有點難了，她對工作兢兢業業，只是想把部門的工作做好，三個人中就只有她有這個意識，但為什麼就是不被主任肯定呢？

由此可以看出，她把自己的角色弄錯，太過於能幹了！把部門管理好是主任的事情，作為下屬，應配合上級完成這一目標，而不是代替上級去思考、越俎代庖。言談中，璐璐對主任頗為鄙視，甚至還有些不滿，因為平時工作都是她在做的，主任對此怎麼會沒有察覺呢？

由上述例子，可以得知不善於適時隱藏自己的鋒芒，很容易讓你陷入人際關係的泥潭，太愛表現很可能讓你被他人排斥孤立，進而讓人際關係

拖累了你。

➡️ 人際交往中應避免的幾種表現

說話和舉動很有精神、思路和語言閃爍著雄辯的光芒，層層辯駁，脈絡分明，步步為營，滴水不漏。但過強的表現欲會破壞氣場，讓你走下坡路，因為如果你的表現欲過強，就會不自覺地入侵他人的「活動範圍」，當這種入侵到達某一狀態時，對方就會自動展開防禦，以抵擋你的侵犯，進而削弱你的氣場。

可能有人會說，沒有啊，我很低調。那麼我們來對照以下幾點，看看自己是否真如你所想的那麼低調，如果有三條與你的情況相吻合，你就要適當地控制你的表現欲了。

▶️ 表情誇張得像演戲一樣，裝腔作勢，情感體驗膚淺。

▶️ 暗示性高，很容易受他人的影響。

▶️ 以自我為中心，強求別人符合他的需要或意志，不如意就給別人難堪或表達強烈不滿。

▶️ 經常渴望表揚和同情，感情容易波動。

▶️ 尋求刺激，頻繁參加各種社交活動。

▶️ 需要別人經常關注，為了引起注意，不惜嘩眾取寵，危言聳聽，或在外貌和行為方面表現得過分吸引他人。

▶️ 情感反應強烈易變，完全按個人的情感判斷好壞。

▶️ 說話誇大其詞，音調高、聲音大、尾音上揚，說話喜歡加重語氣。

▶ 摻雜幻想情節，缺乏具體的真實細節，難以核對。

▶ 動作明顯或另類，例如在用餐時，拿刀叉的姿勢過分優雅，吃牛排如彈鋼琴，吃燒烤像拉小提琴般，反而不倫不類。

▶ 肢體語言頻繁、小動作不斷。

　　如果你是因為擔心別人沒有注意聽，擔心別人沒聽懂你話裡的意思，自己的個性或風格沒有展現出來，而故意做這些動作的話，代表你沒有自己想像的那麼重要。這樣做也許真的會有不少人注意你、凝視你。但也不要急著高興，仔細咀嚼別人的目光，要看清裡面是好笑還是憐憫。

　　如果想擁有氣場，就不要這麼刻意營造，否則將適得其反，過強的表現欲反而會破壞你的氣場。

▶ 提高認識，學會自我約束

　　自我認識就是指人對自己及其外界關係的認識，只有正視自己的表現欲，才能揚其長避其短，進而與他人相處，適應社會環境。

　　一般情況下，我們可以把具有強烈表現欲的人劃分為以下幾種。

1 引人注意，情緒帶有戲劇化色彩

　　這類型的人喜歡表現自己，而且有較好的藝術表現才能，唱說哭笑，演技逼真，有一定的感染力。有人稱他們為「偉大的模仿者」、「表演家」，常常表現出誇張的行為，甚至裝腔作勢，以引人注意。

②　情感易變化

　　這類型的人情感豐富，熱情有餘，而穩定不足；情緒熾熱但不深，因此他們的情感變化無常，容易情緒失控。對於輕微的刺激，可能有情緒激動的反應，容易「大驚小怪」，缺乏固有的心情，情感活動幾乎都是情緒化反應。而情緒反應過度，往往給人一種膚淺，沒有真實情感和裝腔作勢，甚至無病呻吟的印象。

③　將玩弄別人視為達到目的的手段

　　玩弄多種花招使人就範，如任性、強求、說謊欺騙、獻殷勤、諂媚，有時甚至使用操縱性的自殺威脅。他們的人際關係膚淺，表面看似溫暖、聰明、令人心動，其實內心完全不顧他人的需要和利益。

④　高度的自我中心

　　這類型的人喜歡別人注意他和誇獎他，只有投其所好和取悅一切時，才會給人好臉色，否則會攻擊他人，不遺餘力。

　　光芒太強，就會刺眼，你可能會在不知不覺中出風頭、成為焦點，但在別人看來，會覺得你的表現欲過強，而不想和你在一起，所以你必須留意自己的行為舉止，要懂得隱藏你的表現欲。在日常的生活交際中，我們決不能一味地鋒芒畢露，這只會讓人對你敬而遠之。

　　根據心理學家的解釋，當人們與看似完美無缺的人相處時，總難免產生「己不如人」的不安心情，以致失去與對方交往的興趣；而當人們發現那些才華出眾的人也和自己有著一樣的缺點時，則會因為看到對方身上有

平凡的一面而產生親近感，願意與對方交往。

　　了解表現欲的緣由，讀者們就可以根據不同的類型來加以調整，學會自我約束，控制表現欲，好好與人相處。

★ 把握好熱忱與刻意表現之間的界限

　　在工作中，有許多人往往掌握不好熱忱和刻意表現之間的界限，不少人會把一腔熱忱的行為，演繹得像是故意裝出來般，也就是說，這些人學的是表現自己，而不是真正的熱忱，因為真正的熱忱絕不會讓人覺得你是在刻意表現自己，也不會讓對方反感。

　　曉楓在一間大公司上班，平時工作積極主動，表現良好，待人也熱情大方，跟同事關係不錯。但某次不經意的小動作卻使他的形象一落千丈。當時眾人在會議室裡等著開會，有位同事覺得地板有些髒，便主動拖起地來。但曉楓似乎不太關心，一直站在窗邊往樓下看，她突然走到同事身邊，堅持拿過對方的拖把。本來已經差不多快拖完了，根本不需要她的幫忙。可曉楓卻執意要拿，那位同事只好把拖把給了她。

　　剛接過拖把不一會兒，總經理便推門而入。看到曉楓正埋頭拖地，一切似乎都不言而喻了。

　　自那次事件後，大家再看曉楓時，就覺得她為人虛假、做作，以前的良好形象被這一個小動作一掃而光。同事們也從此和她疏遠，而且還有一種看不起她的感覺，最終曉楓自己提了離職。

　　在需要關心的時候關心同事；在工作上該出力的時候，全力以赴，才是聰明的表現。而不失時機，甚至抓住一切機會刻意表現出自己「關心別

人」、「是老闆的好下屬」、「雄心勃勃」，則會讓人覺得虛假而不願與之接近。那要如何把握好熱情和刻意表現之間的界限呢？你可以參考以下要點。

☑ 提綱挈領

⟳ 向親朋好友進行一番調查，聽聽他們的看法。對他人的看法不加以反駁，要捫心自問，想想這些表現哪些是有意識的，哪些是無意識的；哪些是別人喜歡的，哪些是別人討厭的。對別人討厭的要下決心改變，而別人喜歡的則在表現強度上力求適中，對於無意識的表現，可將其寫下來，放在醒目處，時時自我提醒。

⟳ 請好友在關鍵時刻提點自己，或在事後請好友對你今天的表現作一番評價，然後從中反省自己表現過火之處，以便在未來的表達上適當控制，達到自然、適度的效果。

⟳ 熱忱可以讓你的事業更上一層樓，刻意表現則是自己在前進的路上設置了障礙。真正的熱忱絕不會讓他人誤以為你是在刻意表現自己，也不會對你產生反感。

想想看 ?

法國哲學家羅西法古有句名言：「如果你要得到仇人，就表現得比你的朋友優越吧；如果你要得到朋友，就讓你的朋友表現得比你優越。」同樣地，在與人交往時，對自己的成就要輕描淡寫，學會謙虛，不要太過張狂，免得讓他人對你產生愛表現、嘩眾取寵的印象。這樣的謙遜內斂，反而能讓你更有氣場。

誠信為人讓你更具威信

　　在與人交往的過程中，要在別人那裡贏得良好的第一印象，誠信是必不可少的。質樸自然由真心流露的誠信，本身就是生活的需求。誠信待人，誠信做事，可以使我們理直氣壯，正氣凜然，心胸開闊。

　　因此，誠信不僅是一種待人的態度，它本身就是生活的品質。誠信不是生活的手段，而是生活的目的。一個人能夠誠信地生活，是他智慧的體現，每個人都應該追求這樣的生活狀態，讓生活更美好。

　　誠信待人可以塑造自己的美德與個人品牌，進而樹立自己的威信。有威信的人一定有「權力」，但有權力的人不一定有威信。有威信的人即使沒有任何權力，他的威信依然存在；反之靠權力而有的威信，一旦沒有權力，他的威信即蕩然無存。權力的運用可以使人增強威信，也可使人威信降低。

　　影響力是一種不依靠權力就能使人自願追隨你、跟著你工作的能力。影響力不是公司強加給你的，它不像權力，不是說成為總經理後，就瞬間擁有的。靠權力樹威，無權則無威；靠狠氣樹威，無職則無威。只有靠誠信樹威，才能樹立真正的威信，且靠誠信樹立的威信必定是長久、受人尊敬的。

✦ 要有誠信為人的好心態

猶太人有句名言：「靠做人準則維護尊嚴！」因此，他們主張：「有權威也不能隨便使用。」猶太人在群體中，往往將「雙贏」作為長富之路。如果你對「威信」二字的理解偏重「威」（權威），而忽略「信」（誠信），那這二字在你的思想中就演變為「權威」的概念了，於是你要求人們「服從」你，而不是讓自己去服務於人。

至今在許多管理者眼中，仍然覺得管理等同於「統治」或「管制」，認為管理是個人權力的象徵和表現等，有些管理者一坐上領導之位，便不自覺地強調個人的主觀意志，想在個人主觀意志的基礎上樹立絕對權威，甚至官居一品，也欲令眾人臣服，以為這就是所謂的威信。保持這種觀念或想法的管理者，只能說明他對現代管理學不甚了解。要知道，有威無信的管理比沒有威信的管理更可怕。

在管理過程中，管理者應該多多體現無為而治，即淡化個人意志，強化整體意志，實施透明化管理，這才是管理學向前發展的方向，那種單純強調個人權威，或淩駕於眾人之上的管理理念註定行不通！

▶ 無論做任何事，都要告訴自己：誠信是樹立威信的基石，不可重「威」輕而「信」。

▶ 與人真誠交往，如果自己是上司或握有某種權勢，也要親和下屬，而不是以權勢相威脅。

▶ 做不到的事情，不輕易許諾

信用像玻璃一樣脆弱，壞了就無法修復。一個人一旦失信於人，別人就不願意繼續和他交往。每個人都樂意與信用可靠的人交往，而不守信用的人是危險的。豐富我們的人脈關係，取信於人是必不可少的。

生活中，有人為逞一時的口舌之快，輕易答應別人事情，事後又後悔，雖然答應了對方，自己卻無法做到，反而失信於人。對此，我們必須掌握一個尺度：自己能辦的事要盡力而為，不誇大也不縮小，講清楚，當你自己也拿不定時便要坦白告知，及時給對方一個準確的答覆。

一個人一旦失信於人一次，別人就再也不會和他交往或與他做生意，他們寧願去找信用可靠的人，也不願找他，因為他的不守信用可能衍生出許多麻煩來。

只有誠信的人才能獲得他人的信任，很多人之所以能獲得成功，靠的就是獲得他人的信任。但現今仍有許多商人未將獲得他人信任放在心上，不肯在這方面花心血和精力。這種人一定不會長久發達，可能過不了多久就會嚐到敗果。

而一旦失去了誠信，失去了他人的信任，你拿什麼來凝聚氣場，吸引他人呢？

☑ 提綱挈領

- 許下承諾前先想清楚，三思而後行，考慮說出的話，自己能否辦到。
- 當你自己也拿不準時，要明確告訴對方自己的難處，並及時給對方

答覆。在這個時候，應該向對方坦誠說明原因，好讓他即時想其他方式處理，你也可以提供一些補救之策，相信能得到對方的諒解。

● 無論是在商業往來中，還是在日常生活中，你都應該隨時隨地加強你的信用。

➤ 言出必行，樹立威信

做生意最忌諱的一點就是欺騙他人，不守信用。這種人有可能做成幾筆賺錢的買賣，取得暫時的成功，但時間一久，名聲越來越臭，人們都不願意與他合作或交往，其事業必然得不到發展。因此，商場間的往來，一定要做到「說到做到，忠實守信」。

一日，曾參之妻要出門，其子哭鬧著要一同外出，曾妻無奈，便說道：「乖兒子，在家等著，娘回來給你殺豬燉肉吃！」孩子這才不再哭鬧。沒想到曾妻回到家的時候，卻看見曾參真的在磨刀霍霍，問明原因後，曾妻說：「我不過是哄哄孩子，你怎麼就當真了？」曾參說：「做人要講信用，你既然答應孩子了，就一定不能食言，否則孩子受到大人言傳身教的影響，長大了也會沒有信用。而對於父母來說，一次失信，在孩子面前也再無權威可言。」

所謂吃虧上當，一次足矣。高叫著「狼來了」的孩子，最後落得沒有人幫他趕跑真正的狼。耍弄小聰明，千萬要不得！與人交往時，一定要做到「說到做到，忠實守信」，答應下來的事，就要想辦法儘快實現，不要讓別人等太久。

做主管最忌諱對下屬承諾空頭支票。這種許諾沒有什麼好處，雖然在現實中這種情況無法完全避免，因為主管在激勵下屬好好努力時，通常會

做出承諾以茲獎勵。這時應當在有把握的情況下做出恰當的承諾，如果情況有變，或自己判斷失誤無法兌現，最好向你的下屬道歉並說明原因，以得到他們的諒解。

★ 一定要避免假威信

威信應該是一個人讓他人真心的信服和遵從，然而在現實生活中，卻有管理者、領導者以假威信來帶領員工，認為「權力」能搞定一切。所以，筆者想對威信進行具體分析，避免讀者也濫用假威信。

壓服威信

有些領導者慣於用權力壓服員工來取得威信，這必然會引起群眾強烈的不滿。

收買威信

有些主管的待人處事原則是「你如果辦成這件事，我就答應你其他件事」，當下屬完成一項工作，便隨便決定給予其物質獎勵或精神獎勵。這種「我說了算」的獎勵方式，將助長員工的不良行為，讓他們把工作上的相互關係，看成一種個人忠誠於老闆的行為，這種建築在個人意志上的威信，只是一種虛假的威信。

③ 善良威信

有些人會有所誤解，認為只要善良地對待下屬，就能取得他們的信任。這些管理者對下屬不會過於嚴格責備，要求不高。領導者對於員工沒有嚴厲的要求，就不能使下屬在戰勝困難的過程中鍛鍊意志，增長閱歷，更不會有所成長。

威信的特點是「喪失容易，保持難」，它是相當脆弱與敏感的，我們必須時刻注意自己的一言一行。

想想看 ?

對於任何一個剛踏入職場的人來說，絕對不會無緣無故即取得別人的信任。你只有以實際的行動表現出你的決心，始終以誠信為本，才能獲得他人的信任，樹立自己的威信，進而建立起與眾不同的氣場，並獲得更多的人脈。

在給予的過程中，傳遞你的氣場

印度古諺說：「贈人玫瑰之手，經久猶有餘香。」給予是一種利己行為，在付出的同時，也將獲得一份助人後的快樂。給予是一種高尚的品格，在別人需要的時候伸出援助之手，不僅能讓接受者走出困境，也能使給予者獲得心靈上的洗滌。

幫助別人是一種美德，更是一種收穫，在別人有困難的時候，我們伸出援手，勝於你在別人富裕的時候給他一座金山。在給予的過程中，實際上你並沒有什麼損失，相反地，你助人的行為會形成特殊的氣場，反而會吸引更多人與你在一起，這樣你的機會也會越來越多。

給予是一門學問，也是一種藝術。給予成功以清醒，給予失敗以冷靜；給予孤獨以思考，給予冷漠以熱情；給予朋友以真誠，給予愛人以信任；給予強者以尊重，給予弱者以謙和……學會給予，是人生的最高境界，我們也可以試著在給予中傳遞氣場，提升人氣吧！

◆ 舉手之勞，讓你的能量遍及更多地方

在一個充滿人情味的社會裡，我們在工作和生活中常會得到一些不明來源的恩惠，比如辦公桌被人整理得一塵不染，有人主動替你拿信件、傳真，這些對別人來說可能只是舉手之勞，無足掛齒，但你是否意識到，舉

手所在之處都留下了你的氣場和能量，每一次的舉手之勞，都在擴充自己的能量圈。讚美也是，有時心裡雖然明白是多此一舉，但若你能明知故問地說：「鑽戒很漂亮，是男朋友送的嗎？」這樣的讚美大多時候能為你帶來好印象。

相信各位讀者對「嚴長壽」這個名字並不陌生，當年他退伍後經朋友引薦進入美國運通公司，從最基層的外務小弟做起，因工作表現出眾，被提拔為台灣地區總經理，之後又被挖腳成為亞都麗緻飯店總裁，從此投身於觀光產業之中，更當上觀光協會會長。

近年，他的名字與花東密不可分，自卸任亞都麗緻總裁一位後，把自己看做一個平台，運用手中的資源和人脈，深入花東地區，期望能為台灣最後的淨土奉獻一份力。嚴長壽曾說：「我們關心花東，正因為花東的未來攸關著台灣的未來，因而找尋夥伴搭建了一個公益平台，希望能利用各自的影響力，讓很多相熟或不熟卻志同道合的好朋友們，和我一樣帶著理想與熱情，把積蓄了一輩子的能量，以公益平台做為引爆點，引爆他們回饋社會的熱情，找到衡量人生意義最好的方式。」

這正是「給予」的力量，它並不像物品、財產或金錢，你把它送出去後，自己就匱乏了。相反地，這種愛的付出是無限的，我們給別人愛，自己的愛並不會因此減少。愛就好比迴力鏢，它總會回到你手上，也許並不一定從你付出的那個人身上回來，但它依然會回來。不要吝嗇你所擁有的，給出去才是你的。

如果幫助別人對你沒有損失的話，何樂而不為呢？你給對方 1％的幫助，說不定會變成對方 99％的力量，而且反作用的力量也會加倍回來。儘管看似平凡，但你已將自己的氣場帶到你所施予的所到之處。

全力以赴地付出，別讓傳遞半途而廢

在給予的過程中，我們不能抱著要別人報恩的心態，否則如果哪天那個人從困厄中走出來，卻沒有對我們感激涕零，我們便會覺得不舒服，覺得人家忘恩負義，反而破壞了自己當初要助人的心情，已不是最初給予時的初衷，而且我們愛的能量也無法傳遞給對方，這使我們無法走進對方心中，別人也因此感覺不到你的存在感，無法感受到你真正的氣場。

只有不求回報地給予，才能最大限度地傳遞氣場，擴展你的人脈。擁有不求回報、幫助別人的心態，是人際關係中最美好和珍貴的事情，然而要真正在實踐中做到很不容易，所以能做到不求回報的人，逐漸在人群中嶄露頭角，最後獨佔鰲頭，他人對這種盡力奉獻人的羨慕之情也就理所當然了。

有人會覺得這種不求回報盡力奉獻的精神是常人不具備的，因為人都有自私的一面。但實際上，幫助他人是沒有什麼利益損失的，只要以一種平常的心態去看待即可。

在學校或公司裡也應做到如此，即便不是你所負責的事情，也應該像對待自己負責的事情一樣盡全力協助對方。要記住，幫助他人應是不求回報的，因為自己幫助過他人，而要對方給予同等回饋的話語或眼神是絕對不充許的。不說任何希望有所回報的話語，會有回收 200％的效果，但若說此類話或做一些眼神時，回收效果便會下降 50％，所以千萬不要有這樣的行為。

常說有心施德便是無德。因真愛而付出，是不帶任何期望的，這樣的付出即使再大，也不會讓對方有壓力，感到內疚。這樣的付出，本身就是

圓滿、平衡的。

▶ 如果你幫別人一個忙，就幫到底，好事做到底，不要中途後悔，否則你傳遞
出的愛的能量將很快從對方身上消失。

▶ 在力所能及的範圍下幫助別人，我們每次付出前，不妨先停一下，審視一下
內心，是不是有很多期望？這樣的付出會不會使對方無法平衡，或倍感壓
力？

期待回報的施予，效果常常不如意，只有不求回報的給予，才能大大
提升你的氣場，擴展你的人脈。

☆ 在給予中享受快樂，給自己的氣場增加能量

給予是快樂的，把自己的情感、熱心、技能施予別人，快樂就會常駐
我們心裡。美國盲人女作家海倫‧凱勒（Helen Kaller）談到自己快樂的
訣竅時說道：「我發現生活很令人興奮，特別是你為他人而生活。」學會
給予，將自私踩在腳下，生活才會更精彩，生命才會更有意義。

比爾‧蓋茲曾在接受英國 BBC 訪談時，表示將捐出自己全數財產，
沒過多久，巴菲特也做出同樣的決定，兩人的資產加起來超過千億美元，
轟動全球。但震撼並未停止，從 FB 創辦人到中東石油王子，從美洲到亞
洲，有越來越多富豪投入這場裸捐浪潮之中，形成一場連鎖反應。

談及自己的行為時，蓋茲說：「有種神秘的力量促使我必須這麼做。
是的，讓我倍感幸福的不是金錢，而是付出。」的確，金錢對這些人已不
再是誘惑，內心的幸福感才是最終目標，他們在給予中享受了幸福，當然

比坐擁金錢更有意義！

　　記住，施比受更有福，幫助他人獲得他們需要的事物，你才能藉此得到你想要的事物。把自己的情感、熱心、技能給予別人，幸福和快樂就會常駐我們心中，讓我們的生命充滿力量，能量越來越強，生命的磁力輻射也越來越大。

想想看？

　　與人交往中，如果不具備互相分享快樂、承受痛苦或相互幫助的「給予和接受」的態度，只是一味地想從對方那裡得到的話，你們之間的關係將變得沒有意義。如果不能充分理解「給予和接受」的重要性，你的氣場將靜止在自己身上，毫無生氣，使你與社會脫節。

6 放下恐懼，進入被關注和被選擇的狀態

　　現代的文化應該是陌生人相處的文化，尤其是都市的文化，更帶有陌生人相聚的特徵。但我們長期生活在熟人社會中，習慣的應是熟人文化，因此很多人在面對陌生人時，都會有一種潛在的恐懼感或抵觸情緒。當你沉浸在這種思緒中的時候，你的氣場處於對外防禦狀態，似乎在警告、喝止陌生人接近，同時也阻止自己打開心胸，不願向陌生人展現自己，這時，你的氣場值就會不自覺降低，魅力值也會大打折扣。

　　生活中，像這樣的事情還不少。比如我們在演講比賽時，因有陌生人參加而表現得大不如前，在家庭聚會或在外做客時不知說什麼好，弄得很尷尬；平時遇到一個主動找你交談的陌生人，而我們卻沒有勇氣上前攀談等，或認為跟陌生人交往無所謂、關係不大，所以沒有任何回應。這都是因為我們對陌生人存在恐懼和戒備等心理，這樣一來，我們將錯過許多交往的機會，更重要的是這樣做是不成熟的表現，我們總希望別人主動，而這樣等於放棄了自己在交往中的責任。

　　一個放下防備和抵觸情緒的你，魅力會大增，你的氣場也會在無形中增大，它會釋放你的能力，逼出內在自我的全部潛能，呈現出一個不一樣的你。

　　善於結交陌生人能使你擴大社交圈，開放生活領域、擁有更多的朋友，使生活更加豐富。仔細想一下，你的熟人、朋友，誰原來不是陌生

人呢？沒有任何研究能證明人們與陌生人之間的交際能力是與天俱來，而不是後天習得的。因此，日常交際能力是可以訓練的，只要你有交往的意願，放下防備，敞開心扉，接受他人，並進入被別人關注的狀態，你的氣場值就會直線上升。

那在陌生的環境中，該如何與他人坦然相處，讓自己進入被關注和被選擇的狀態呢？在此筆者想介紹一個半分鐘就贏得陌生人好感的辦法，只要備妥三件武器：說好話、存好意，以及一個好藉口。便能讓你成功進入陌生人的世界，讓對方在短時間內決定與你來往！

★ 克服恐懼，消除自卑

走出社交恐懼的陰影，懂得如何與陌生人結識，是人們必備的一個社會生存技能，這能使我們擴大朋友圈，讓生活變得更豐富。

不過這對有些人來說並不容易。現實生活中，許多人都會對社交產生一種「畏懼」，多半不會主動向別人伸出友誼之手。其實大可不必如此，正如有人說：「世界上沒有陌生人，只有還未認識的朋友。」假如運氣好的話，和陌生人的偶遇就有可能發展成為忠貞不渝的朋友。因此，我們必須克服「畏懼心理」，這是與陌生人交往最大的障礙。

如果說社交技巧是武術中的招式，那自信就是內功。在一個自己不熟悉的環境中，如何讓自己應對自如呢？其中有兩點至關重要：

▶ 相信自己有別人沒有的優點。不管面對什麼人，腦海中馬上跳出自己的優點，並以此為支撐，找到自信的理由。

▶ 搶占「主場優勢」。社交中有個概念叫「居家優勢」，意思是說在自己的「家裡」，自己握有主動權。交往中，主動者心理準備往往更充分，若是由別人先打招呼，反而會讓你驚惶失措。所以，即使遇見讓自己害怕的人，你也一定要鼓足勇氣做個「先打招呼的人」。

羅斯福（Roosevelt）主動與陌生人打招呼並保持聯繫的方法，就相當值得我們借鑑。

美國前總統羅斯福是善於和人交往的人。在他還沒被提名為總統候選人的時候，有一次參加宴會，他看見席間坐著許多不認識的人，該如何與這些陌生人成為自己的朋友呢？他稍加思索，便想到一個好辦法。羅斯福找到自己熟悉的記者，把自己想認識的人的姓名、背景先打聽清楚，然後主動上前和他們打招呼，談一些他們感興趣的事，此舉令羅斯福大獲成功。後來，他也將這個方法運用在競選總統上，贏得眾多支持者。

要想克服「畏懼心理」，首先要克服的就是自卑感。哲人說：「自卑就像受了潮的火柴，再怎麼使勁，也很難點燃。」如果一個人總表現得猶豫、畏手畏腳，別人自然也會認為你真的很無能，不願和你交往。

☑ 提綱挈領

- ◉ 和陌生人交往感到恐慌時，你不妨想一想：我的社交能力雖然還不夠好，但別人也和你一樣，不管做什麼事，剛開始都不見得能做好，多做幾次就會更好了，大家都是一樣的。
- ◉ 你必須敢於走出與陌生人交往的第一步，只要多練習，你就不會再感到害怕、膽怯、靦腆、羞澀。
- ◉ 沒有信心的人經常眼神呆滯，愁眉苦臉；而雄心勃勃的人，眼睛總

是閃閃發亮，滿面春風，人的臉部表情與人的內心體驗是一致的。

◐ 笑是快樂的表現，笑能使人產生信心和力量；笑能使人心情舒暢，精神振奮；笑能使人忘卻憂愁，擺脫煩惱。

◐ 常常低頭是失敗的表現，是沒有力量的表現，是喪失信心的表現。成功的人、得意的人、獲得勝利的人總昂首挺胸，意氣風發。昂首挺胸是富有力量的表現，是自信的表現，充滿自信後，你的魅力會大增，氣場也會在無形中增大，它會釋放你的能力，逼出內在自我的潛能，呈現出完全不同的你。

★ 釋放氣場，把你最好的一面展現出來

很多人習慣把自己的缺點與不同人的優點相比，結果比得「我不如人」，越發不敢與人交往。其實，每個人都有自己獨特的魅力，這些魅力能讓人們在與人交往、被人關注中產生更大的自信，使自己更具影響力，產生更強的氣場。要想在陌生人面前釋放你強大的氣場，就要勇敢地展示自己最好的一面，尤其是獨特的魅力，把你身上最具吸引力的優點，在最短的時間內展示出來！

那要如何才能在最短的時間內，向別人展示自己最好的一面呢？

▶ 了解並提升自己最擅長的能力。你應該讓自己變成某一方面的專家，至少要在朋友圈裡屈指可數，不論你是對電腦比較精通，還是非常有音樂細胞，都要讓自己變得精通。

▶ 展現自己優點的時候要十分專注，以期做到最好，將最好的一面展現給別人看。

▶ 在寫下自己的優點後，必須有所延伸，當你寫下「口才好」的優點時，必須

259

思考如何把這點應用在處事或人際關係上，用筆寫下優點，有助於自我檢視，再加以延伸思考與活用，才能創造最大的效益。

　　只要你有交往的意願，放下防備，敞開心扉，接受他人，接受並進入被別人關注的狀態，你的氣場也會在無形中增大，逼出內在自我的全部潛能，氣場值將直線上升。

7 做一個善於表達的人

　　三十年前，不善言辭，沉默寡言，甚至木訥，還會被社會上許多人視為「老實、忠誠、可靠」的代名詞，被當作優點來看待。現在，我們雖然不全盤否定這一價值標準，但現今社會越發開放，那些懂得開放自己、善於表達自己的人越來越受人歡迎，而那些習慣封閉自己又內向的人，則越來越受到人們的冷落。如果我們能夠在勤於思考的同時，學會表達自己，學會和別人溝通，那無疑有著「如虎添翼」的效果。

　　人類行為科學研究者湯姆士指出：「說話能力可謂成名的捷徑。能言善辯的人，往往使人尊敬，受人愛戴，得人擁護，它使一個人的才學充分擴展，熠熠生輝，業績卓著。」他甚至斷言：「發生在成功人物身上的奇蹟，有一半是出口才創造的。」而那些不善言辭，羞於表達的人卻常常四處碰壁，之所以會出現兩種截然不同的情況，是因為善於表達者，更容易獲得他人的理解和認可，使個人吸引力越來越大，贏得更多朋友。

　　一位英國人走在費城街道上找工作。他走進當地商人保羅·吉彭斯的辦公室，請求與吉彭斯先生見面。吉彭斯先生看看眼前這位陌生人，對他的第一印象並不好，衣衫襤褸，全身上下皆顯露出寒酸樣，但吉彭斯在好奇心與同情心的催化下，最終答應接見他。

　　一開始，吉彭斯只打算聽對方說幾秒鐘，但這幾秒鐘卻變成幾分鐘，幾分鐘又變成一個小時，且談話仍持續進行著。談話結束後，吉彭斯先生

打電話給狄龍出版費城分公司的經理羅蘭・泰勒，請泰勒邀請這位陌生人共進午餐，並為他安排一個很好的工作。這個外表潦倒的男子，為何能在短的時間內，便影響了如此重要的兩位人物呢？關鍵在於他那優秀的表達能力。

這名英國人是牛津大學的畢業生，畢業後前往美國做生意，沒想到生意失敗，身無分文的他在當地沒有朋友，因而被困在美國，有家歸不得。但他的表達能力相當優異，聽他說話的人都會對他十分著迷，忽略他那沾滿泥巴的皮鞋、襤褸的外衣和他那滿是鬍鬚的臉孔，他的詞藻即是他進入最高級商界的護照。

美國醫藥學會的前會長大衛・奧門博士曾說過：「我們應該盡力培養出一種能力，讓別人進入我們的腦海和心靈，能夠在別人面前、在人群當中、在大眾面前，清晰地把自己的思想和意念傳遞給別人。」當我們努力去做而不斷進步時，便會發覺：真正的自我，正在人們心中塑造出前所未有的形象，產生前所未有的震擊，為我們構建堅固的關係網絡。

⊙ 加強語言表達能力

有的人沉默寡言，並不是他沒有表達的欲望，可能是語言表達能力弱，無法表達出自己的意願，久而久之就更害怕表達了，要想改變這種狀況，就要了解良好的表達能力一般取決於哪些要素。

① 頭腦裡面有「東西」

所謂的有「東西」，即勤於學習、勤於累積以掌握豐富的知識，想不

到的事情自然不會說出來──思維能力決定著語言能力。比如作為一個業務員，你只有具備豐富的產品知識、專業知識、行業知識及更多的相關資訊，才能在需要的時刻信手拈來。多閱讀可以累積實力，是讓自己充滿知識，展現自信的祕訣，如果你懂的東西少得可憐，又怎麼可能自信地談天說笑呢？因此，平時就要不斷閱讀，累積所學和知識，增加自己的字詞語彙，才能信手捻來，隨時出口成章。

2 勤於練習，熟能生巧

你可能已經發現，有許多人具有極豐富的知識，但他發言時，常常聽得雲裡霧裡，不知所云；站上台演講時，沒多久台下就噓聲四起。不是他的內容不精彩，而是他還不知該如何用精彩的方式，來表達想說的內容而已，也缺少必要的練習，只有將頭腦裡的資訊進行組合、演練，在用言語表達的時候，才能達到讓人滿意的效果。

卡耐基認為，不論處在任何情況、任何狀態之下，沒有誰是天生的演說家。早年在西方社會，當眾演講是一門精緻藝術，必須謹遵修辭法與優雅的演說方式。

所以要想做個稱職的演說家是極其困難的，只有經過堅苦努力才能達到。首先，要熟讀你準備說的內容，將其內化為你的資料，也就是把生硬的資料消化後，轉化成自己熟悉的說法，這相當重要。在熟讀資料之後，在腦中消化每一個重點，然後再把這些重點，以自己的語言表達出來。因此平時就要多閱讀，豐富你的知識儲量，讓你的頭腦裡有「東西」。

只有把頭腦裡的資訊，經過組合、演練，在用言語表達的時候，才能達到讓人滿意的效果。

▶ 破除膽怯的心理障礙

人都有羞怯感，在某些交際場合中，由於各種原因而「羞於啟齒」是很正常的。日常社交活動中，說話是人們傳情達意、交流思想的主要手段，如果「羞於啟齒」，就會造成人際障礙。

心理學家曾進行過一次有趣的測驗，題目是：「你最害怕的是什麼？」測驗結果竟然是「死亡」名列第二，「當眾演講」卻出乎意料之外的名列榜首。有 41％的人對在大眾面前講話比做其他事情感到恐懼，可見在大多數人心中，當眾講話是一件令人害怕的事情。

很多人不善言辭正是因為內心膽怯，要想克服交談膽怯的心理障礙，要從三方面來做。

▶ 進行自我暗示，不斷鼓勵自己增強自信，克服膽怯。

▶ 做好周全的準備，這樣才能胸有成竹。精心準備至關重要，只有精心準備才能胸有成竹，否則，你空有一肚子墨水卻不使用，也是沒有用的。

▶ 多與人交流也十分重要。常常與人溝通，與人交流，讓表達成為一種習慣，多練習表達讓其他人了解自己的看法。你會發現，你已在不知不覺中戰勝了怯懦。

▶ 把話說得有力道

兩個人先後在台上發表演講，一個講得聽眾情緒高漲、沸騰起來，一件不太被人注意的事被他說得津津有味；另一個則不然，本來是一個驚悚

的故事，在他說出來之前，聽眾的情緒已非常緊張，可是他才開口，聽眾緊張的情緒反而放鬆了，為什麼呢？無非是一個說話有力度，而另一個不懂得運用說話的力道。

那怎樣說話才算有力度呢？

▶ 一個人不管說的內容是什麼，態度一定要誠懇，若口是心非，他說的話肯定沒有力量。

▶ 一個人說話有力與否，必須要看是否有客觀依據，即是否經得起檢驗，只有經得起檢視的內容，才有充分的說服力。

▶ 表達時不要過分謙虛

我國古來有句俗語叫做「謙，美德也，過謙則詐」。我們對別人說話，謙虛是應該的，因為你的謙虛，會讓他人覺得你易於親近，但如果過分謙虛了，反倒讓謙虛失去了價值。一位演說家登台後，對聽眾說道：「諸位，真是很對不起，今天的演講主題我並不熟悉，我對這題目沒有多少研究，也自認準備得不夠充分，所以今天的演講內容可能沒有多大價值，講得不好還請見諒。」一位演講者對台下聽眾這樣說，在他自己看來是謙虛，可別人聽起來未必感受良好，反而認為不受尊重，覺得自己白跑一趟。

想想看？

作家蕭伯納曾說過：「假如你有一個蘋果，我有一個蘋果，彼此交換後，我們每人一樣只有一顆蘋果，但如果你有一種思想，我有一種思想，彼此交換後，我們每個人都有兩種思想，且這兩種思想發生碰撞，還可以產生出兩種思想外的其他思想。」任何一個人，他所掌握的知識、技能、經驗都是有限的，人要想適應無窮無盡不斷變化的外部世界，就必須做一個善於表達的人，憑藉溝通來獲得別人的寶貴經驗，也讓自己的氣場傳遞出去，並不斷豐富和擴大。

8 不卑不亢，讓氣場定力十足

　　吸引力法則創始大師阿特金森曾說過這樣一句話：「如果無法掌握自己的生活，就會被他人控制。」請問什麼是掌握自己的生活呢？落實到人際交往中，就要做到不卑不亢。我們稱讚一個人「不卑不亢」，就是指這個人的待人處事、態度很有分寸，既不卑屈，也不高傲。

　　春秋末年齊國宰相晏子奉命出使楚國，因為他身材矮小，楚國人就只開了大門旁的小門，請晏子從小門進去。晏子不肯進，說道：「只有出使狗國的人，才從狗門進。我現在出使的是楚國，不該從這個門進。」侍衛只好領他從大門進去會見楚王。

　　楚王見到晏子說：「齊國難道沒有人了嗎？」晏子回答說：「齊國的臨淄有三百個居民區，所有人要是把衣袖舉起來，可以組成一道圍牆；大家甩一下汗水的話，就像下了一場大雨，怎麼能說沒有人呢？」楚王說：「那為什麼派你當使者呢？」晏子回答說：「齊國派遣使者根據出使國的情況而定。賢能的人就派往有賢明君主的國家，那些無能的人則派往君主無能的國家。我晏嬰最無能，所以出使楚國。」

　　不卑不亢是一個人內心強大的展現，在人際交往中，只有做到不卑不亢，才能贏得他人的尊重，讓氣場定力十足。氣場有先天的成分，但這並非無法培養的。你的一舉一動皆反映著你的人生觀、修養和自信心；反過來它們也會充盈你，使你的氣質飽滿、氣場十足。

要做到不卑不亢並不容易。一般來說，人們在與自己地位、才識相同的人交往時，大多能從容面對，談笑自若；但與身分、地位不同的人交往時，有些人反倒從容不起來，更自若不下去。那怎麼做才能不卑不亢，讓氣場定力十足呢？

☆ 對人恭敬，就是尊重你自己

人都有自尊心，人人都希望受到尊重，對尊重自己的人有一種天然的親和力、認同感。因此在日常生活中，不管對方的地位如何、才能怎樣，只要與之打交道，就應給對方基本的尊重。做到禮遇要適當，寒暄要熱烈，讚美要得體，話題要投機，讓對方感受到他在你心目中是受歡迎、有地位的，進而得到滿足，覺得和你交往心情愉悅。

文學家愛默生（Charles Wesley Emerson）曾說：「寧可讓人待己不公，也不可自己非禮待人。」的確，無論對誰，就算對方權勢顯赫，抑或是身分卑微，我們都沒有輕慢他人的權利。當我們恭敬地對待身邊每一個人時，也能獲得他們的尊重。

一個人要想讓自己不卑不亢，擁有定力十足的氣場，請你先尊重你身邊的人，不管是朋友還是敵人。不要總拿別人的弱點來當玩笑，也許他並不如你，也沒有你懂得多，但每個人都有自尊心，你應該尊重他就像尊重你的朋友一樣。如果你只想著別人不如你，笑話別人的無知，總有一天你也會有無知的時候，到那個時候，別人非但不會幫你，還會落井下石。所以，請尊重身邊的每個人，即使他不如你，只有先彎下腰，恭敬地對待他人，才能獲得他人真心的對待。

▶ 言辭溫和，少與人爭辯，儘量去了解對方的觀點、想法。

▶ 用一顆包容的心欣賞別人的優點、特點。

▶ 避免吹毛求疵，不要用你的標準去衡量所有人。

▶ 與人相處要謹守「嚴以律己；寬以待人」的原則。

▶ 懂得謙遜，展現你的親和力

天與地之間的高度是多少？蘇格拉底（Socrates）的答案是：「三尺！」聽到的人感到疑惑，問道：「我們每個人約有五尺高，若天與地只有三尺，那豈不戳破蒼穹？」蘇格拉底說：「所以凡是高度超過三尺的人，要長立於天地之間，就要懂得低頭！」低頭，不是委曲求全，不是膽怯退卻，它是一種謙卑，是一種昂揚向前的積蓄，如烈酒雖濃，卻不嗆人，又好比歌聲嘹亮，卻不刺耳。

淮南子說：「善泳者溺，善騎者墜」，你會發現電視新聞報導的溺水者，其實大部分都會游泳。很多人往往自恃有本事，而掉以輕心，最後弄得一敗塗地。俗話說「滿招損，謙受益」，驕傲自大，只會招來失敗，而謙遜虛心的人，才能發現別人的長處，學到更多東西。

謙遜的人猶如戴上一副神聖、尊貴的面具，在任何處境都能將自己的意志與力量轉化為秘密武器，不卑不亢地踏出成功的第一步。

一位留美的電腦博士畢業後到人才濟濟的矽谷求職，屢次碰壁後，他考慮再三，決定不主動提及自己的學歷，以毫無學歷的普通求職者身分找工作，結果馬上就有一間軟體公司錄取他。

他從一名內勤做起，不久，他因找出程式編寫的缺陷，被老闆提升為

技術人員，此時他出示自己的學士證書。過了一段時間，老闆看出他不僅游刃有餘，而且時常提出獨到之見，於是提拔他為系統開發的負責人，並讓他進入公司決策層，這時他又拿出碩士證書。

　　後來老闆對他的能力有了全面地認識，毫不猶豫地任命他為公司的副總經理，並分發公司股權給他，這時他才亮出博士證書。從一般職員到管理菁英，他只用了兩年多的時間，人們在稱讚老闆有眼光的同時，更欣賞博士那不怕被人「看低」的心態，謙卑地從基層做起的開拓精神。

▶ 不要過分注重自我，多聽聽別人的想法。

▶ 放低姿態，學會欣賞、讚揚、鼓勵周圍的人。

▶ 樹立自信的心態

　　不自卑的基礎就是要有自信，一個不卑不亢的人，一定是個有自信的人。自信能讓人充滿熱情，也能給人帶來超乎想像的創造力，擁有自信心的人往往不屈不撓、奮發向上，比一般人更容易獲得各方各面的成功。自信具有強烈的感染力，能帶動你周圍的人一起提振信心；自信具有最強的感召力，能使許多成功因素聚集到你的周圍。可以說，擁有自信，意味著你已成功了一半。

　　自信源於對生命的深刻理解：世間萬物皆是一種歷程，放在歷史的長河裡，萬物皆一樣。所以你和別人並沒什麼區別，不必覺得自己低人一等。

　　自信源於自身的能力：每個人的能力有大有小，但你是否具有符合自

身條件的能力，是影響自信的直接因素。一個工人擁有精湛的技術時，他是自信的；一個工匠擁有巧奪天工的手藝時，他是自信的；當然，一個商人擁有富可敵國的財富時，他也是自信的。因此，做一個自信的人就要努力提高自己的能力。自信的人是有所恃仗的，但他絕不是狂妄自大，只有較高的素養才會在舉手投足間充滿自信。為此，我們要有正確的人生觀，努力提高自身的能力，養成一種平和的心態。

▶ 設定恰當的目標，目標過高可能會打擊你的自信心。

▶ 時常關注自己的優點和長處。

▶ 從事某項工作前，做好充分準備，才能展示出最好的一面，為自信加分。

▶ 多與自信的人接觸和往來。

★ 給別人留餘地就是給自己留餘地

古人曾說：「凡事要留餘地」，換言之，就是無論做什麼都要為對方留一條後路，不能將他往絕路上逼，因為事情總在不斷發展變化，誰也不能保證自己一輩子一帆風順。所以，為對方留餘地，就是為自己留一條生路，寬容忍讓是為人處世的高層境界，易於博得他人的愛戴和敬重，一般而言，人緣好的人幾乎都具有對己嚴厲，對人寬厚的特質。

與人相處，應懂得換位思考，懂得照顧別人的個人需要，能求同存異，不該以自己的好惡來約束、苛求他人，特別是對他人的過失、不足，甚至在他人做了對不起自己的事情時，只要不是原則問題，應寬容對待，不要求全責備，過分抱怨。更不要揪住人家的小辮子，當眾揭短，而是要

堅持在背後說人好話，因為好話和壞話一樣，傳播得很快，對你的氣場影響也很快，如果對他人過分苛求，會讓人對你心生畏懼、不願靠近你。

日本松下公司創始人松下幸之助，他那先進的管理方法，被商界奉為經營之神。且松下創辦人特別善於給他人留有餘地，獲得不少美名。後藤清一原本是三洋公司的副董事長，因慕名松下的經營長才，選擇跳槽至松下擔任廠長。

後藤本想大有作為，不料某次工廠操作失誤引起大火，將廠房燒成一片廢墟，造成公司巨大損失。後藤十分惶恐，擔心職務保不住外，還很可能被追究刑事責任，人生就此終結。他知道松下幸之助從不姑息部下的過錯，有時一點小事也會發火，但沒想到這次事件松下連問也不問，只在他的報告後批示了四個字：「好好幹吧！」松下的做法深深地打動了後藤的心，這次火災並沒有讓後藤受到懲罰，他心懷愧疚，反而對松下更加忠心效命，加倍工作以回報松下。

松下幸之助給下屬留有餘地，也等於是替公司留下快速發展的餘地。人都有求生存、求發展的本能，如果有百條生存之路可行，在競爭中斷去他九十九條，留一點餘地給他，他也不會跟你拚命，反之倘若連最後一條路也斷了，那他必定會揭竿而起，拚命反抗。

想一想，世界之大，何必逼人無奈，激人至此呢？給別人留餘地，本質上也是給自己留餘地。讓對方心懷感激，你在他心目中的形象也會隨之提升，使對方願意接受你、關注你，感受氣場的存在。

想想看 ?

　　人們都喜歡在彼此平等的狀態下交往，倘若因為「卑」或「亢」，使人與人之間產生距離，甚至形成人際交往的鴻溝，就很難成為一個有作為的人。所以，無論面對什麼人，無論他的身分或「高」或「低」，你一定要一視同仁，既不卑屈，也不高傲，只有在人際交往中不卑不亢的人，氣場才更吸引人，得到別人的尊重。

9　氣場爆棚，把自己推銷出去

　　人作為創造價值的個體，本身就是十分寶貴的資源，所以在社交中，自我推銷隨時都派得上用場，例如：我們多數人都希望得到他人的喜歡，別人的認同，這就需要我們向別人做自我推銷。

　　無論一個人的內在資源多麼豐富，如果不能施展和表現出來，讓氣場感染到他人，你也不可能獲得他人的認可，但並非所有人都知道如何推銷自己，因此，筆者想跟大家分享如何自我推銷。

▶★ 相信自己，才能讓別人接受你

　　推銷自己是一種才華，更是一種藝術。推銷自己有許多形式，但總結起來有一點極為重要，那就是相信自己，喜歡自己，你將更受人歡迎。

　　相信大家都知道拳王阿里，他於 1974 年奪取了第二次世界冠軍。那次賽前，他向新聞媒體放話：「我將在五秒之內把對手擊倒，令他招架不住。」他說這句話究竟有何目的？其實他是在自我推銷，當對手聽到這句話時，自信心便開始動搖，甚至不敢肯定自己。

　　比賽前，當裁判解說規則時，阿里便瞪著他的對手，像是在告訴他：「我要給你一點顏色瞧瞧。」這些都是阿里自我推銷的一部分。

　　後來，在和利歐・史賓克比賽時，他沒有做好自我激勵步驟，結果

全世界的人都看到阿里被擊敗了。他失敗於沒有向自己推銷自己，他失敗於未能肯定自己是奪取第一名的狠角色。所以，當他第二次與史賓克對抗時，就沒有忘記在賽前自我肯定、自我激勵，於是全世界的人再次看到他重奪世界重量級冠軍的頭銜。

你表現得越有信心，就越能營造出一種你很能幹的氣場。你必須感受到這一點，是的，你有權呼吸，有權占據一個空間，感覺到自由自在。你的態度全反映在舉手投足之間，感到自由自在的人，會坐滿整張椅面，不會只坐在椅子邊緣。

為了成功推銷自己，你必須使自己成為大家最想要的樣子，想辦法讓人家照著你的方式做事，讓他人保持和你同樣的看法，在改變他們的觀點之前，要先讓他們喜歡或尊敬你。

▶ 表現出一副對自己信心十足的樣子，形成一種你很能幹的氣場。

▶ 直直地盯住對方的眼睛，讓他深信你是一個可靠的人。

▶ 挖掘你的賣點，展現你的魅力

《伊索寓言》中講到，有個人把金子埋在花園的樹下，每週都挖出來欣賞、陶醉一番。一天，他的金子被偷走了，此人抱頭痛哭。

鄰居知道後，就問他：「你從沒花過這些錢？」

他說：「沒有！我每次都只有偷偷把它們挖出來，看一眼而已。」鄰居笑了一下，直截了當地告訴他：「你也不用傷心了，這些錢有與沒有，對你來說其實是一樣的。你實在想的話，就隨便找塊石頭埋起來，每個禮

拜再挖出來看看，因為你當初也沒讓金子產生什麼用處，那石頭與金子沒什麼區別。」

傳統觀念認為「深藏不露」似乎是值得稱許的美德，但事實上，在人際交往中，要想獲得他人的認可，最不宜「深藏不露」。那怎麼辦呢？

☑ 提綱挈領

- ➔ 讓人看到你光彩奪人的一面，這樣你更容易塑造強大的氣場。
- ➔ 不要把自己藏得太深，表現出你最優秀、最擅長的才能。
- ➔ 若是保守過頭，壓抑太過，你將白白錯過好機會。
- ➔ 人生不是簡單地等待，等待意味著倒退。別人沒有認識你的意務，但你要有自我推銷的能力。如果你真的有能力，就不能深藏不露，應該積極發掘自己的賣點，讓它發光、發熱，才有可能得到增值的各種機遇。如果不發掘，我們的賣點就好比埋在土裡的金子，永遠不會閃光，唯有善於挖掘自己的人，才能成功將自己推銷出去。

▶ 坦承自己的弱點

大多數人都有掩飾本身弱點的習慣，這是人性使然。俗話說：「金無足赤，人無完人。」在對人進行自我行銷時，把自己說得過於完美，反而會引起對方的不信任。倒不如坦率地承認自己的弱點，讓對方能更全面地了解自己，覺得你更加真誠可信。

當然，弱點畢竟是弱點，如果毫無技巧地把它展現出來，很難被別人接受和認可。這就需要用到自我推銷的智慧，不僅要讓自己的弱點被他人接受，甚至還要將其變成優點，讓人們喜歡。

美國國內戰爭之後，約翰‧愛倫（John Allen）跟內戰中的英雄陶克將軍競選國會議員。陶克功勳卓著，曾任三次國會議員，在一次競選演講時，他說：「諸位同胞，記得就在十七年前的昨天晚上，我曾帶兵在茶座山與敵人激戰，經過血戰後，我在山上樹叢睡了一個晚上。如果大家沒有忘記那次艱苦卓絕的戰鬥，選舉中，也請不要忘記那吃盡苦頭，風餐露宿而屢建戰功的人。」

陶克將軍列舉自己的戰績，目的是想喚起選民們對他充分的信任，在競選中取得優勢。

輪到約翰‧愛倫發言了，他說：「同胞們，陶克將軍說得不錯，他確實在那次戰爭中立了奇功。我當時是他手下的一個無名小卒，替他出生入死，衝鋒陷陣，這還不算，當他在樹叢中安睡時，我還必須攜帶著武器，站在荒野裡，飽嚐寒風冷露的滋味，來保護他。」論功績、論資歷、論職位，愛倫當然比不過將軍，如果他列舉自己在什麼時候殲滅過幾個敵人，什麼時候身上負過幾處傷，都不能在競選中取勝。

愛倫巧妙地避過陶克將軍以功績構成的「優勢」，單就戰後在山上露宿這點來說，將軍雖然辛苦，畢竟還可以在樹叢中安睡，戰士則要站崗保衛他。對於這一個晚上來說，愛倫的功績大於將軍，自然能獲得選民的好感。

承認自己的弱處，給對方較公正的評價，繼而闡述自己的優點，這種坦率的表白，很能贏得聽者的好感，愛倫將弱勢轉化成優勢，最終獲得了競選的勝利。

▶ 把自己包裝得完美無瑕，反而容易引起對方的不信任。

▶ 主動告知自己的劣勢，更容易被人接受，如「我這人耐性差，希望大家多擔待一點。」

想想看 ?

　　不善於自我推銷的人，很難把握住轉瞬即逝的機會。只有學會說服他人、向別人推銷自己或自己的觀點，才能結交更多的朋友，進而讓你的氣場更強大。一般來說，一個好的自我推銷策略，往往能讓事情的發展錦上添花。

10 幽默感，
使你的氣場更強大

　　幽默，是人們互相溝通、化解矛盾、拓展人脈的潤滑劑，善用幽默可以減少人們交往中發生的摩擦，使人們之間的人際關係更加和諧。我們常常會因為他人的幽默而發笑，鬱悶的情緒也能因幽默而緩解。越是在生活中傾向於以笑面對生活，尤其是挫折事件，生活就會變得更好，這也正是幽默所帶來的強大氣場。

　　在人際往來中，幽默的作用更是不可低估！幽默使生活充滿了情趣，誰都不喜歡跟抑鬱寡歡的人接近，喜於和談吐不俗、機智風趣者交往，幽默能緩解矛盾，使人們融洽和諧。美國心理學家曾說：「幽默是一種最有趣、最有感染力、最具有普遍意義的傳遞藝術。」俄國文學家安東‧契訶夫說：「不懂得開玩笑的人，是沒有希望的人。」可見，生活中每個人都應該學會幽默。

　　約翰是一個極富幽默感的警官，無論什麼案件或難題，到他手中總能迎刃而解，在警署裡他擁有廣大的人緣。星期日，有個持不同政見的候選人正在鬧區發表演講：「如今的政治腐敗透了，我們應把政議院和參議院全部燒掉！」停下來聽他演講的行人越聚越多，堵塞了交通，員警趕到時秩序大亂。正愁無從下手，約翰急中生智地大叫一聲：「同意燒參議院的請站到左邊，同意燒政議院的站到右邊。」只聽「刷」的一聲，人群頓時分開，道路豁然暢通。

幽默往往透過與大家同笑的方式彌補人際間的思想鴻溝，架起感情溝通的橋樑，增加人際間的信任，化解衝突。幽默是解決各種矛盾和問題最好的辦法。

不過，要想養成良好的幽默感並非輕而易舉的事情，有些人不管大事小事，不分正式和非正式場合，總不苟言笑，對別人的幽默表達也不能心領神會，所以不免有些遺憾，下面跟各位分享如何培養幽默感。

幽默不是油腔滑調，也不是嘲笑或諷刺，幽默建立在豐富知識的基礎上，只有知識面廣才能做出恰當的比喻。此外，幽默是一種智慧的表現，只有知識淵博的人，才具有審時度勢的能力，才能談資豐富、妙言成趣，才能做出恰如其分的比喻，才能不以眼前的區區小事計較得失，才能多些雅量、少些魯莽。

由於幽默建立在豐富知識的基礎上，所以我們必須廣泛涉獵，豐富自己的頭腦，從浩如煙海的書籍中汲取幽默的浪花，從名人趣事的精華中擷取幽默的寶石。一個人知識的儲備量與個人涵養成正比，正像有位名人曾說：「心浮氣躁難以幽默，裝腔作勢難以幽默，鑽牛角尖難以幽默，捉襟見肘難以幽默，遲鈍笨拙難以幽默。」只有從容大度、平等待人、超脫世俗、遊刃有餘、聰明透徹才能將幽默運用自如。

幽默感需要深刻的洞察力，即迅速捕捉事物的本質。雖然增加知識能使你變得更幽默，但並不能替代深刻觀察。許多學識淵博的人並不能看到事物上的幽默，只有敏銳觀察力才能立即做出恰當的比喻，笑談詼諧語言，使人們產生輕鬆的感覺。當然，還應注意在處理不同問題時，要把握好靈活性，做到幽默而不落俗套，真正體現幽默的魅力。只有培養洞察力和提高觀察事物的能力，才能尋找到生活中別人觀察不到的幽默。

▶ 平時除了留心觀察周遭事物外，還要將觀察到的現象和問題加以思考。

▶ 洞察力需要用心，更要有同理心，一件事的態度你這麼想，別人可能也有這方面的想法，所以我們要從細微的地方來觀察，以發現其中微妙之處。

　　幽默有時也是一種寬容精神的體現，我們要善於體諒他人，包容對方無心犯下的錯誤。劇作家蕭伯納有次不小心在倫敦街頭被一名自行車騎士撞倒，雖然沒有受傷，但也摔得夠痛。騎士立即將他扶起，並喃喃地道歉。這時蕭伯納打斷他，說道：「先生，您比我更不幸。要是您再撞得重一點，就成為撞死蕭伯納的好漢而名垂史冊啦！」幽默讓當下的緊張空氣頓時緩和許多，也成功使對方擺脫心中的不安。

　　一句得體的幽默，它所帶來的感情衝擊有足夠的能量來消除人際間的誤會和紛爭，能讓人際關係變得更加和諧融洽。因此，幽默也是一種富有感染力和人情味的溝通藝術。

　　一次，林肯對著大眾滔滔不絕地演講。忽然，台下遞上來一張不具名的紙條，林肯打開一看，沒想到紙條上只寫了兩個字：傻瓜。當時，站在林肯身後的幕僚都看到了，他們各個瞪大雙眼看著他們的總統，看他如何處理這公然的挑釁。

　　眾目睽睽下，林肯沉思了一會兒，微笑說：「本人收過很多的匿名信，全都只有正文，不見署名，但今天收到的卻正好相反，這張紙條上只有署名，缺少正文！」話音剛落，台下便響起為林肯的機智和幽默而鼓起的掌聲。而那位「署上名字」的先生混入人群中溜走了，會場的氣氛一下子由緊張變為輕鬆。

　　有的人在與人的交往、溝通中聽不得半點「逆耳之言」，只要別人的

言語稍有不恭，不是極力辯解就是大發雷霆，其實這樣做是十分愚蠢的。這不僅無法贏得他人的尊重，反而會讓人覺得你不易相處，但如果採取虛心、隨和的態度，以自我解嘲的方式緩和劍拔弩張的緊張氣氛，將使你與他人的合作更加愉快。

前美國總統羅斯福年輕時體力不如別人。有一次，他和朋友到波特蘭（Portland）伐樹，晚上休息時，他們的領隊詢問白天大家伐樹的成績，同伴中有人答道：「塔爾砍倒五十三棵，我砍倒四十九棵，羅斯福使勁咬斷了十七棵。」

這話對羅斯福來說可不怎麼順耳，但他想到自己砍樹確實和老鼠造窩時咬斷樹根一樣，自己也不禁笑著默認。不要總是一本正經，想想人生中最尷尬的時刻，與其把它們看得很重，倒不如去探究這些時刻的笑料，思考如何和別人分享這些時光，以一種健康、坦誠的心態來嘲笑自己是非常有益的。

好的喜劇演員總試圖利用自己作為笑料中重要的標靶，這是高境界的幽默，一方面可能因為非常了解自己的缺點，另一方面是透過這種方式，將全方位的自己，展現給別人看，因為能用幽默方式自我解嘲的人，一定是個氣場強大的人，這樣的人更容易得到他人的認同和好感。

當你變得風趣的時候，你展示給別人的是你喜歡他們，你和他們擁有相同的一面，你是個很平常的人。林語堂說過：「智慧的價值，就是教人笑自己。」在現實生活中，如果你可以拿自己的錯誤開開玩笑，使人開懷大笑，便是為自己鋪下友誼之路，具有幽默色彩的歡笑，是你與別人進行內心溝通的捷徑。

☑ 提綱挈領

- ➔ 一句妙語、一則趣談或一個風趣的小故事，更容易拉近你與他人的距離。
- ➔ 了解自己的優勢和劣勢，如果你笑的是自己，誰會不高興？
- ➔ 笑自己的長相，笑自己辦得不漂亮的事情，可以給人一種和藹可親的感覺。
- ➔ 學習用幽默來化解別人無心犯下的錯誤，不要事事斤斤計較。

蕭伯納自小就很懂幽默，人又聰明，但他起初濫用幽默，出語尖酸，人們聽他說過一句話，便有「體無完膚」之感。有次，一位朋友在散步時對他說：「你雖然語出幽默，非常風趣。但大家常認為，如果你不在場，他們會更快樂，因為他們都自認比不上你，有你在，大家都不敢開口了。你的才幹確實比他們略勝一籌，但朋友將逐漸離開你，這對你又有什麼益處呢？」蕭伯納如夢初醒，從此改掉濫用幽默的習慣。

威爾‧羅傑曾說過：「只要發生在別人身上，每樣事情都非常有趣。」但如果你就是那幽默的靶子，你還會覺得有趣嗎？這不同於前面所述：好的幽默家都能自嘲。

你需要了解什麼是好的、什麼健康的幽默，什麼是低級或是帶有傷害性的侮辱，像種族歧視、性別歧視和歧視同性戀的笑話，很顯然是不合時宜的。以下場合尤其要注意那些差勁的笑話或惡作劇：工作場所、葬禮、婚禮、宗教儀式，你的笑話會被誤認為是製造騷亂或歧視。

幽默是我們生活的調味料，它可以使生活更加生動有趣。但再好的調味料都不可濫用，好比鹽使用適量能讓料理鮮美，如果用得太多，便會讓人難以下嚥。與人溝通時，只有將幽默運用得當，才能發揮它的魅力。

想想看 ?

　　幽默不僅是一句話或一個故事，更是一種態度，一種生活的方式。生活中，越有幽默感的人，越傾向於笑對生活，尤其是面對挫折，而這也正是幽默所帶來的強大氣場。你可以透過幽默的方式，將氣場傳遞出去，感染周圍的人。

你受歡迎嗎？

01 你覺得別人喜歡你的程度是？

A. 許多人在某種程度上喜歡我。

B. 有些人喜歡我，有些人一點也不喜歡。

C. 幾乎沒有人喜歡我。

02 你認為，在一般情況下，與你意見不同的人都是……

A. 生活背景和我不同的人。

B. 有正當理由堅持自己看法的人。

C. 想法古怪，難以理解的人。

03 你對談論自己受挫折經歷的態度是？

A. 只要有人對我受挫折的經歷感興趣，我十分樂意告訴他。

B. 我不想讓人憐憫自己，因此很少談自己受挫的經歷。

C. 為了維護自尊，我從不談自己的任何經歷。

04 隔壁鄰居想去看電影，讓你幫忙看一下他們三個月大的孩子，孩子醒後哭鬧起來，你會……

A. 將孩子抱在懷裡，哼著歌曲想讓他入睡。

B. 試著搞清楚孩子是否需要什麼東西，如果他無故哭鬧，就任由他自己停下來。

C. 關上臥室的門，自己到客廳去看書。

05 當你身邊有同事生病住院時，你會……

A. 主動帶東西去探望。

B. 有空就去探望，沒空就不去了。

C. 只探望和你較熟的人。

06 在選擇朋友時，你覺得……

A. 幾乎能和任何人合得來。

B. 興趣、愛好不相同的人偶爾也能談談。

C. 只和興趣相同的人相處。

07 你是否愛發牢騷？

A. 否。

B. 偶爾會。

C. 是。

08 開車或坐車時，你曾經咒罵過駕駛者嗎？

A. 否。

B. 偶爾會。

C. 是。

09 如果請來幫忙的人沒做好工作，你會生氣嗎？

A. 否。

B. 偶爾會。

C. 是。

10 你覺得獲得真摯愛情的關鍵是什麼？

A. 自己的努力。

B. 別人的幫助。

C. 好的姻緣可遇不可求。

　　每個問題選擇 A 得 2 分，選擇 B 得 1 分，選擇 C 得 0 分，將你選擇的選項和對應的數字相加，即是你的得分。

A. 分數 0 ~ 12 分

說明你不算是一個受歡迎的人，有必要強化社交，增加自己的人緣。

B. 分數 13 ~ 17 分

你基本是一個受歡迎的人，但仍需繼續學習和鍛鍊，不斷提高自己。

C. 分數 18 分以上

你是一很受歡迎的人，人見人愛，恭喜你。

你有社交恐懼症嗎？

　　每個問題有四個答案可以選擇，它分別代表：①、從不或很少如此；②、有時如此；③、經常如此；④、總是如此。

　　根據自己的情況，圈出相應的答案，此數字就是你的得分數。將分數累加後，便是你最後的得分。

1. 我怕在重要人物面前講話。答：（①②③④）

2. 在人面前臉紅我很難受。答：（①②③④）

3. 參加社交活動讓我很害怕。答：（①②③④）

4. 我會儘量避免和不認識的人交談。答：（①②③④）

5. 我不喜歡被別人議論。答：（①②③④）

6. 我會迴避任何以我為中心的事情。答：（①②③④）

7. 我害怕在眾人面前講話。答：（①②③④）

8. 我不能在別人的注目下做事。答：（①②③④）

9. 看見陌生人我就不由自主地發抖，感到心慌。
答：（①②③④）

10.我會夢見和別人交談時出醜的窘態。答：（①②③④）

計算一下結果，看看自己得了多少分？

A. 1～9 分

放心好了,你沒有社交恐懼症。

B. 10～24 分

你已經有了輕度症狀,這樣發展下去可能不妙。

C. 25～35 分

你已處在社交恐懼症中度患者的邊緣,要想辦法擺脫現狀。

D. 36～40 分

很不幸,你已經是名嚴重的社交恐懼症患者了,得趕緊做出行動,試著改變自己。

測試人際交往的能力

很多人都喜歡吃薯條，不過你或許不知道，我們可以從一個人吃薯條的方式，來測出他的人際交往能力。下次吃薯條的時候，不妨多觀察一下親朋好友吃薯條的方式，你會更了解身邊的他（她）是怎樣的人了！

問：吃薯條的時候，你都是怎麼吃的呢？

A. 打開番茄醬包，番茄醬擠在乾淨的容器上，再用薯條蘸著吃。

B. 將番茄醬包全部撕開，把薯條放入醬包中蘸醬吃。

C. 將番茄醬包開一個小口，將醬一點一點地擠到薯條上吃。

D. 不用番茄醬，只吃薯條，或是改撒胡椒粉。

🔍 測驗結果

A. 打開番茄醬包，番茄醬擠在乾淨的容器上，再用薯條蘸著吃

你性格豪放、不拘小節，是名富有愛心、樂於助人的人，但有時過於感性，做事容易猶豫不決，缺乏主見，較難讓人委以重任，可是對於老闆或上司交辦下來的重任，總能竭盡全力，力求出色地完成，這一點在複雜的人際圈中難能可貴。

B. 將番茄醬包全部撕開，把薯條放入醬包中蘸醬吃

你穩重成熟、循規蹈矩，非常在意旁人的眼光。內心野心勃勃，卻又苦於自己的智力與能力不足，有時會展露出自傲心，讓人覺得你有些冷漠。雖然你

內心可能想和人親近，但缺乏與人相處的那份親和力，因而有時會在人際交往上碰壁。

C. 將番茄醬包開一個小口，一點一點地把醬擠到薯條上吃

你屬於典型的胸無城府之人，感情豐富、心思敏捷、爛漫單純，也特別容易受騙，常陷入痛苦之中。但好險你知道如何自我舒壓、排解苦痛，容易滿足於小小的幸福與歡樂，所以最終多也能自得其樂。

D. 不用番茄醬，只吃薯條，或是改撒胡椒粉

這種吃法的人，多不修邊幅，活在自己的世界。這類型的人智商很高且天賦異稟，在人際交往中遊刃有餘，往往不用多少努力就能獲得很好的成果。不過，生性懶散的你較不容易在人際交往圈中與人有更深層的往來。

測試你在職場上的討人厭指數

　　想知道自己在辦公室是否惹人厭嗎？快做以下測試吧，希望對你有些幫助。

　　問：當你和男（女）朋友吵架時，對方突然打了你一巴掌，你的反應動作是什麼？

A. 呆住，反問他為什麼。

B. 回打他一巴掌。

C. 破口大罵。

D. 歇斯底里地亂捶他。

E. 氣哭跑走。

🔍 測驗結果

A. 呆住，反問他為什麼

　　你屬於「人見人愛的小甜甜」，受人討厭的指數 20%。

　　很多人都喜歡你可愛、乖巧、貼心的性格，也就是說你一點都不討人厭。因為你總是想在朋友面前表現得很有辦法，沒什麼狀況讓你感到害怕，但事實上卻完全相反！你因為恐懼失去朋友，才會刻意討人喜歡、親近人。

B. 回打他一巴掌

　　你屬於「八字對沖討厭型」，受人討厭的指數 40%。

　　你天生怕麻煩，不想承擔過多責任，所以常與朋友保持距離，當周遭有人情壓力出現時，你就會想辦法閃多遠就閃多遠！其實這不怪你，你會和別人發

生衝突，大多是非戰之罪，往往是因為對方和你八字相沖、氣場不合，才會討厭你。

C. 破口大罵

你屬於「過街老鼠人人喊打型」，受人討厭的指數接近 99%。

在這個世界上只有一個人喜歡你，而那個人就是你自己。你的脾氣真的太過火爆了，收斂一下吧。

D. 歇斯底里地亂捶

你屬於「天上掉下來的禮物型」，受人討厭的指數 80%。

大家都在背後說你自大傲慢、態度不好又目中無人，不喜歡你總自以為是！當別人收到你這個「禮物」時，還要小心不要被颱風尾掃到。

E. 氣哭跑走

你屬於「初一十五遭人怨型」，受人討厭的指數 60%。

你容易在言語中得罪朋友，心直口快的個性，說話常常不懂修飾，上一秒才出現的念頭，還沒經過思考，下一秒就講出口了。你大約一個月發作兩次，還在大家可以忍受的範圍內。

說服力

氣場讓他人對你心悅誠服

The Power of Charisma

氣場不是浪得虛名,沒有真才實學和一鳴驚人的價值體現,一個人即便再怎麼偽裝,氣場都將如同肥皂泡,一碰即破。只有身體力行地不斷自我提升,盡可能挖掘自己的優勢和潛能,創造有說服力的價值,才能讓氣場永不消散。

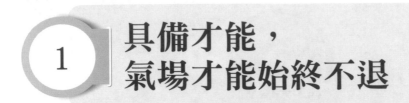

1 具備才能，氣場才能始終不退

　　為什麼有的人能保持自己的氣場不散，有些人的氣場卻轉瞬即逝呢？塑造氣場的根本原因在於塑造內心，其中也來自一個人的價值體現，那些令人敬佩的真才實學和一鳴驚人的個人優勢，僅靠外在的「假裝」是無法達到的。一個人的氣場不是依靠光鮮亮麗的外表來保鮮的，他必須是真格的才行。

　　老師的氣場不在於外表的美麗時尚，而來自紮實的專業知識和教學技能。有的教師上課口若懸河，滔滔不絕，但大多是廢話，照本宣科會使得學生在課堂感到疲態，失去主動性，這樣的老師就很難有氣場。

　　優秀老師在上課時重點明確，教學語言具有啟發性和變化性，能吸引學生積極參與教學活動，激發學生的正面性和主動性，進而壯大自己的氣場，並保持氣場不散，同時得到學生的欣賞、欽佩和關注，吸引學生的注意力。

　　若你想讓自己的氣場不輕易消散，就要用心發掘並經營自己的個人優勢，把它磨練成一把尖刀，成為大家公認的能人！

▶ 發掘你的天賦

　　天賦是一種很神奇的能力，它與我們每個人息息相關，與我們從事的

工作有著密切的聯繫，與我們一生的事業發展密不可分。每個人的天賦都需要自己去發掘，這是上天對你的恩賜。

有的人成功只要五年；有的人成功則為十年；而有的人成功卻需要付出一輩子的心血。同樣付出，同樣努力，為什麼有的人能順利實現自己的人生目標，有的人卻始終在成功的道路上徘徊呢？

人們對目標的堅持來自兩方面，一方面靠努力，另一方面靠專長，專長就是天賦的表現形式。人們對自己擅長的體能活動，能全身心地投入其中，發揮自己的極限，其實對工作也一樣，如果能找到一份自己擅長的工作，並付諸行動，就可以少走很多彎路，儘早實現目標。

成功者隨身攜帶一把丈量的尺，知道自己該做什麼，不該做什麼，懂得選擇最適合自己的工作，並把那份工作做得盡善盡美。據調查，有28％的人因找到自己最擅長的職業，才徹底掌握自己的命運，將自己的優勢發揮得淋漓盡致；而剩下72％的人，不知道什麼才是自己的「真職業」，總彆扭地做著不擅長的事，往往沒有什麼個人優勢。這說明了我們不必去羨慕他人或模仿他人做事，而要認清專長，了解自己的能力，鎖定目標，全力以赴。

一個人擅長某種職業，大多都是他的天賦，明確天賦後，再有目標地吸收相關技能和知識，讓一個人的天賦迅速成長，發展為不容小覷的個人優勢。

能力是成功的資本，如果一個人的天賦不被發現，或荒廢了這種天賦，他的一生便會庸碌無為，如果能發揮優勢，展現應有的能力，則容易脫穎而出。

所以，聰明的人都會選擇自己最擅長的事，找到自己的專長所在，要

讓自己有「真正」的才能，就先努力發掘上天給予的恩賜吧！

▶ 紮實的專業基本功

無論是哪方面的才能，除了本身的天賦外，若想取得更好的成績，就要有紮實的基本功，天底下沒有什麼一蹴可幾的方法，紮實勤學苦練是唯一要領。

選擇自己擅長的工作，踏踏實實、用心經營基本功。當你選擇自己擅長的工作後，就要勤學苦練，腳踏實地工作，培養自己的一技之長，在擅長的領域有所成就，並一步步累積個人資源，你才能將天賦轉變為個人優勢。

從事自己最擅長的事情，並將注意力聚集在上面，將產生無人能敵的力量。且進入擅長領域的你，是否能練就良好的個人優勢，不單要看你的資歷，更重要的還是你的毅力。紮實的基本功會使你的個人優勢越來越明顯，讓你的氣場越來越強大。

我們時刻在用自己的言行、行動，甚至是穿著打扮，來傳遞個人獨特的品牌形象，個人的價值觀、行為習慣、思維模式、性格特徵、外在的形象等，也都是個人品牌的組成，它們會形成一個人的品牌形象，其核心就在於一個人的內在品質。個人的內在品質會讓你越來越有人緣，讓你的個人優勢更有說服力。

一個憑藉個人優勢贏得他人信服的人，也必定是尊重自己且尊重他人的人，他們不僅具備紮實的基本功，還有著優秀的內在品質。一個人要想被人認可，要先把自身做好，俗話說：「路遙知馬力，日久見人心」，優

秀的內在品質能使你的氣場不斷強大。

你的氣場起初也許很強大，但隨著時間的推移，人們對你的人品有所了解後，即使你的能力再好、再強，人們還是會選擇離你遠遠的，你的氣場也會隨之慢慢消散。

對於一名出色的歌手來講，即使他的嗓音再優美，但如果沒有優秀的內在品質與品格，也無法得到他人的認可。所以無論我們在擅長的領域裡擁有如何傲人的成績，也不要忘記內心修為的重要性。

☑ 提綱挈領

- ➡ 言談交際中注意自己的用語，不可過於粗俗、沒營養。
- ➡ 有愛心，懂得關懷身邊的人。
- ➡ 經常參加一些公益活動。
- ➡ 懂得謙虛做人，不要因自己在某方面高人一等而看不起別人。
- ➡ 每天要持續累積知識與技能。
- ➡ 遇到才能比自己高的人，要虛心請教。

想想看 ?

擁有強大、穩固的氣場不是名人的專利，只要能開發出自己的天賦所在，再加上後天刻苦勤奮的努力，發揮特長，勇於拼搏，你就能以鮮明的個人優勢，在人們心中占據重要地位，使他人感受到你的氣場。

2 善於說簡潔、有分量的話

良好的語言表達力是為氣場加分的秘訣。與人說話，要把話說到重點上，不漫無目的地長篇大論，這樣才會讓人抓到重點，感受到分量，繁冗、拖拖拉拉的語言只會給人不俐落的感覺。

就演講來說：演講內容要長要短，不能一概而論，只要有內容、有感情，長短皆可。但現今社會的節奏越發快速，人們的時間觀念變強，所以也開始注重說話的簡潔性。說話簡明會給人一種生機勃勃的感覺，說出的話自然更有力度，氣場也隨之強大，好比林肯，他之所以受人尊敬，氣場強大，便與他善於說簡明的話語密不可分。

林肯一生中發表過很多重要演說，但最引人注目、評價最高的一次演講，是在葛提斯堡為紀念一次戰役勝利和慶祝國家烈士公墓建成的大會上的演說。這場演講不到三分鐘，共十句話，新聞記者都還來不及拍照，他就已經講完了，但他的觀點明確，明確地提出「民有、民治、民享」的資產階級民主革命思想，而且邏輯嚴謹、用詞精湛有力，有極大的號召力，三萬多名聽眾發出久久不息的掌聲。連在他之前演講兩個小時的著名演說家埃弗特也寫信給林肯：「如果我在兩個小時內所講的東西，能稍微涉及你這兩分鐘內所講的中心思想的話，那我就十分欣慰了。」

與人交流時惜字如金，但開口便一針見血的人，反而會成為被關注的對象，說出的話也更具說服力，有時保持緘默，並不代表你不懂，只是你

想說的話，別人都替你說了，你不想說的一旦你開口說出來，能讓人瞬間明白什麼才是才學，這種深沉、理性的氣場更容易贏得他人的尊重和信任。

「語露玄機」方可避免人微言輕

人分三六九等，語言的分量也有所不同，好比古代皇帝的話，是「一言九鼎」，是「聖旨」，是不可更改的「金科玉律」。人微言輕，說話那就是耳邊風，左耳進右耳出，對人微者而言，要想改變這種狀態，就要顯示出說話的巧藏機鋒之妙處，讓聽者有醍醐灌頂之感。

春秋時，一個名叫直躬的人告發自己的父親私下扣留別人的羊，按當時法律，其父該判死刑。當判決下來後，直躬方才省悟，連忙跑到官府哭訴，說：「我作為臣民，不得已檢舉父親，是因為臣民必須維護法律，向國君盡忠。可是作為人子，我不忍家父被誅，因此求能代父受戮，以盡人子之孝。」官吏見他說得有理，特許他替父從死刑。

然而，到了刑場上，直躬又長歎大喊：「我真是太不幸了！我舉奸不避親，可說是至忠了；我甘願代父受戮，可說是至孝了，連我這樣至忠至孝的人都被誅殺，那楚國人又有誰不該被殺掉呢？」刑場上的官吏一聽，覺得有理，於是上報楚王。楚王聽後亦大為感動，不僅免去直躬一死，還對其獎勵有加，直躬從此聲名大噪。

要想說話有魅力，內容才是第一位的，要讓聽者覺得實用，感同身受。先想清楚再說話，語速不要太快，把話說清楚，儘量有條理，合邏輯，說話時可以留意以下重點：

▶ 找到問題的根源，說出的話才能打動人心。

▶ 說出別人心中想說卻不敢說的話。

▶ 讓說出的話具有哲理，才能說服人心。

⭐ 言行一致，話才有分量

　　如今人們有一種普遍心理：對別人說的話總抱持懷疑態度，這在很大程度上是言行不一造成的。生活中總有一些這樣的人，表面上說得天花亂墜，但落實到行動上時，卻又完全變了樣。這些人嘴上說一套，行事又一套，明處有一套，暗處再一套，在人前這樣做，在背後又那樣做，這種人說出的話又怎麼會有分量呢？林肯曾說：「你能在所有的時候欺騙某些人，也能在某些時候欺騙所有的人，但你不能在所有時候，欺騙所有的人。」可見，花言巧語只能維持一時。

　　馬雲曾說過這樣的話：「我經營公司至今，從沒有錯失一份專案，我答應人家的東西都能如期完成，做人要講誠信，做企業也一樣。你本來是虧二十元，但你卻說只虧了十元：本來你獲利五元，可是你卻說你獲利十元，做企業不怕你虧錢，只要可控，但如果不可控，那你就完了。」

　　一位領導者絕不能在事情尚未完全確定前，輕易做出任何承諾！一個不能實現的承諾，對當事人來說是一大蹂躪，除非你真的有能力兌現，否則絕不要輕易承諾！

▶ 言不在多，達意則靈

　　古人云：「山不在高，有仙則名；水不在深，有龍則靈。」說話也是如此，話不在多，點到就行。在現代快節奏的生活中，說話力求做到言簡意賅，一針見血。與人初次見面時，一味地囉嗦會使人反感，也因此削弱你在他心目中的地位。英國人波普曾說：「話猶如樹葉，在樹葉太茂盛的地方，很難見到智慧的果實。」所以話並不是說得越多越有說服力，要抓住談論的要害，才能事半功倍。

　　講話有分量、簡練有力，能使人興味不減，還能在無形中使氣場變強烈。繁冗贅語，嘮叨囉嗦不得要領，必令人生厭，說話要言簡意賅地說到重點上，才能有關鍵性的作用。

　　林肯當總統前，有人問他有多少財產，當時在場的人士期待聽到林肯說出多少萬美元、多少畝田地，然而林肯數著手指這樣回答：「我有一位妻子、一個兒子，都是無價之寶。此外，也租了一間辦公室，室內有張桌子、三把椅子，牆角還有一個大書架。架子上的書值得每人一讀。我本人又高又瘦，臉很長，不會發福。我實在沒什麼可依靠的，唯一可依靠的財產就是你們！」

　　由此可見，用最少的字句儘量包含多的內容，是講話最基本的要求。

　　美國小說家馬克‧吐溫說過這樣一個故事：他某個周末前去禮拜堂，適逢一位傳教士在那裡用討人愛憐的聲調，講述非洲傳教士苦難的生活。講了五分鐘後，馬克‧吐溫決定對這件有意義的事情捐五十元；他又講了十分鐘後，馬克‧吐溫決定把捐助的數目減至二十五元；當他滔滔不絕地講了半個小時後，馬克‧吐溫決定再減掉五元；最後當他講了一個

小時後，他拿起缽子向聽眾請求捐助，從馬克‧吐溫面前走過時，馬克‧吐溫不僅沒有捐款，還從缽子裡偷走二元。

從這個故事我們可以總結出，說話還是精簡一點、實在一點好，長篇大論、泛泛而談容易引起聽者的反感，效果反而不好，會逐漸削弱你的氣場。

對於說話囉嗦的人，心理學家為他們列出幾個典型特徵，有這種傾向的人應當避免。

▶ 像連環炮似地連續表達自己的意見，使人覺得過分熱心，以致難以應付。

▶ 隨便解釋某種現象，輕率地斷語，藉以表現自己是內行，然後滔滔不絕。

▶ 說話不合邏輯，令人難以領會意圖，並輕易地從一個話題跳到另一個話題，有時自己也感到莫名其妙。

想想看

想要讓氣場變大，就要有出色的語言組織能力，善於總結自己的觀點，開口之前，先把多餘的廢話減掉，一開口就要往點子上說。「花錢花在刀口上，敲鼓要敲到點上」，說出的話簡潔凝鍊、有分量，說到對方心坎裡，才具有說服力。

3 ｜ 寬容，能產生崇敬的氣場

安德魯・馬修斯在《寬容之心》中說過這樣一句話：「一隻腳踩扁了紫羅蘭，它卻把香味留在那腳跟上，這就是寬容。」寬容是人類生活中至高無上的品德，是人類情感中最重要的一部分，這種情感能融化心頭的冰霜，讓人產生令人崇敬的氣場。

在生活中，你有時會像紫羅蘭一樣被踩在腳下，每當這種時候，請別忘了：寬容是一片寬廣而浩瀚的海，包容一切，也能化解一切；寬容是一種修養，一種處變不驚的氣度，一種坦蕩，一種豁達。你的這種氣勢也會影響你身邊的人，使他們不由自主地對你產生崇敬之情。

氣場是從人的內在所展現出來的，人的容貌、言行、心態、心境都會散發出無形的氣場，所謂「相由心生」，「心生磁場」便是這個道理。那該如何讓自己有好的磁場呢？

一個人若待人總懷著慈悲心，那這個人的氣場就是人人敬愛。

一個人若待人無私，沒有攻擊心，那這人的氣場就是親和的。

一個人若心態寬容，待人慷慨，樂於助人，那這個人所到之處都是受人歡迎的。

一天，七里禪師正在禪堂打坐，一名強盜突然闖進來，拿把刀子抵著他的背脊，說：「把櫃裡的錢全拿出來！不然就要你的老命！」

「錢在抽屜裡，櫃裡沒錢。」七里禪師說，「你自己去拿，但要留

305

點，米已經吃光，不留點，明天我要挨餓呢！」

那個強盜拿走了所有的錢，踏出門的時候，七里禪師說：「收到人家的東西，應該說聲謝謝啊！」

「謝謝。」強盜說。他轉身，心裡十分慌亂，從沒遇過這種情況，他頓時亂了方寸，他愣了一下，才想起不該把全部的錢拿走，於是又掏出一把錢放回抽屜。

後來，這個強盜被官府捉住。根據他的供詞，差役把他押到寺廟裡去見七里禪師。

差役問道：「多日前，這名強盜來這裡搶過錢嗎？」

「他沒有搶我的錢，是我給他的。」七里禪師說，「他臨走時也說聲謝謝了，就這樣。」

這個強盜被七里禪師的寬容感動了，只見他咬緊嘴唇，淚流滿面，一聲不響地跟著差役走了。

這個人在刑期服滿後，立刻去叩見七里禪師，請求禪師收他為弟子，但七里禪師不答應，這個人長跪三日，七里禪師才收留了他。

惟有寬容的人，其信仰才更真實。最難得的是那種不求回報的給予，因為它以愛和寬容為基礎，若要取得別人的寬恕，你首先要寬恕別人。儘管我們不求回報，但美好的品質總會在最後顯露出價值，更讓人感動。

責人不如幫人，倘若對別人的錯處一味挑剔、苛責，只會令人更反感，還可能激起逆反心理使之一錯再錯。你寬容處世的態度，會潛移默化地感染身邊每個人，崇敬的氣場也會油然而生。

咄咄逼人不可取

在與人的相處和交往中，我們難免會犯錯，沒有必要事事計較，事事都求個公平合理。有位名人曾說：「大智者必謙和，大善者必寬容。唯有小智者才咄咄逼人，小善者才會斤斤計較。」

有的人能言善辯，時常在人群中占了上風，且為了指出別人的錯誤，顯示自己多麼優越，他們時常會尖酸刻薄，帶有挑釁意味，也正因為如此，他們目中無人、爭強好勝，不懂人際關係的維護，什麼都想比別人高出一截，殊不知你或許贏了場面，卻輸了人緣。

一位牧師在講道時，有名信徒在睡覺，於是牧師對眾信徒說：「想到天堂的人請站起來。」除了那位打瞌睡的信徒外，其餘的人全站了起來。

接著，牧師又大聲喊道：「想入地獄的人請站起來。」這時那位睡意正酣的信徒被驚醒，慌慌張張地站了起來。

牧師對他說：「你既然站著，看來是真的想入地獄。」信徒看了看講台上的牧師，答道：「你不也站著嗎？」牧師語塞。

人們在教訓別人時，往往疏忽了自己可能也和這人犯著同樣的錯誤。哲人說：「人類儘管有各種缺點，我們仍要原諒他們，因為他們就是我們。」一顆平和的心可以讓你的氣場變得強大，周圍的朋友和親人就會對你產生崇敬之情。

學會放下和感恩

南非民族鬥士曼德拉，因領導反對種族隔離政策而入獄，白人統治者

把他關在荒涼的大西洋小島羅本島上二十七年，儘管當時曼德拉已屆高齡，但白人統治者依然像對待年輕犯人一樣，對他施以殘酷的虐待。

羅本島是南非開普敦桌灣中的一小島，島上佈滿岩石，到處都是海豹、蛇及其他動物。曼德拉被關在集中營的「鐵皮房」，白天打石，將採石場採集到的大石塊碎成石料，有時從冰冷的海水裡撈取海帶，還要做採集石灰的工作。他每天早上到採石場排隊，然後被解開腳鐐，到一個很大的石灰石田地，用尖鎬和鐵鍬挖掘石灰石。因為曼德拉是要犯，有三人專門看守，這三人對他並不友好，總是尋找各種理由虐待他，過得相當辛苦。

1991 年，曼德拉出獄後競選總統並順利當選，他在總統就職典禮上的舉動，更震驚了全世界。

總統就職儀式開始後，曼德拉起身致辭歡迎他的來賓。他先介紹了來自世界各國的政要，然後他說，雖然他深感榮幸能接待這麼多尊貴的客人，但他最高興的是，當初負責看守他的三名獄方人員也能到場，他請他們起身，以便向大家介紹。

曼德拉博大的胸襟和寬容的精神，讓當時那些殘酷虐待他二十七年的白人無地自容，也讓所有到場的人肅然起敬。年邁的曼德拉緩緩起身，恭敬地向獄方人員致敬，在場的所有的來賓以至整個世界，全都靜默下來。

後來，曼德拉向朋友們解釋說，自己年輕時性子很急，脾氣暴躁，正是在獄中學會控制情緒，才得以存活下來，他的牢獄歲月給了他時間與激勵，讓他學會如何處理自己的遭遇和痛苦。他認為感恩與寬容經常是源自痛苦與磨難的，必須以極大的毅力來訓練，他說：「當我走出囚室，邁過通往自由的監獄大門時，我已清楚，若不能把悲痛與怨恨留在身後，那我

其實仍在獄中。」

　　放下執念，善於發現別人的長處，荷蘭的斯賓諾沙說過：「人心不是靠武力征服，而是要靠愛和寬容大度征服的。」對我們短暫而寶貴的生命而言，因沉溺於任何一種情緒，而影響到我們的心情、生活，都是不值得的。

　　面對曾經傷害你很深的人，應該有勇氣去原諒他，因為寬容是對別人的釋懷，也是對自己的善待。釋迦牟尼說：「以恨對恨，恨永遠存在；以愛對恨，恨自然消失。」有時候我們之所以煩惱纏身、充滿痛苦，總有那麼多的不滿和不如意，多半是因為我們缺少曼德拉的寬容和感恩，能夠放下怨恨，懂得感恩的人，因其獨特的氣場更容易讓人靠近，而得到別人的崇敬。

⭐ 學會設身處地為他人著想

　　筆者與各位分享一則故事，這個故事發生在經濟大蕭條時期的美國，主人翁曼莎小姐好不容易找到一份高級珠寶店的工作。

　　耶誕節前一天，店裡來了一位三十歲左右的男顧客，他穿著整齊乾淨，看上去很有修養。

　　此時店裡只有曼莎一個人，其他幾名店員剛剛出去用餐。曼莎向他打招呼時，男子不自然地笑了一下，連忙將目光從曼莎身上移開，彷彿在說：妳不用理我，我只是看看而已。

　　電話響了，曼莎去接電話時，一不小心將擺在櫃檯的盤子弄翻了，盤中六只金耳環掉在地上。曼莎趕忙彎腰去撿，撿了五只，卻怎麼也找不到

第六只。當她抬起頭時，看到那位男子正向門口走去，她頓時明白第六只耳環在哪裡了。

就在男子的手快觸及門把時，曼莎輕聲喊道：「先生，請留步。」那男子轉過身來，兩個人相視無言，足足有一分鐘。曼莎的心狂跳不止，心想要是對方惱羞成怒，該怎麼辦？他會不會……

「什麼事？」男子率先開口說道。

曼莎控制住心跳，鼓足勇氣，說道：「先生，今天是我第一天上班，你知道，現在找份工作多麼不容易，能不能……？」男子用極不自然的眼神審視她好一陣子，一絲微笑在他臉上浮現出來，曼莎也微笑著看他，兩人就像老朋友見面般那樣親切自然。

「是的，的確如此。」男子臉上的肌肉顫動了一下，回答：「但是我能肯定，妳一定會在這裡做下去，而且做得很出色。」接著，他朝曼莎走去，把手伸向她：「我可以為妳祝福嗎？」緊緊握完手後，他轉身走出店面。

曼莎小姐目送著他的身影在門外消失，轉身走回櫃檯，把手中第六只耳環放回原處。她的眼睛有些溼潤，心想：「上帝呀，希望苦痛的日子趕快過去，讓大家都好起來吧！」

有位哲人說：「我們的痛苦不是問題本身帶來的，而是我們對這些問題的看法所產生的。」當我們設身處地為他人著想，學會從對方的立場來看問題時，自己就會變得更客觀，心態也能更平和。如果曼莎當時驚惶失措地報警或大聲嚷嚷，結果一定不會這麼完美了。

一般而言，善於交往的人往往善於發現他人的價值，懂得尊重、信任他人，對人寬容，能容忍別人不同的觀點和行為，不斤斤計較他人的過

失，在可能的範圍內幫助他人而不是指責，因為他懂得「你要別人怎樣對待你，就得怎樣對待別人」的道理。

☑ 提綱挈領

- ➲ 學會換位思考，理解對方的心情和處境，把自己設想為對方的立場，試想自己會怎麼處理？經常站在對方的角度去理解和處理問題，一切就會變得簡單。
- ➲ 多給別人留面子、留活路，這樣也是給自己留後路。
- ➲ 以一顆平常心來對待別人犯下的錯誤。
- ➲ 不可事事爭強好勝。

想想看 ❓

　　寬容就是忍讓。對於夥伴的批評、朋友的誤解、鄰里的蜚語、夫妻的反目、兄弟的隔閡、婆媳的失和等等，過多地爭辯和反擊實不足取，唯有冷靜、忍耐、諒解、退讓最重要。寬容實乃人際關係的潤滑劑，它能減輕人際間令人不快的磨擦和無謂的消耗，化干戈為玉帛，忍讓不是軟弱，而是理解人、有愛心的表現；忍讓不是怕別人，而是一種非凡的氣度，寬廣的胸懷能讓你的氣場永不消散。

告別小心翼翼，學會適當冒險，從容迎擊

世上沒有任何一件可以完全肯定或保證的事。成功者與失敗者的區別不在於能力或意見的好壞，在於是否具有適當的冒險精神與採取行動的勇氣。冒險精神和勇氣能撐起你的氣場，讓更多人敬佩你。

冒險是探索、追求，是一種敢於拼搏的精神，更是一種難能可貴的上進心。儘管冒險被西方心理學家稱為一種性格特徵，但我們也看到另一個事實：敢冒險的人總能在關鍵時刻一躍而起，創造驚人的成績，吸引旁人敬佩的目光，成為氣場十足的人；而不敢冒險的人求穩戒變、小心翼翼，事後才慨歎機會稍縱即逝，因缺乏勇氣和魄力，所以總是庸庸碌碌、無所作為，毫無魅力可言。

英國劇作家蕭伯納有句名言：「對害怕危險的人來說，這個世界總是危險的。」每個人都希望自己有個可以表現的舞台，渴望成功。但大多數人都有著懶惰的天性，總希望面對同樣的狀況，能用同一種方式來處理，然後習慣成自然，重複累積，就算有冒險的想法，也會因為怕麻煩和風險而不願改變。

其實那些氣場十足的商賈名流不一定比普通人聰明，學識也不一定比一般人多，這些人之所以能取得驚人的成績，成為令人矚目的對象，是因為他們的冒險精神比別人多。

練就冒險精神

創業精神裡非常重要的一條便是冒險精神。當然，冒險精神不是與生俱來、一成不變的，因此我們應該去培養這樣的精神。喜歡冒險是天生的，我們每個人或多或少都有這樣的血液，只不過在後天的過程裡，慢慢把它磨滅掉了。其實對年輕人來說，具備冒險精神是非常重要的，也只有年輕人才有本錢去冒險，所以，我們應儘量去承擔風險，長期培養下來的話，將來會是很好的創業者，否則若總是墨守成規，老去做別人做過的東西，不嘗試新的東西，永遠不可能開創出一個不凡事業。

以比爾‧蓋茲為例，他當初是靠什麼法寶建立了他的微軟帝國？又如何在激勵的藍海競爭中歷久不衰？

比爾‧蓋茲曾提及自己成功的首要因素便是冒險。若將人生中所有冒險選項都剔除的話，等於是將所有可能成功的機會全擋在門外。比爾‧蓋茲的一生中，他最顯著的性格即為他那冒險的天性，他甚至認為，一個機會如果未伴隨著風險，那這機會便不值得花心力去嘗試。

比爾‧蓋茲堅定不移地認為，有冒險才有機會，正是有風險才讓事業充滿跌宕起伏，讓闖蕩事業變得有趣。且比爾‧蓋茲是一個具有極尚天分、爭強好勝、自信心很強的人，微軟在他的帶領下也極具攻擊力，《資本家》雜誌還曾發表一篇評論「微軟公司正在屠殺對手，看來似乎會幾近壟斷軟體工業。」可以見得比爾‧蓋茲將他的冒險精神，實踐於他的事業之上。

比爾‧蓋茲於學生時代就富有冒險精神，從學生時代開始，他在哈佛第一年，故意給自己制定一項策略，蹺掉絕大多數的課程，在接近考試

時才拼命自學苦讀，因為他想測試自己如何在最少的時間內學習，得到最高的分數，且這項測試也適用於他未來事業的發展上：如何用最少的時間和成本，得到最高、最快的回報。這樣的性格，也確實使得競爭對手敗在他的腳下。

但比爾·蓋茲是個不滿足的人，成為世界首富後，他那不滿足的心理仍驅使他強化自己的冒險事業。某次在接受記者採訪時，他說：「我最害怕的是滿足，所以每天走進辦公室時都會問自己：『我們是否仍在辛勤工作？有人超過我們嗎？我們的產品真的是目前最好的嗎？我們是否能再改良，將產品變得更好？』」比爾·蓋茲這種打破常規、積極嘗試的新想法，不自困於現狀的認知和行為就是「冒險」。

冒險並不是賭徒一般的孤注一擲，也不是面對困境時的僥倖心理，而是在常規中思考，在千篇一律中求變，嘗試不同的方法和體驗，去創造新的可能。

被譽為「二十世紀世界奇人」的美國盲聾作家、教育家海倫·凱勒，就信奉這樣的座右銘：「人生要是不能大膽冒險，便一無所獲。」百度創始人李彥宏在回顧自己的創業歷程時也說：「作為一名創業者，如果你害怕失敗，就幾乎不可能成功。十個創業公司可能有九個都要倒掉，正因為有這樣的認識，所以我才敢去冒險。成了皆大歡喜，如果不成，跟不做其實沒什麼太大的區別，因為如果不做，也一樣是不成功。」你可以從這幾個方面來加強自己的冒險精神。

▶ 每天讀一則成功人士的故事。

▶ 經常去攀岩、泛舟、探險等訓練膽量和冒險精神的活動。

➤★ 抓住機會，該出手就出手

敢於冒險也要學會抓住機會，在該出手時出手，行動起來，總比那些只會說一口好計畫的人擁有更多成功的機會。

五〇年代中後期，能源危機日趨嚴重，為鼓勵私人開採石油，美國政府加重對其他行業的稅收，並減免石油行業的稅收。這一政策對一向富有冒險精神的阿莫德・哈默頗具吸引力，於是他開始嘗試投資石油業，儘管他已屆退休之齡。

哈默首先接觸的是當時處境十分艱難的西方石油公司。他答應借給西方石油五萬美元，條件是必須打出兩口油井，如果油井順利出油，利潤由雙方五五分成。很幸運地，西方石油公司打的兩口井都順利出油了，而且含油量相當豐富，哈默喜出望外，抓緊時機購買大量西方石油的股票，成為公司最大的股東，從那之後他全心全意地投入石油事業。

憑著自己多年的經驗，哈默冒著巨大的風險，開始建立一個石油王國。他招兵買馬，物色最優秀的鑽井工程師和最出色的地質學家，在1961年於加州探鑽到兩個天然氣田。西方石油公司的股票價格躍升到每股十五元，公司實力足以與那些世上較大的石油公司分庭抗禮。

那時，世上大部分富饒的油田早已是號稱「七姊妹」的西方七大石油公司之下，哈默只好另尋找他處開闢蹊徑，把眼光投向利比亞。

在其他石油公司放棄的兩塊租借地上，哈默鍥而不捨，終於在利比亞打出一口日產七萬桶原油的豐產油井，使利比亞人對於產出石油感到無比自豪。利比亞國王親自接見哈默，對他表示由衷的感謝。接著，哈默又在乾旱的庫夫拉地區創造了奇蹟，打出人們日夜盼望的水井，找到豐富的地

下水源。

這地區已經二十餘年沒有下過雨，全國人民都把哈默視為救星！利比亞國王甚至激動地要把該地區命名為「哈默」。然而，哈默卻拒絕了，他認為打出油井和水井都是他的事業範圍，能夠與當地人民共享勝利的喜悅，也是他人生最大的幸福。

在石油行業內，哈默的公司進去市場的時間最晚，卻最早出產石油。1974 年，他的西方石油公司年收入為六十億美元。到 1982 年，西方石油公司已成為全美第十二大工業企業，還是緊挨著「七姊妹」的世界第八大石油公司！

風險的一半就是機遇，貫穿哈默一生的，正是他善於抓住機遇，果斷、冒險地展開行動。在追求成功和自我突破的道路上，總會面臨各式各樣的風險，這時敢於冒險、敢於展開行動的人，便容易成為領頭軍和佼佼者，同時也展現出他們獨有的魄力。

在我們的生活中，並非缺少成功的機會，而是很多人在機遇來臨時無法抓住機會，也不敢大膽地展開行動。一個人的才華和能力也像這些企業家一樣，透過冒險和努力才能鍛鍊和展現出來，如果安於現狀、不思進取、沒有危機感、不願參與競爭和努力打拚的人，很難體驗到勝利的喜悅。

冒險並不代表魯莽，而是一種特別的智慧，一種敢於突破自我的精神，冒險的行動有明確的目的性，要清楚知道自己在做什麼。我們要培養自己的冒險精神，也要懂得冒險的意義，這樣才能展現魄力和智慧，成為充滿魅力的人。

想想看 ?

　　冒險是探索、追求，是一種敢於拼搏的精神，更是一種難能可貴的上進心。敢冒險的人，才能在關鍵時刻一躍而起，創造驚人成績，吸引旁人敬佩的目光，成為氣場十足的人，因此，學會適當冒險，突破自我束縛，你也能一鳴驚人，倍受關注。

5 控制情緒才能控制氣場

「情緒」就像人的影子，每天與我們相隨，在日常生活中，不管是工作還是學習，我們時時刻刻都體驗到它的存在帶給我們心理和生理上的變化。換言之，情緒可以直接控制一個人的氣場，控制住情緒，才能控制住氣場，我們要學會管理情緒。

我們可以做一個試驗：如果你做出一個微笑的表情，那麼你的心情立即會增加幾分愉悅。心理學的研究顯示，情緒不但可以影響人的行為，還能影響人的生理反應。現代生理學的研究也顯示，人不僅可以在心理上控制自己的情緒，對於血壓、心跳等也可以進行控制。

 控制情緒的第一步

首先，你必須承認某種情緒的存在。例如：有人懼怕黑暗，若想要除去這種反應，得先讓他承認對黑暗有懼怕的心理，如果他認為那是丟人的事而不願承認，那將無法克服那種恐懼。同樣地，有些人懷有憤怒之心，但又不肯承認內心的氣憤，他就無從消除那些憤怒。對於人的情緒也是如此。

小林的脾氣向來很差，平時一遇到什麼不順心的事情，就會立刻寫在臉上，而且不管周圍的人是誰，都會直接發火，所以大家都對他避而遠

之，但他自己卻不明白大家為什麼要疏遠他。

生活中，犯錯知錯而又知錯能改的人才受人們喜愛，人們也才願意與你交往。產生情緒並不可怕，可怕的是情緒產生了，自己卻不以為然，不承認情緒的存在。

當你發覺自己有情緒時，就要運用你的理智控制情緒，使自己冷靜下來。在遇到較強的情緒刺激時，應強迫自己冷靜下來，迅速分析事情的前因後果，再採取表達情緒或消除衝動的「緩兵之計」，儘量使自己不陷入衝動魯莽、直接輕率的被動局面中。

例如，當你被別人諷刺、嘲笑時，你立即暴怒，反唇相譏，很可能引起雙方爭執不下，怒火越燒越旺，自然於事無補。當下你若能提醒自己冷靜，採取理智的對策，以沉默為武器表示抗議，或用寥寥數語正面表達自己受到傷害，指責對方無聊，對方反而會因感到尷尬，知難而退。

你寬容大度的做法會令很多人對你刮目相看，向你投射崇敬的目光，你穩定的 EQ 反應則會使你擁有龐大的氣場。

調節情緒的方法

如果遇到不愉快的事，不要一味地悶在心裡，合理的宣洩情緒，才能排解不良的情緒，當心情不好時，調節的方法有很多種：轉移、宣洩、自我安慰、自我訓練等等，而常見的調節方法有以下幾種，供讀者參考。

▶ 想哭的時候就大聲哭出來。

▶ 心情不住時，到空曠的地方大聲喊出來。

▶ 情緒低迷、壓力過大時，務必走出家門，多與人接觸。比如找知心的朋友、師長、同事……傾訴，一吐為快。

▶ 如果有不便和別人說的「秘密」，不妨以寫日記的方式記錄下來，傾訴內心的苦楚。

▶ 找人「吵架」。如果你心中充滿憤怒，怎麼也無法消除，不妨試試這種方法。你可以找最要好的朋友幫你，將自己不滿的情緒像吵架一樣地發洩出來。當然，這種方法並非強化不良情緒，你不能發洩完後，還想著如何對付令你憤怒的人，這樣就偏離了自己的初衷。

▶ 把情緒化為汗水。一旦感覺到自己承受著情緒所帶來的壓力，不妨透過各種活動，發洩心中的鬱悶。你可以找個沙袋，將自己的不滿和憤懣付諸於「武力」；你也可以選擇長跑，一方面訓練耐心，一方面發洩情緒；或是去健身房秀秀你的肌肉；另外還有登山，鍛鍊自己的意志力；或練練瑜伽等。

遇事保持樂觀的態度

良好的人際關係會使人樂觀愉快，遇事就很容易拋掉不良的情緒，進而樂觀地面對自己遭遇到的不幸和挫折。

保持樂觀的心態就要正確地看待生活，做生活的主人，積極面對生活。因為生活本來就是五顏六色的，充滿酸甜苦辣的滋味，有甜蜜的部分，也必然會有痛苦的部分。當幸福來臨的時候，不能忘乎所以；當不幸降臨時，堅強樂觀，笑對生活。你的生活態度會感染你身邊的人，也會慢慢影響他們的生活觀。

保持樂觀外，還要積極地幫助他人，向他人展現你的自信，並把信心傳達給別人。有的人自閉、孤僻與快樂絕緣，因為他們時常讓自己處於一

種封閉的狀態，不愛與人交往，不願幫助別人。

你若不願與人交往，久而久之，別人也會疏遠你；相反地，你時常主動和別人聯繫，去幫助別人，對方也會刻意接近你，在你遇到苦難、情緒不好時，對方能給予你溫暖和慰藉，這些時刻都在展現著你氣場的強弱。

☑ 提綱挈領

- ◑ 生活的滋味是多樣的，苦辣酸甜都具備，才是真正的生活。
- ◑ 助人最樂。幫助別人是一項讓人心情舒暢的活動。
- ◑ 孤僻的性格絕對是氣場的絕緣體。
- ◑ 看過《阿甘正傳》的人都會認為傻小子阿甘太走運，但其實是阿甘那積極向上的心態，造就了他精彩的人生。
- ◑ 生活中，要想有一份良好的心態，就要學學阿甘，對於生活中的壓力，不要想得太複雜、太悲觀。此外，心情不好的時候就多多幫助別人，因為在你幫助他人的時候，你也會沉浸在快樂的氛圍當中，將煩惱拋之腦後。

想想看 ❓

只要留心觀察你周邊的人，你會發現那些能夠管理好自己情緒的人更容易讓人接受，他們總能面帶微笑，保持良好的心情，也正因如此，他們的氣場越聚越大，獲得更多人的喜愛。生活中，我們要學會管理自己的情緒，找到適合的方法把內心累積的情緒發洩出來。

碰到問題時，積極尋找辦法，停止抱怨

人生不如意十之八九，有很多人一遇到不順心的事，就會抱怨個不停，抱怨這個又抱怨那個，影響到個人魅力，削弱自己的氣場，試問，有誰想和老愛抱怨的人打交道呢？想要氣場不被減分，遇到問題時就不應抱怨或滿腹牢騷，而是要積極地想辦法解決問題，發現問題時，不驚慌、不膽怯、更不能逃避。

有的人在不如意時只會一味地抱怨，整天怨天尤人，而不知該想辦法解決問題，終日鬱鬱寡歡；而有的人在不如意時，不會意氣用事，不煩躁、不抱怨，以冷靜的頭腦對待，積極想辦法解決問題，努力改變現狀。

筆者想跟各位分享一名「玻璃娃娃」的故事，看看即便身體狀況使主人翁的人生受限，但他仍能獲取成功。「玻璃娃娃」一詞，是遺傳性疾病成骨不全症而衍生，患者的骨骼非常脆弱、容易骨折，需要小心呵護才不至於受傷，故事的主角剛出生時，全身骨頭在母親分娩的過程中被壓碎，四肢癱軟地被護士拉出來。

因為他的骨骼密度很低，無法支撐身體直立時所帶來的壓力，一直到三、四歲時才能坐在椅子上，且他的腿骨嚴重扭曲，被醫生判定為一輩子都無法像正常人般行走，必須坐在輪椅上，只有晚上休憩時才能躺在床上伸展身軀，相當辛苦。

隨著年齡的增長，他骨折的情況越來越嚴重，迫使他不得不在家休

養，嚴重影響到他的生活，甚至無法正常社交，身體上的疼痛對他來說倒不那麼嚴重，最難受的是精神上的孤獨，童年時期便嚐盡寂寞的滋味。

　　且由於他病情特殊，一旦意外發生骨折，必須被固定在事發地點，不得任意移動，等骨頭慢慢癒合後，才能進行後續的診治。因此，只要他一骨折，就必須一動不動地躺在該處，吃喝拉撒都只能在那解決，他不明白自己究竟做錯了什麼？必須忍受這樣的磨難。

　　他的母親開導他，說道：「孩子，你願意把這種人生磨難視為人生的禮物還是重擔？」母親堅定而沉穩地問他，這句話給他極大的震撼和鼓舞，原先黑暗的人生彷彿被開了扇窗，讓他停止生氣，不再憤恨。

　　媽媽又說：「你要明白，生命中的痛苦是所有人都無法避免的，它早晚會以不同的形式降臨到每個人身上，但我們面對痛苦的態度卻是自己可以選擇的。」從此，他學會了永不放棄，原先對人生的絕望和無奈煙消雲散。

　　靠著永不放棄的信念，他順利完成學業，於芝加哥大學畢業，在畢業典禮上，主持人唱名請他上台領取畢業證書時，禮堂響起絡繹不絕的歡呼聲，輪椅被推至舞台正中央，他高舉自己的畢業證書，興奮無比。

　　他的人生經歷讓人感佩不已，有許多學校、企業團體都慕名邀請他去演講，他一開始並沒有打算將這視為一份正式工作，僅單純向大家分享，但某天他的父親對他說：「兒子，如果你想改變世界，可以嘗試看看做個職業演說家。很多人都喜歡聽你的故事，他們都很敬佩你的精神，你可以像安東尼‧羅賓那樣激勵、影響全世界的人。」

　　這番話再次點亮了他，做一名職業演說家可以讓他實現改變自己，也改變他人的夢想，於是他開始四處演講。後來，他成為心理治療師和國際

知名演說家，到世界各地巡迴演講，以自身奮鬥的經歷鼓舞成千上萬的聽眾，連激勵大師安東尼・羅賓也被他對生命的熱情所感動，而這位生命鬥士就是暢銷書《拒絕失敗的人生》作者——西恩・史蒂芬森。

雖然我們不是什麼名人，但也有自己的人際圈，也需要人們對我們的肯定與欣賞。所以，無論遇到什麼不順心的事情，都要先冷靜下來，仔細地思前想後，為什麼會出現這種狀況？該怎樣解決才能恰到好處？切莫遇到不順心的事就開始抱怨、嘮叨個不停，否則時間一長，將養成一種不良的習慣。

☆ 冷靜頭腦，不要自亂陣腳

和同事之間出現分歧，心情煩躁時，切記不要一味地抱怨。首先一定要冷靜，想想該如何處理這個問題，不能情緒一來，一時找不到解決方案，就無休止地抱怨，這樣無疑會使問題越來越複雜，越來越難處理，到頭來問題沒有處理好，又萌生新的問題。

冷靜處事是首要且關鍵的，冷靜出成果，冷靜出戰績，要時刻把冷靜放在心上，帶著問題去解決問題，把問題徹底解決，而不能拿著問題衍生出另一個問題。

其實人與人之間會存在很多問題與矛盾，很多事情的惡化都與我們處理的方式不夠冷靜、客觀有很大的關係，不管是再危險的事、再陰險惡毒的人，我們若能以冷靜的方式處理，一般大多可以化險為夷，有轉危為安的希望。

反之，如果以急躁和抱怨的態度處事，正好會給對方製造攻擊的機

會，就是再有條件能夠戰勝困難，都會受盲目衝動、不良的情緒影響，使自己處於非常被動的狀態之中，給人生帶來很大的阻力與障礙。

☑ 提綱挈領

- 利用閒暇時間進行一些磨練耐力的活動，如：練書法、繪畫、拼圖、製作精緻的手工藝品，如組合模型。
- 調整好你的睡眠時間，多參加體育活動，使心情放鬆。
- 有意識地培養自己的自控能力。

分析問題，制定最佳解決方案

遇到問題時，先讓自己冷靜下來，再想想是否有更好的解決方法。在遇到衝突、矛盾和不順心的事時，逃避並不能解決事情，必須學會處理矛盾的方法，一般採用以下幾個步驟：

- 明確衝突的主要原因是什麼？找出雙方分歧的關鍵在哪？
- 解決問題的方式可能有哪些？明確地列出來。
- 哪些解決方式是對方難以接受的？
- 哪些解決方式是衝突雙方都能接受的？將步驟一一列出。

相信大家對諸葛亮的空城計耳熟能詳，當時馬謖大意痛失街亭，使蜀軍陷入進退兩難的境地，而司馬懿的大軍又步步逼近，兵臨城下，諸葛亮面對此狀，不得已決定撤軍，但又不能匆忙撤軍，這樣會讓司馬懿有可趁

之機，這時怎麼辦呢？

諸葛亮沒有慌亂手腳，沒有坐以待斃，而是沉著冷靜地審視分析敵我現狀之後，決定唱一齣「空城計」。雖說這一齣戲諸葛亮沒有十足的把握，也非萬全之策，但不失為權宜之計，對當時的情況來說，這一計已是最佳的解決方案了。

▶ 分析產生問題的主、客觀原因。

▶ 制定解決方案，一定要考慮周全，並換位思考一番。

▶ 方案要具有可實施性，不能紙上談兵。

➤★ 專注行動，馬上解決問題

當問題出現時，應該及時加以解決，找出最佳的解決方式，並採取行動，快速解決問題，才不會讓問題由小變大。

例如，小明這幾天情緒不好，原來是因踢足球的事情和父親發生了不愉快：父親希望他放棄鍾愛的足球，專心課業的學習，但小明對足球有著濃厚的興趣，不願放棄馳騁綠茵場。針對雙方分歧的原因，小明的父親制定幾套解決方案：一是放棄足球訓練，專心於課業；二是放棄足球訓練，也不專心學習；三是堅持足球訓練，因此影響學習；四是合理地安排時間，既保有足球訓練，又能兼顧課業。

其中，第二、三套方案是父親不忍目睹的，第一、二套方案則是小明不願接受的，而第四套方案可被雙方接受，不妨一試。小明欣然接受了第四種方法。父子之間的不愉快得到化解，小明投入到學習當中，又能在課

餘休閒時間發展著自己的愛好。

☑ 提綱挈領

- ➔ 快刀斬亂麻，矛盾出現時，立即抽絲剝繭想辦法解決。
- ➔ 解決問題要集中精力，不可有敷衍了事的態度。
- ➔ 下定決心解決問題，若此方案不可行，可立即提出改良對策。

想想看 ❓

　　遇到不順的事情就抱怨，往往會讓別人覺得你缺乏解決問題的能力，進而影響到你個人魅力，削弱氣場。無論遇到什麼不順心的事，要先冷靜下來，仔細思考一下，為什麼會出現這種現狀？該如何解決才恰到好處？積極尋找解決問題的辦法，正確有效地解決問題，你才能為自己開路，建立令人敬佩的氣場。

7 放手創新，不求有功，但求無過

創新精神是現代人應具備的素質，同時也是一個人增加氣場的秘訣。懂得創新並善於實踐創新的人，對事物有獨到的看法和令人刮目相看的改造力，往往能產生出乎意料的好結果，散發與眾不同的個人魅力。

創新精神提倡獨立思考、不人云亦云，並非不傾聽別人的意見、孤芳自賞、固執己見、狂妄自大，而是要團結合作、相互交流，這是當代創新活動不可少的方式。創新精神提倡膽大、不怕犯錯誤，但並不是鼓勵犯錯誤；創新精神提倡不迷信書本、權威，但並不反對汲取前人經驗，任何創新都是在前人成就的基礎上進行的；創新精神提倡大膽質疑，而質疑要有事實和思考的根據，並不是為反對而反對……

林肯‧斯蒂芬斯曾說過：「沒有已經完成的事情，世界上的一切事情待完成。最美麗的畫兒還沒畫，最偉大的劇本還沒寫，最優美的詩歌還未創作；世界上還沒有完美的鐵路、最好的政府和完善的法律；物理學、數學以及最頂尖的科學還在雛形階段；心理學、經濟學和社會學正在醞釀下一個達爾文，而他的任務是在等待下一個愛因斯坦。」培養自己優秀的創造力，開創一些令人驚豔的好成績，也許你就是下一個備受矚目的人。

⭐ 勤於鑽研

　　靈感的出現是在解決問題又百思不得其解時，由於受到某種因素的啟發後出現「頓悟」，使問題忽然迎刃而解。有人把靈感看成「天賜」，其實是「天才出於勤奮」，靈感是創造力的一個要素，而靈感的出現需要有深厚的知識底子。人們運用這些知識時，其中潛伏著的智力因素就會表現出來，解決更為廣泛的問題。

　　譬如，一塊大石頭擋住去路，馬上想到用撬棍將大石頭移開，而這也適用於另一種場合，如汽車陷入泥土裡，同樣想到了撬棍，甚至由此發明出新式起重機。因此，富有創造力的靈感只賦予那些勤於鑽研的人，勤於鑽研的人也必定有自己的磁場，可以吸引很多人關注他、追隨他。

　　學會正確的思考，它能發揮巨大的作用，因為它決定著一個人面臨問題時，應該採取什麼行動。為什麼那麼多人刮鬍子、用鉛筆，但發明安全刀片、帶橡皮擦的鉛筆的人卻只有一個。隨時準備紙筆在包包裡，一有什麼天馬行空的想法就立即記下來。

　　牛頓少年時期就有很強的好奇心，他常在夜晚仰望天上的星星和月亮，思考星星和月亮為什麼掛在天上？星星和月亮都在天空運轉著，它們為什麼不相撞呢？這些疑問激發著他的探索欲望，經過專心研究後，終於發現萬有引力定律。能提出問題，說明在思考問題，提出了問題卻不去鑽研，那只能徒勞而歸，鑽研精神是包含著強烈的求知欲和追根究底的探索精神，誰想在茫茫學海獲取成功，就必須有勤奮的鑽研精神。

要有創新的欲望

沒有強烈的創造欲望，創新便無法施行。電話發明者貝爾，他少年時期的智力表現平平，而且非常貪玩，但後來受到祖父的影響，喚起他那強烈的求知欲，並對發明、創造產生濃厚的興趣，設計出一種比較輕快的水磨，也就是俗稱的水車。

這說明創新的欲望與對創造的不懈追求是創造成功的重要條件，正如愛因斯坦所說：「我沒有特別的天賦，只有強烈的好奇心。」勤奮鑽研的人看到什麼都好奇，對於不懂的事情，多問幾個為什麼，便可能因此不同凡響。

要標新立異

創造力活動本身就是一種對原來框架的突破與發展，若不能就稱不上創新。對大多數人來說，由於傳統文化觀念的束縛，很容易產生一種思維惰性，對他人超乎常規的想法和作法又往往會加以指責，因此要想做出成績，就必須要有打破定勢、標新立異的創新思維。

- 求異就是換個角度思考問題，從多個角度思考。
- 求異要求看問題更深刻，更全面。
- 求異要有和別人不同的眼光。

兩名推銷人員到一座島上賣鞋。甲推銷員抵達後，氣餒極了，因為他

發現這個島上的每個人都是赤腳。這個島上沒有穿鞋的習慣，沒有人穿鞋，怎麼賣鞋呢，於是他馬上發電報告訴公司不要運鞋來了，因為這個島上沒有銷路，每個人都不穿鞋。

另一位乙推銷員來了，高興得幾乎快昏倒了，不得了，這個島上的鞋銷售市場太大了，各個都沒有穿鞋啊，要是每個人都買一雙，豈不是賺翻了嗎？於是他馬上打電報，要公司趕緊空運鞋來。

同樣一個問題，用不同的思維得出的結論也不同，創新就需要這樣的思路。

▶★ 有創造力者之特徵

具有創造力的人之所以魅力無窮，在於他們有著常人所沒有的優點，這主要表現在……

▶ 有樂觀、開朗的性格，富有幽默感，喜歡在工作的時候開玩笑。從不把任何事情看得過於嚴重，即使是很嚴肅的事情亦是如此。

▶ 具有獨立工作的能力，有時也喜歡獨處，他們往往與大多數人的意見不一致，而且對自己的信念充滿信心，具有堅不可摧的自信，不會隨波逐流。

▶ 富有雄心壯志，他們喜歡和充滿信心、洞察力強、頑強執著的人一起工作。他們有別於一般人，能迅速意識到一件工作實質的重要性，不受自身想法約束，願意檢驗自己的想法，更願意接受別人的挑戰。

▶ 擅長從一個獨特的視角來評價和判斷事物。他們具有特殊的綜合能力，往往別出心裁，當別人說 2 + 2 = 4 時，他們也許會說 2 + 2 = 22。

▶ 不當一名空想者。一個人如果僅有創造力的思想，還不能算是具有創造力之人，必須付諸行動、產生結果才行，坐在那裡苦思冥想固然是產生構想的第一步，但電話、寫信、畫草圖、提建議等等都是創造力中不可分割的部分，即使是錯誤，也能對人們最後走上正確的道路有所幫助。

▶ 不畏艱難險阻，崇尚冒險精神，特別熱衷於挑戰性的工作，在他們眼裡，每個困難都是成功的機會。

想想看 ❓

　　創造力是社會進步的重要因素，創造力給人類前進和創造財富帶來了原動力。創造力是潛伏在你腦中的金礦，它絕不是什麼天才獨有的力量、神秘天賦。只要你多動動腦，對生活充滿動力，機遇就會垂青你，氣場也將一直陪伴著你。

8　善於從建議中吸取精華

　　成功者善於聽取別人意見的精髓，這既是對別人的尊重，也是對自己的提升，更是加強氣場的砝碼。因為這不僅是一種自強不息，積極進取的精神風貌，也是一種豁達開明的思想境界，能贏得別人的尊重。

　　一個完全以自我為中心的世界，有如一顆隕落的流星，連一分熱也不會留下來，所以，我們必須在內心放低自己，看重別人，如此才能將自己的熱，盡可能地散發出來。

　　魏徵與李世民是封建社會中罕見的君臣組合：魏徵敢於直諫，多次駁太宗之意，而太宗也能容忍魏徵「犯上」，所言多被採納。當直言敢諫的魏徵病死時，唐太宗很難過，他流著眼淚說：「一個人用銅作鏡子，可以照見衣帽是不是穿戴得端正；用歷史作鏡子，可以看到國家興亡的原因；以人作為鏡子，可以發現自己做得對不對。魏徵一死，我等於少了一面好鏡子。」

　　「良藥苦口利於病，忠言逆耳利於行。」一個人的智慧是有限的，只有不斷從別人的見解中吸取合理、有益的成分，彌補自己的不足，才能減少失誤，取得成績。「江海不辭涓滴，高山不拒細石」，多聽取別人的意見，將使你獲益匪淺，充實你的內在，由內而外地散發魅力。

▶ 以謙虛的態度聽取別人的建議

「虛心使人進步，驕傲使人落後」，謙虛就是有自知之明，是一種有修養的表現，善於聽取別人的建議也是謙虛的一種表現形式。相傳著名詩人白居易，每做好一首詩時，總會先念給牧童或老婦人聽，然後反覆修改，直到他們聽了拍手叫好，才算定稿。

像白居易這樣著名的詩人，不因牧童和村婦的無知而輕視他們，因為他明白，真正的文學作品必須得到眾人的肯定與欣賞，所以他虛心求教於人，這才使他的詩通俗易懂，在民間廣為流傳，為後人所稱頌。

一個人的力量是渺小的，以一己之力所能知道的極其有限，總有在某方面比自己強的人，總有自己不懂的事，要虛心向別人請教，所以，別讓虛榮心堵住自己的嘴，否則也就堵住了開啟智慧的大門。

尹金成是韓國有名的企業家，他剛開始做生意時，什麼都不懂，開發出一件新產品，往往不知如何定價，於是他跑去請教零售商，因為他認為常與消費者接觸的零售商，理應最清楚如何訂定恰當的價錢。

在零售商那裡，尹金成出示了新產品，問他們：「像這樣的東西可以賣多少錢？」他們都會坦誠地告訴他行情。照著零售商的話去做大抵上不會有錯，不必付學費，也不要傷腦筋，沒有比這個更划算的。

當然，不是什麼事情都如此簡單，這只是基本原則而已，唯有虛心接受人家的意見，虛心去請教他人，才能集思廣益，讓自己的思想和內心更豐富。如果我們能培養這種「虛心」，虛心接受他人的意見，虛心向他人學習，離成功就不遠了，因為只有具備虛懷若谷的精神，你才能認識自己的不足，虛心學習別人的經驗，為自己的成功贏得砝碼。

☑ 提綱挈領

- ⊘ 不懂的問題就虛心承認不會。
- ⊘ 人際交流中注意自己的言行，接受某方面不如別人的事實。
- ⊘ 培養良好的性格，自視過高的做法不會得到大家的支持。

✪ 多聽取成功人士對你的建議

古語曰：「以銅為鏡。可以正衣冠；以古為鏡，可以知興替；以人為鏡，可以明得失。」成功人士的經歷豐富，感悟更多，他們的建議往往能讓人醍醐灌頂、恍然大悟，從他們為人處世的豐富經驗中，我們可以反省自己，有則改之，無則加勉。

虛心聽取別人的建議，不但是一種美德，也是幫助自己成功的有效方法，可惜有些人不懂這一點。他們剛愎自用，聽不進別人的意見，還認為自己的高明之處，是因為自身的才能較高。這些人無疑是最愚蠢的，因為成功者的意見常凝聚著他們的經驗、思考和智慧，他們將自己的經驗、思考和智慧以意見的形式提供給你，等於是無償地幫助你。倘若拒絕了他們的意見，就是拒絕別人的幫助，等同放棄成功，結果只能是自己的利益受損，失去了一次心靈和思想成長的機會。

善於聽取成功人士建議的人，都是理智、聰慧的人，他們這種知性的風采，往往能「擄獲」很多人的心，得到很多人的讚揚。

335

☑ 提綱挈領

- ➤ 準備一本記事本，隨時記錄別人的建議。
- ➤ 自己拿不定主意的事情，不妨向信任的人諮詢一下。
- ➤ 不要太固執，如果許多人都向你提出類似的意見，你就要好好想一想再決定。
- ➤ 另外，你必須善於從建議中分析出對自己有益的內容，別人的建議未必對你有用，未必都能用上。但只有你才能站在自己的角度上，知道自己想要的是什麼。你要了解你最需要什麼，善於從別人提供的資訊中，分辨出對自己有用的資訊，為己所用。我們雖然要能善於聽取別人建議，但還是要根據自己的實際需求擇之而用，別人提的建議都要聽一聽，但是否適用於自己身上，就要依實際情況而定，因人而異。

想想看 ❓

　　一個人的智慧是有限的，不斷從別人的見解中吸取合理、有益的成分，將令你獲益匪淺，少走許多冤枉路。充實你的內在，彌補自己的不足，減少失誤，進而使你由內而外地散發魅力。

9 以身作則，成為他人榜樣

　　說起榜樣，大家腦海裡會浮現出一大批人物形象，郭台銘、阿基師、彭懷南、曾雅妮⋯⋯他們雖然身處不同時代，但都在各自崗位上有著突出的貢獻，成為大家學習的楷模，這些好榜樣也在不知不覺中成為我們心中的座標。

　　正如老師是學生的榜樣，家長是孩子的榜樣，優秀企業是其他企業的榜樣一樣，只有擁有足夠影響力的人才能成為榜樣。榜樣是一種很好的標竿和楷模，是人們精神的信仰，行動的指南，它讓一切更加專業、更有秩序、積極向上、絢麗多彩。

　　榜樣的力量是無窮的，榜樣是一種向上的力量，是一面鏡子，是一面旗幟。這些榜樣人物因其以身作則的高尚品質，成為被人敬佩、關注和學習的對象，他們帶給人們一種根植於人性的精神力量，一種可親、可敬、可信、可學的人生道德楷模，一種抗拒平庸、立志進取、永不過時的力量，這也讓他們產生獨特的人格魅力。

　　想想看，如果你見到你的偶像或榜樣，你的崇拜和敬佩之情一定溢於言表，感覺眼前的目標是那樣高大，充滿魅力。如果你也想成為別人敬佩、崇拜的對象，那麼除了要尋找一個榜樣時刻提醒自己，讓自己變得更優秀外，更要以身作則，專心做好自己的事，讓自己變得優秀，成為他人值得學習和仿效的榜樣。

➤ 勤奮實做造就榜樣

如果我們全心全意地投入到工作之中，即便是能力一般的人，也能取得好的成績，成為他人的學習目標。

富蘭克林說：「來到這個世界上，做任何事情都要全力以赴。」這樣實行，即使是最卑微的職業，也能從中體驗到快樂和滿足，有我們值得學習的借鑒榜樣。

做任何事都必須勤奮實幹才能做好，對補鞋的工作來說，有的補鞋人把補鞋當作藝術來做，全身心地投入其中，不管是打一個補丁還是換一個鞋底，他們都會一針一線地精心縫補。但有些鞋匠截然相反，隨便打一個補丁，根本不管外觀，好像自己只是例行公事，沒有熱情關心工作的品質。

視補鞋為藝術的鞋匠，熱愛這項工作，不是想著一天能修多少雙鞋，而是希望能看到客戶滿意的笑容，讓自己的手藝更加精湛，成為當地最好的補鞋匠。他們這些實幹作風及工作認真的態度，非常值得我們學習，想做好一件事，就要有這樣的精神，唯有如此你才能把事情做得更好，才可能成為別人心中的榜樣。

學著做好本職工作，少抱怨，多做事，做出成績，贏得認可。如果你是普通員工，就讓自己成為同事的榜樣，如果你是上司，那就成為下屬的榜樣。

如何在工作中成為被學習的榜樣

在工作中,想成為被人學習的榜樣不是一件容易的事情,那意味著你必須像唸書時一樣,操行、課業都顧及,成為品學兼優的好學生。樹立榜樣意味著要去發展諸如勇氣、誠實、隨和、不自私自利、可靠等個人品格特徵。為別人樹立被學習的榜樣,也意味著堅持道義的正確性,甚至當這種堅持需要你付出很高的代價時,你也得堅持。

就像一位傳教士說過的:「在生活中榜樣並不是什麼主要的事情,但那卻是唯一的事情。」為別人樹立學習的榜樣,自己也要持續學習、改正。

以下八種技巧就能夠使你成為別人學習的榜樣:

▶ 為自己樹立高標準的學習榜樣。

▶ 透過努力工作,樹立以身作則的典範。

▶ 身體要健康,精神要飽滿。

▶ 要完全掌握自己的情緒。

▶ 要保持愉快而樂觀的儀表和態度。

▶ 在指責或批評別人的時候,不要把個人因素也摻雜進去。

▶ 待人要隨和,要有禮貌。

▶ 恪守一諾千金,答應別人的事情,你一定要做到。

▶ 不在人前議論是非。

如果教育他人要懂得去愛別人,那麼我們首先要去愛和關心別人;如果告誡他人要家庭和諧,那麼我們首先要建立一個和諧的家庭;如果教育他人要有責任心,那麼我們要做個有責任心的人;如果教育孩子要善良,踏實,認真,執著,堅持,堅韌不拔,樂觀,那麼我們就應該是這樣的人。要以身作則才能成為別人的榜樣,維護你的氣場。

10 展現雷厲風行的派頭

雷厲風行是一種態度，是始終保持奮發有為的精神狀態，對確定的方針、做出的決策、承擔的工作，有著不找藉口、堅決執行、得力貫徹、迅速落實的風度。

雷厲風行是一種勇氣，是敢於擔當的氣魄、敢闖敢試的氣概、勇於負責的氣度，不怕「引火焚身」，不懼污蔑恫嚇，能夠以迎難而上、無往不勝的精神戰勝一切壓力並樹立個人威信。

雷厲風行是一種能力，是具備解決問題、打開局面的強硬素質，面對任務要求、面對困難阻力，能夠想得出思路「破題」，找得出辦法「破冰」，拿得出措施「破局」。

雷厲風行做事者做事效率高，思路敏捷清晰、執行力強，常常是來去一陣風，卻已處理了很多重要的事，這讓他們凝聚了一股很強的氣場，即便不說話，也能影響身邊的人，因為他們本身就是一種說服力。那要如何成為做事高效率、雷厲風行的人呢？

▶ 平時善於思考和總結

古有云：「學而不思則罔，思而不學則殆。」著名作家巴爾扎克也說過：「一個真正懂得思考的人，才是一個力量無邊的人。」思考的重要性

是不言而喻的。在處理問題時，有些人能迅速找到有效的解決辦法和途徑，給人留下乾脆俐落的形象；有的人卻自亂陣腳，除了乾著急，拿不出任何可行的方案，這與我們平時是否善於思考和總結，有著密不可分的關係。

一個善於思考和總結的人，才能在問題來臨時迅速找到解決方法。生活中，我們要不斷完善自我，做到擇其善者而從之，其不善者而改之，使自己擁有面對多種突發情況的能力。

☑ 提綱挈領

- ➔ 多讀一些好書，思考總結書中值得學習的觀點。
- ➔ 每次解決一個問題後都要總結原因，找出某些規律、某些原則，以便再遇到類似的問題時，可以儘快解決。
- ➔ 事前一定要有思考的過程，整理出清晰的思路、樹立明確的目標。

⏩ 少說多做

曾國藩曾經說過：「只問耕耘，不問收穫。」但他卻收穫最大，他的成功就在於能夠腳踏實地做好每一件事情，而不是急功近利，也不為一些假設性的問題煩惱，更不讓它絆住自己的腳步。

只要我們踏實做好每一件事情，就一定能得到預期中的結果。用心做事，踏踏實實，當你有了這樣的做事習慣時，再大的困難也不能阻擋你前進的腳步。

▶ 做一件事就要全力以赴地投入。

▶ 如果別人不認同你，最好不要爭辯，把一切都做好給對方看。

▶ 在工作中，要少說閒話多努力，把心思放在提升專業技能上。

⭐ 培養遇事冷靜、果斷決策的能力

筆者曾遇過一個很有理想、抱負的學員 A，但他三十幾歲了卻仍沒有什麼作為，跟他的念想背道而馳，問題出在他在行動前總是想太多。

他曾想開一間自助洗衣店，朋友們都很支持他的想法，鼓勵他趕快行動。但學員 A 的「老毛病」又發作了，他開始犯起嘀咕，擔心客人太挑剔怎麼辦？覺得自己只買得起國產洗衣機，雖然市場調查顯示，很多租屋者因租房條件受限，所以大多會選擇將衣物拿去自助洗衣店，可萬一店開了，沒有客人怎麼辦？……學員 A 猶豫好久，朋友不斷催促，他總說過兩天就去找店面，卻遲遲沒有行動，開店計畫就這樣不了了之。

近年自助洗衣店的展店數大增，且營收都很不錯，讓學員 A 又驚又悔，朋友們勸他現在開店應該還來得及，但他又為自己的店是否有競爭力煩惱起來，也因此找到筆者的創業培訓課程。

但就筆者的觀察，學員 A 恐怕永遠都無法踏出創業的第一步，因為他總會為了假設性的問題煩惱，還沒行動就準備後退了，其實完全不必為還沒開始的事情做假設，也不必為將來做任何預測。

優柔寡斷者不敢決定種種事情，不敢擔負起應負的責任。之所以如此，是因為他們不知道事情的結果，不曉得究竟是好是壞、是吉是凶，他們常常擔心如果今天對一件事情做了決定，會不會明天就發生更好的事

情，以至對今日的決斷產生懷疑與遲疑。

決策果斷、雷厲風行的人也難免會發生錯誤，但他們比那些做事處處猶豫的人要強得多，猶豫不決只會給人留下優柔寡斷的印象，在它還沒有傷害到你、破壞你的力量、限制你的機會前，就要先把這種習慣改掉。所以，不要再等待、不要再猶豫，更不要等到明天，就從今天開始，訓練自己遇事果斷決定和遇事迅速決策的能力。

當然，對於比較複雜的事情，在決斷之前需從各個方面加以權衡和考慮，充分運用自己的常識和知識，進行最後的判斷。一旦打定主意，絕不更改，不留給自己回頭考慮、準備後退的餘地。這樣才能養成堅決果斷的習慣，既可增強人的自信心，也能博得他人的信賴。

在聖皮埃爾島發生火山爆發災難的前一天，一艘義大利的商船正準備裝貨運往法國。船長馬里奧‧雷柏夫敏銳地觀察到火山爆發的前兆，於是他立即停止裝貨，準備離開。但發貨人堅決不同意，語帶威脅地表示現在貨物只裝了一半，若他們執意離開港口，就要告他們毀約。但船長馬里奧‧雷柏夫絲毫不動搖，儘管發貨人一再向他保證火山並沒有爆發的跡象，馬里奧‧雷柏夫仍堅定地回答道：「儘管我對火山一無所知，但我現在一定要離開這裡。我寧可承擔貨物只裝卸了一半的責任，也不願冒著生命危險。」

二十四小時以後，當收貨人和兩個海關官員正準備逮捕船長馬里奧‧雷柏夫的時候，聖皮埃爾島的火山爆發了，他們全都死了，而此刻船長和他的船員們正航行在公海上。馬里奧‧雷柏夫堅定的意志和當機立斷的行為拯救了他們，如果有半點猶豫，後果將不堪設想。

我們不難得出這樣一個結論，那些能夠迅速做出決定的人從來都不怕

犯錯。不管他們犯過多少錯誤，與那些猶豫不決的人相比，他仍是一個勝利者，那些害怕犯錯而裹足不前的人，那些害怕變化而猶豫徬徨的人，那些站在小溪邊、直到被別人推下去才肯游泳的人，永遠都無法到達勝利的彼岸，永遠無法摘取勝利的碩果，他們始終平庸，只能成為別人的拖油瓶，更不要說有什麼魅力可言。

☑ 提綱挈領

- ➡ 對於比較複雜的事情，決斷前需從各方面來加以權衡和考慮，充分運用自己的常識和知識來分析，進行最後的判斷。

- ➡ 無論做什麼事，只要內心確定，說做就做，不要拖拖拉拉。

- ➡ 不要因害怕決策錯誤，而遲遲不敢下決策，如果你不做出決策，事情就永遠解決不了，而自己該做的事也不要指望別人替你完成。

想想看 ❓

　　雷厲風行的做事風範是一種習慣，不是一朝一夕能學會的，是在生活與工作中鍛鍊的結果，雷厲風行不是蠻幹，而是有計畫、有目的、深思熟慮的做事態度，這種處事態度定會為你的氣場加分。

「謝謝」是種生活態度

　　說「謝謝」是一種禮儀，是一種個人品質的體現，能為你樹立禮貌、親和的魅力形象。對生活感恩，是一種生活的感悟，它讓你懂得知足，讓你對生活產生更多熱情，使你的內心變得幸福、快樂，由內而外地散發快樂的氣場。

　　一位外國總統問一位高齡一○四歲的老太太長壽的秘訣時，老太太回答說：

　　一是要幽默，二是學會感謝。她從二十五歲結婚起，每天說最多的話便是：「謝謝」。她感謝老公，感謝父母，感謝兒女，感謝鄰居，感謝大自然，感謝所有給予她種種關懷和體貼的人事物，感謝每一個祥和、溫暖、快樂的日子。

　　別人每對她說一句親切的話語，每為她做一件平凡的小事，每給她一張問候的笑臉，她都不忘說句「謝謝」，大家對她每天無數次的「謝謝」，非但不覺得反感，反而更加體貼關愛她。總覺得若不付出更多，就對不起她那聲感謝，幾十年過去了，「謝謝」二字使老太太快樂長久、幸福長久。

　　從老太太分享的人生哲理中我們不難總結出，「謝謝」不僅是種禮

儀，更是一種生活態度。用這樣的態度對待每一個人，對待每一天的生活，感恩幫助過我們的人，感恩生活，我們不僅能收穫他人美好的微笑，更能讓自己生活得更加快樂、幸福，這種感覺不僅影響著你的生活，也影響著你身邊的人，洋溢而出的知足感和幸福感能讓你產生親和的氣場。經常向別人說謝謝，向生活說謝謝，感恩生命中的一切，做感恩的事，我們就能讓親和快樂的氣場，如溫暖的陽光般感染身邊更多的人。

✪ 用身體傳遞感恩

　　足球運動員熱烈的擁抱與其說是相互鼓勵、表示祝賀，還不如說是對合作默契的感激；談判結束後的握手除了表示友好，莫不傳遞著對彼此能合作表示感謝的意思；情人之間情意綿綿的親吻，也不能不說他們傳達著他們對彼此的萬分感謝……

　　東漢時的黃香是歷史上公認的「孝親」典範。黃香小時候，家境困難，十歲喪母，父親又久病纏身。悶熱的夏天，他在睡前用扇子驅趕蚊子，扇涼父親睡覺的床和枕頭，以便讓父親早一點入睡；寒冷的冬夜，他先鑽進冰冷的被窩，用自己的身體暖熱被窩後才讓父親安歇；冬天，他穿不起棉襖，為了不讓父親傷心，他從不叫冷，也不怨天尤人，努力在家中造成一種歡樂的氣氛，好讓父親寬心，早日康復。

　　懂得感恩，就是在淨化自己的氣場，你可以先從自己最親近的家人做起，讓家營造出一個時時珍惜、處處感恩的氣場，「改變，就從自己開始。」

☑ 提綱挈領

- ◯ 每天早上出門前給另一半一個吻別。
- ◯ 談成一個工作目標或專案時,和同事深深擁抱。
- ◯ 看到老人獨自穿越馬路時,記得伸出溫暖的手。
- ◯ 大方地將心中的感謝表達出來,給父母一個最深的擁抱!
- ◯ 主動幫父母做家事,減輕父母的辛勞。
- ◯ 與親朋同事相處時,「請」與「謝謝」不離口,同時將你的謝意說得具體一點。
- ◯ 外出旅遊時,可以帶些小點心或名產與同事、上司分享,以感謝他們平日對你的照顧與幫忙。

▶ 以行動詮釋感恩

　　《黑人孩子的感恩信》故事講的是三個黑人孩子每天早上都會寫感恩信。原來他們寫給媽媽的感謝信,不是專門感謝媽媽為他們做了什麼,而是記錄他們感覺很幸福的時刻。例如「路邊的野花開得真漂亮」、「昨天媽媽做的飯很香」、「昨天晚上媽媽說了一個很有意思的故事」之類的簡單語句。他們不知道什麼叫大恩大德,只知道要對每件美好的事物心存感激,他們感謝母親辛勤的工作,感謝同伴熱心的幫助,感謝兄弟姐妹之間的相互理解,他們對許多我們認為理所當然的事,都懷有一顆「感恩的心」。

　　節日除了給人們放鬆自己的一個光明正大的藉口外,還有一個最大的用處就是,借助節日表達你對他人的感激。如果不好意思直接表達,信件、卡片、網路、簡訊留言、小禮物、鮮花無疑是最好的方式,只要你願

意表達你的感恩，每一天都是快樂的節日。

▶ 作為一位母親，可以把自己孩子成長的點點滴滴記錄下來。

▶ 朋友過生日的時候，替朋友點一首歌，祝福他生日快樂。

▶ 過年時，給遠方親戚、朋友寄一封祝福的賀卡、明信片。

▶ 教師節時，給老師送上一張謝卡，上面寫滿對老師的祝福語。

▶ 母親節時，給母親送上一束花，感謝母親含辛茹苦的養育之恩。

▶ 結婚紀念日時，給他（她）送上你親手做的精緻小禮物。

▶ 在助人中昇華感恩

一個寒冷的夜晚，一間簡陋的旅館來了一對上了年紀的客人，不巧這間旅店已客滿。

「這是我們找的第十家旅館了，這鬼天氣四處都客滿，我們該怎麼辦呢？」這對老夫妻望著陰冷的夜晚發愁。

旅店裡的櫃臺人員不忍心讓這對老夫妻受凍，便建議說：「如果你們不嫌棄的話，就委屈你們睡我的床鋪吧！我在辦公室裡打地鋪。」

老夫妻倆感激不已，頻頻道謝。第二天，他們要按照旅店住宿價格支付住宿費，但這名櫃臺人員拒絕了，老先生開玩笑地說：「如果你經營旅館，可以當上一家五星級酒店的總經理。」

「是啊，起碼收入多些，可以養活我的母親。」這名櫃臺人員隨口回道，哈哈一笑。

沒想到兩年後，這名小夥子收到一封從紐約寄來的信，信中夾著一張

飛往紐約的機票，當年那對老夫妻邀請他到紐約擔任五星級酒店的總經理。

　　幫助別人能使你的愛得到傳遞，也能將你的能量和氣場傳遞出去，讓別人感受到。人都是有感情的，當你真心幫助別人的時候，別人也會因你的行為而感動，受你的影響去幫助其他需要幫助的人。當你伸出手去幫助別人時，你就已經在影響別人了，你幫助的人越多，影響的人越多，你的氣場影響到別人就越多，你也會因為幫助別人而感到快樂，使自己看起來親和而美好。

　　奉獻自己的愛心，養成幫助別人的習慣，你的影響力會帶動更多人去傳遞愛，如果你經常日行一善，舉手之勞幫助別人，感受幫助別人的快樂，即便你只站著不動，你的氣場也能被身邊的人感知到。

▶ 在身體狀況允許下，每年捐一次血。

▶ 可以的話，捐助幾名失學兒童。

▶ 閒暇時到社區或醫院擔任義工，幫助需要的人。

▶ 搭乘大眾交通工具時，主動讓座給老弱婦孺。

★▶ 讓感恩成為一種習慣

　　一顆感恩的心，會看到生活細微處的美妙和動人，會聽到風在空氣裡流動的音樂，會等待著春天到來，會期盼著一個約會，會想念遠方的朋友，會在突然的剎那輕輕地笑，因為這顆心懂得：生活十分美妙，感恩是最幸福的事情。

用心去發現你周遭那些值得感謝的人和事——你的老闆、你的同事，你的客戶，還有你的家人和你的一切。大聲說出你的感謝，讓他們知道你感激他們的信任和幫助。請注意，一定要說出來，並且要經常說！你可以嘗試寫一封 mail 給你的老闆或上司，闡述有多麼熱愛這份工作，感謝他給你發揮的舞台，這一深具創意的感謝方式，一定會讓他注意到你，甚至提拔你。感恩是會傳染的，老闆也同樣會以感恩回報於你，感謝你所付出的努力。

然而傳統的包袱讓我們含蓄太久了，以至於很多感激的話語都停留在醞釀階段，一直沒有開封。其實，帶著一顆感恩的心向別人表示自己的感激，就好比開封後的美酒，又醇又香。而我們最好養成一種習慣，只要嘗試著去做，就一定能養成感恩的習慣。

想想看？

感恩不但是一種禮節，還是一種生活態度，更是一個人內在涵養的具體體現。感恩與阿諛逢迎不同，是自然情感的流露、不求回報的。對個人來說，感恩是富裕的人生，它是對人生深刻的感受，能增加個人魅力，開啟神奇的力量之門，發掘出無窮的智慧。

12 身心潔淨，氣場清新脫俗

有一天，小和尚在禪房門口看到師父端坐在陽光下大汗淋漓、淚流滿面。小和尚非常驚訝地走上前去，低聲問道：「師父，你怎麼了？」

「沒什麼，我正在沐浴、洗滌呢。」師父心平氣和地說。

小和尚更加困惑了，他出去走了幾圈後還是不解，就又回來問師父：「師父，我沒看到你在沐浴、洗滌啊？」

「我是在沐浴、洗滌心靈，你當然看不到了。」師父靜靜地回答。

小和尚更是奇怪了，於是又問：「怎麼才能洗滌自己的心靈呢，師父能否開導一下弟子？」

師父告訴他：「點燃一顆感恩戴德的心，在自己的心底煮開半腔熱水，再加入仁義、孝悌、反思、懺悔等名貴心結，就可以給心靈沐浴了。」

身體是革命的本錢，身體健康、保持乾淨的生活習慣是必不可少的。但人們忽略了一點，如果想有一個健康的身體，就得先淨化自己的心靈。

如果一個人的身體和心靈脫節，那整體氣場就會缺乏力度，心中的怨恨、嫉妒、失望、沮喪會使身體的健康遭到損害，快樂逐漸消散，氣場也因此消失。

試想，有誰願意與滿懷仇恨、嫉妒的人打交道呢？愁苦的面容並不是偶然出現的，而是思想焦躁、憂慮所導致。滿臉的皺紋都是因怨恨、暴怒

與自大產生的，大多數人的痛苦，都是因為自己看不開、放不下，一味地固執所造成。痛苦就猶如心靈中的垃圾，是無形的煩惱組成的。

一個人心靈的氣場就像是子彈中的火藥，而身體的氣場則像是子彈頭，如果沒有火藥或子彈頭，手槍就派不上用場了。因此，若要達到整體氣場的效果，身體和心靈缺一不可。

清潔工每天把街道上的垃圾帶走，街道便變得寬敞、乾淨，同理，一個人如果每天清洗一下內心的髒污，那他的心靈也會變得愉悅快樂，這種快樂會洋溢而出，形成一種魅力，影響身邊的人。

現在一般人洗澡、沐浴，是愛乾淨的生活習慣，只注重身體，卻忘記給自己洗洗心靈。給身體洗澡，可以使人清爽；為心靈洗澡，可以使人心曠神怡。當你的心不堪重負時，就把一切塵埃拒之門外，幫自己尋找一個讓靈魂喘息的機會，在冷靜的反思中替心靈洗個澡，或在很累的時候，給自己找一個空間，讓心靈得到片刻的歇息。

而一個人要如何保持心靈的淨土呢？

➤★ 用書洗澡，去貪欲保平靜

在人際交往中，寬容是理解、是給予、是奉獻、是包容，是建立人與人之間良好關係的法寶；寬容是一種高貴的品質、崇高的境界，是思想的成熟、心靈的豐盈。懂得寬容的人是有智慧的人，懂得寬容的人能讓人感受到強大的氣場、擁有無窮的魅力。讀書則可以增加我們的理解力，使我們從書籍的思想中，來領會寬容的魅力，從書的大智慧中，來幫你的思想查漏補缺，從而獲得寬容的胸懷。

　　讀書的過程就是思考的過程，會不自覺地拿書中的標準來衡量自己，看自己是否具備了一些偉人常有的素質，是否可以像一些社交家、公關人員那樣為人處世。

　　讀書，可以讓自己的思想走得更遠，思路更寬廣；讀書，可以讓你灑脫地放棄失去的東西，努力爭取該得到的。

　　透過讀書，你還可以了解別人的成長經歷，迅速理清思路，進而端正工作的態度。總之，透過讀書可以樹立自己的思緒，為自己的心靈洗澡，隨時改變思維方式，還自己一個平衡健康的心態。

▶ 找一些能警醒你的座右銘，貼在床頭，每天看著它自省。

▶ 每天讀一個名人的成功故事。

▶ 經常看一些知名人物的訪談類節目。

★ 以「悟」洗澡，排除惡念立善意

　　「悟」是佛教用語，講究排除雜念。認識到雜念中的污垢、惡意和貪欲等有害意識和根源，認識到危害性和嚴重性，進而樹立正確的思想、和諧的意識，反映對客觀事物本質的概念，還自己一個真自我。

　　從心中分清、認識、排除惡念是前提，實踐中樹立正確的思想是關鍵。排除惡念、錯誤的思想觀念，不能只停留在口頭或想像，更重要的是實踐在工作、學習、生活中，去掉不健康的思想，不再犯同樣的錯誤，樹立高尚的品德，正確的思想。要處處、事事、時時的破除惡念樹立善念，久而久之，惡念就會逐步被破除、消失，改由善念、正確的思想、高尚的

品德占滿人的心靈空間。

「悟」以寧靜和淡泊為基礎，追求致遠和理想。淡泊是指不追求「名」、「利」；明志是指明確遠大且正確的志向，寧靜是安寧無干擾、無惡念、無貪欲地專一致遠的心態；致遠是遠大的理想，是遠大的目標，是遠大的方向。淡泊、寧靜是前提、是手段、是調解心態的方式；明志、致遠則是目的。淡泊、寧靜是原因；明志、致遠則是結果。只有在人的內心像平靜無波的湖水一樣和諧時，像秋水一樣清澈時，才能明白、明確自己正確的志向志願，才有致遠的理想，致遠的目標，致遠的方向；這就是淡泊、寧靜的屬性；這就是明志致遠的專一性；這就是非淡泊以明志，非寧靜以致遠的客觀必然性；這就是客觀事物內在的必然聯繫性；這就是客觀規律，人生的真諦。

☑ 提綱挈領

- ➲ 看淡金錢，那只是工具而已，不要讓自己汲汲營營地追求名利。
- ➲ 不要一味想著升官而不擇手段。
- ➲ 淡泊的人生是一種享受，守住一份簡樸，不顯山露水；認識生命的無常，時刻保持一種既不留戀過去，又不期待未來的心態。
- ➲ 珍惜眼前，從不好高騖遠。在努力中體驗歡樂，在平淡中充實自己。
- ➲ 淡泊是不慕名利，遠離喧囂和糾纏，走向超越。當別人都忙於趨本逐利時，自己仍保持那份恬靜。
- ➲ 當我們放淡各種欲望，以一顆善心來看待我們所遭遇的一切，就會明白上天對我們有著怎樣的慈悲；當我們再遇到不好的事情，我們也會認為是好事，而不再拒絕，不再逃避，把它當作是對我們的磨練，是引領我們走向成熟人生的必要因素。

想想看 ?

　　心靈的世界裡藏著很多很多東西，善、惡、美、醜、貪念、名利……這些心裡的影像都是看不見、摸不到的，但卻能左右著你的行動。心靈世界中美好、坦誠、善良的東西，我們稱之為「苗」，只要心中有真、善、美，不論到哪裡都能結出魅力的果實。

　　我們生活中的健康、幸福和財富等等，一切美好的東西都是源自於一個人潔淨的心靈，一個人無比強大的氣場也源自心靈那片淨土，淡泊明志，寧靜致遠，寬以待人，厚德載物。

13 專注使你產生巨大的魅力

專注是一種不可小視的力量，它會在你實現成功的過程中發揮不可估量的作用，它能讓你的人格魅力盡情展現出來。很多聲樂家在唱歌時，會全心全意地投入其中，那種投入、專注能夠吸引無數的歌迷為之青睞、癡迷。專注力可以聚集強大的氣場，並且掌握住對氣場的控制，使個人魅力大幅提高。

專注力還能挖掘出個人的潛力。中國古代的鑄劍師為了鑄成一把好劍，必須潛心打造十幾年，有道是：「十年磨一劍」，專注能保證工作效率發揮到極致，專注也能使人在工作中挖掘出個人的潛力。

東方文化很早就注重專注力的培養與保持。早在二千多年以前，孟子說了一個故事，強調集中注意的重要性。他說的是最會下棋的弈秋，教兩個人下棋，一個專心聽弈秋教下棋，一個雖一起學習，卻不專心，一心以為鴻鵠要飛來，想拿把弓箭來射鳥，以致學不到位，這並非智力有差別，而在於注意力能否集中。

我們要在日常學習中體驗一下，當你全力投入時，如何受益；當你精力不集中時，又是怎樣遭受重挫。保持高度的專注力，首要是你必須在學習中，反覆感悟到它的重要性，才能有意識、有自覺地調整自己，操控氣場。

▶ 培養專注力

今日的年輕人所承受的壓力不小，常聽年輕人抱怨：「我的壓力好大喔」、「我最近的功課壓力很大」、「工作難找的壓力著實令我惶恐不安」、「人際關係不好對我最有壓力了」、「考績評等的壓力也不小」……每個人都有大大小小不同的壓力，時間的壓力、功課的壓力，人際關係的壓力，找工作的壓力，同學的壓力，家裡的壓力等等，有時真的都快被壓得喘不過氣來了。

當我們承受的壓力過大時，常常會衍生出許多負面情緒，諸如焦躁不安、易怒，心煩意亂、沮喪、恐懼等，即出現種種緊張反應的症狀，而緊張反應超過一定的程度，就有可能使專注力受損。

專注力，就從培養不受外界干擾的能力開始。在現今資訊爆炸的時代，每天接收無數的訊息，其中不乏垃圾訊息，在這樣的情況下，我們要如何專注做自己的事情變得至關重要。

中國新東方教育的創始人俞敏洪曾發表一段看法，他表示現在的社會有著一奇怪現象，在早年資訊不發達的情況下，反而出現許多知識豐富的學者，他們知識的吸收量巨大，比如亞里斯多德、柏拉圖、達文西、莎士比亞……等，這些人不僅知識結構豐富，思考也很深，那他們是如何達到這樣的境界呢？

俞敏洪認為是因為他們身處於一個資訊量少而精的時代，所以汲取到的任何知識、資訊，都會加以內化，深度研究。這就好比早年人們要學習英文時，能獲取英文的來源局限於教會的傳教士，所以欲學習者唯一能獲得的教材即為聖經。

　　而現今學習英文的方法百百種，透過聖經學英文早已非最好的方式，但仍是可以考慮的，因為閱讀聖經不僅可以學習英文，還能透過其內容更了解西方文化的發展。那為什麼俞敏洪會這麼說呢？

　　這是因為西方文化的基礎主要來自於聖經和古希臘、羅馬的神話故事。若能將聖經內容背得滾瓜爛熟，相當於將整個西方文化的歷史研究透徹，這對你學習其他事物有一定的助益，所以如果能專注地學習某事物，並將它專研透徹，對人的一輩子將有著巨大的幫助。

　　俞敏洪也提出四點有效提升專注力的方法，與讀者分享如下。

1 發揚自律精神

　　相信讀者已明白專注力的重要性，所以每天應分配一些時間專注於某件事情上。比如每天用幾小時的時間來閱讀書籍，汲取新的資訊，做到完全領會，將這些資訊加以內化、吸收。

2 堅持深入閱讀和研究

　　深入研究某一學科或某本有價值的書時，深刻的體會和淺薄的閱讀是完全不一樣的。深入研究會讓你不斷發現新的東西和含義，使你激發出新的思想和眼光，並學到很好的閱讀和研究方法，在某領域中深入。

　　一個總膚淺閱讀的人，其實不太容易擁有深刻的思想和氣質，但一個深度閱讀的人，最後則會帶有大氣的感覺，進而影響到自身的氣場。

3 嚴格管理時間

現代人經常將時間分散掉，對時間沒有正常的規劃，隨心所欲地進行安排，其實這樣是不妥的，容易被其他事情所牽絆。最好每天空出一、二個小時專注於某件事，無論是專心讀一本書，還是運動，你都要能深入才行，探索到你不瞭解的東西，時間管理同專注力，是成功者必備的要素之一。

4 敢於對別人說不

我們一般人都會想說以隨和的態度與他人相處，當別人向你尋求幫助時，你不大會拒絕別人。可能某活動並不在你的周末計畫中，但收到別人的盛情邀請，你就去了；可能你今天預計讀完一本書，但朋友邀請你到他家作客，你也答應赴約，長久以往，你很容易失去對自己的掌控。

你可能會對第四點有著些許異議，認為社交邀約涵蓋的層面較廣，無法隨意拒絕，若拒絕對方的邀請，可能會被認為你不合群甚至不好相處。但俞敏洪所指的「不」，就筆者認為，應不是指不得參加任何活動，而是在還沒完成既定計畫前，要懂得視情況的輕重緩急，婉拒對方的邀請，相信他能夠理解，不會得罪到他人。

好比被邀請去打牌時，你可以跟他說剛好有安排別的事情了，下次再去。但如果你不懂得拒絕，那你的時間便會因為自身缺乏拒絕的能力而被浪費，時間變得零碎外，更失去自律精神。

而一名缺乏自律精神和自我控制能力的人，很難取得人生事業上的成功，所以專注力的培養是極其重要的，筆者衷心希望讀者們都能在專注力

上多下點功夫。

一次只做一件事

手裡做著這件事，心裡又想著另一件事，很容易降低專注力。況且當你不斷分心，想著其他未完成的事時，容易慌張且萌生壓力，注意力無法集中。

建議上班族做好時間規劃，工作前先列好當天要做的事，然後逐件完成，辦事效率會明顯提高。但在切割時間時，要記得在每件事之間預留空檔，才不會因其他事臨時插進來，而覺得慌張或無助。

當然也不要一邊工作，一邊吃便當，很多上班族經常為了節省時間，一邊工作、一邊吃午餐。表面上很有效率，可同時做兩件事，事實上兩件事都沒有做好。

資訊與知識有何不同？資訊是沒有理解就照單全收的訊息，經過思考後，資訊才會變成知識；思考需要專注力，邊吃東西邊工作，容易分散注意力。而且吃東西時，會導致血糖升高、胰島素分泌，反而更不能集中精神。

轉移注意力

隨著工作時間拉長，專注力自然跟著降低。一旦如此，不妨先停下手邊工作，專心去「分心」，也就是暫時轉移注意力，當你整理好思緒再工作，可以協助你找回專注力。

此外，吃一點有咀嚼感的食物，也能協助警醒大腦，提醒大腦要保持活動力。

▶ 在無法專心時，給自己倒杯水。

▶ 在心煩意亂、無法集中精力時，閉目養神休息片刻。

▶ 若在工作中感到疲累，就離開你的座位，活動活動筋骨，適時放鬆一下。

▶ 工作時集中精力，不要邊聊天邊工作。

✦ 保持單純的工作環境

擺滿雜物的工作環境容易導致分心，如果辦公桌不夠大，至少要保持眼前的工作範圍無雜物、資料檔案、辦公室小物，儘量擺在視線無法觸及處。

此外，要先收起享樂物件，例如電玩、手機，電腦只開你工作需要的視窗，線上遊戲、網路購物等都容易導致分心。

有些上班族會把生活與工作混為一談，如一邊工作，一邊訂旅遊機票，或想著要去哪家銀行繳卡費、哪家銀行繳電話費等生活雜事。建議把這些事寫下來擱在一旁，先專心工作，等中午休息時間再處理。

想想看 ?

　　世界上許多有成就者都是資質平平的人，他們之所以成功，就是因為能專注於某一領域的某一事業，且長期耕耘不輟。所以，努力培養自己的專注力吧！擁有專注力的你，全神貫注，專心致志，你就會攻無不克，戰無不勝，氣場也必會直線上升、魅力無窮。

善觀察、明辨慎思，保持氣場不破

正常人從外界接觸到的資訊中，有 80％以上是從視覺和聽覺的管道傳入大腦，人類獲得的知識絕大多數都要透過聽覺和視覺來吸收。

人們常用「聰明」二字來概括人的智力，聰明就是耳聰目明的意思，顧名思義，聰明首先應當包括觀察力。可見，觀察力是人類智力結構的重要組成部分，是一切科學發明和藝術創造的前提，人們如何有效地使用自己的眼睛和耳朵，更是人們認識世界、提高智力的前提。

觀是看，察是想，去辨別、觀察問題，我們不僅要知道事情的始末，還必須知道為什麼有此發展，學會用自己知道的常識去辨別問題。

德國的謝林認為光、電、磁、化學力之間是相互聯繫的，這種觀點對他在丹麥的摯友奧斯特產生了很大的影響。奧斯特從十九世紀初就開始思考和探索這個問題，但在十多年時間裡，都沒有得到答案。

直到 1819 年冬天，一次在哥本哈根大學高年級學生講課後的實驗中，他無意中把一根導線同指南針的磁針平行放著，當導線通過強電流時，他意外發現磁針發生了偏轉，幾乎轉了 90°；當電流反向通過時，磁針也反向偏轉，仍然與電線成 90°。這使他注意到，磁針與電流之間存在著關係：電流能產生磁力。這一發現立即得到科學家們的重視，激發出大量的實驗和發現，法拉第也因此發現電磁感應現象。

人的觀察力和分辨能力並非與生俱來，而是在學習中培養，在實踐中

鍛鍊起來的，為了有效進行觀察、分辨，鍛鍊觀察力和分辨能力來掌握良好的方法是必要的。

培養觀察力的方法

觀察能力是有目的、主動地去考察事物，並善於全面地發現各種事物的典型特徵的知覺能力。所以，培養觀察能力還要講究方法

1 確立觀察目的

對一件事物進行觀察時，要明確觀察什麼，怎樣觀察，達到什麼目的，做到有的放矢，才能把注意力集中到要觀察事物的主要方面，以抓住其本質特徵。目的性是觀察力最顯著的特點，具備目的性才會對自己的發現提出要求，獲得一定深度和廣度的鍛鍊；反之東張西望，左顧右盼，對事物熟視無睹，你的觀察力就收不到成效。

例如，你想要開一家店，需要從別的商店獲得一些商品陳列的經驗和靈感，此時，你的觀察一定帶著目的性，只有帶著目的性的觀察才是有效的觀察，才能發現你想要的、或對你有幫助的細微訊息。

2 制訂觀察計畫

觀察前，對觀察的內容做出安排，制訂周密的計畫。如果在觀察時毫無計畫，漫無條理，就不會有什麼收穫。因此，我們進行觀察前就要規劃好，先觀察什麼，後觀察什麼，按部就班，系統性地進行。觀察的計畫，

可以寫成書面，也可以記在腦子裡。

3 培養濃厚的觀察興趣

由於每個人觀察的敏銳度都不同，在同一件事物的觀察上會出現不同的興趣，注意到不同事物或同一事物的不同特點，因此，培養濃厚的觀察興趣是培養觀察能力的重要前提條件。為了鍛鍊觀察能力，必須培養每個人廣泛的興趣，才能促使人們津津有味地進行多樣觀察。且還要我們自己有興趣。有了興趣，就會全神貫注地對某一領域進行深入的觀察。

有的人喜歡觀察星空，特別是對銀河、火星、月亮等觀察興趣很濃，能長期堅持並寫出觀察日記，這樣就可以增長知識，打開思路。有的人對植物很有興趣，注意觀察植物的生長過程，從播種、發芽到發育、成熟，並做了大量觀察日記，這樣不僅培養了觀察興趣和持久的觀察力，也提升他們對事物發展整個過程的表達能力。

4 觀察現象，探尋本質

觀察力是思維的觸角，要培養觀察力，就要善於把觀察的任務具體化，善於引導他們從現象乃至隱蔽的細節中，探索事物的本質。

5 培養良好的觀察方法

大多數人缺乏生活經驗和獨立、系統的觀察能力，在觀察事物時，往往抓不住事物的本質，或者看得粗心、籠統，甚至觀察順序雜亂無章。

☑ 提綱挈領

- ◉ 觀察一個事物要集中你的注意力。
- ◉ 不要只看表象，還要進一步深究事物的本質。
- ◉ 興趣是最好的老師，一定要有意識、刻意地培養自己的興趣愛好。

⭐ 培養觀察力應注意哪些問題

無論做什麼事，只要能堅持下去，就會取得成功。習慣成自然，觀察力貴在培養，更重要的是能養成長期觀察的良好習慣。那觀察應注意些什麼呢？

1 忌片面觀察

有的人觀察事物，只注意它的正面，不注意它的反面；只觀察表面，不觀察內部；只注意現在，不注意過去；只單方面地注意事物，忽視其他方面。由於這種觀察是片面的，所以他們看到的往往是假象，導致得出錯誤的結論。

中國古代兵書上有「疑兵計」和「兵不厭詐」的謀略，就是故意利用一些手段混淆敵人的視聽，破壞他們的觀察能力，引導他們做出錯誤的判斷。

例如《三國演義》中「張飛獨斷當陽橋」的故事。曹操看見張飛雄赳赳，橫槍立馬在橋頭之上，又看見張飛身後的樹林背後塵埃蔽日，似乎埋伏著大隊人馬。這時他想起關羽曾經告訴他的話：「吾弟張翼德於萬馬軍中取上將首級如探囊取物耳。」突然張飛連吼三聲，聲如巨雷，勢如猛

虎，曹操立即轉身逃走，退兵三十里。而曹操犯的就是片面觀察的錯誤。

② 忌漫無目的

許多人在觀察事物時，東張西望，漫無目標，他們觀察過的事物如過眼雲煙，腦子裡沒有留下絲毫印象，心中因而總沒有觀點。

③ 忌無重點

有人雖然在觀察事物，卻不帶目的性，一股腦兒地觀察，把所有現象都收下，囫圇吞棗，結果抓不住重點，不僅浪費時間，觀察結果也不理想。

④ 忌走馬看花

有人觀察事物，不深入、不細緻，只是粗略地瀏覽，這樣既得不到具體印象，又遺漏許多細節，使觀察結果一般化。

⑤ 忌不用心思

有人在觀察中，不用心去分析、去比較，也不思考事物的來龍去脈，因而得不到令人信服的結論。年輕人最容易在觀察中出現這樣的錯誤，因為他們興趣廣泛，性情活潑，往往憑藉一時的好奇心，不做更深入的探求。

⑥ 忌半途而廢

有人在觀察中，一遇到複雜和難於解決的問題時，便停止觀察，結果常常功虧一簣。

▶ 觀察要有所目的，不能走馬看花。

▶ 觀察要有主次之分，有始有終。

▶ 觀察需全心全意地投入其中。

✦ 培養觀察力的方法

凡具有良好觀察力的人都是平時處處留心，認真觀察的結果。俗話說：「處處留心皆學問，勤察深思出真知。」

① 行視：邊走邊看

以正常步速在你的房間、教室、辦公室，或繞著房間走一圈，盡可能留意多的物體。接著回想，把你剛才所看到的盡可能地詳細說出來、寫出來，然後對照補充。

在日常生活中，眼睛像閃電一樣快速掃過，利用一眨眼的功夫，即0.1 至 0.4 秒看眼前的物品，然後回想其種類和位置，以此訓練觀察力。好比，看馬路上疾駛的汽車牌號，然後回想其字母、號碼；看一張陌生的面孔，然後回想其特徵；看看路邊的樹、建築物，然後回想其棵數、層數；看廣告招牌，然後回想其畫面和文字。

所謂「心明眼亮」，這樣不僅可以有效強化視覺的靈敏度，還可以增加視覺和大腦瞬間的注意力。

② 統視：盡收眼底

睜大你的眼睛，但不要過分張大，讓你覺得不適。注意力完全集中，注視正前方，觀察你視野中所有物體，但眼珠不可以有一點轉動。持續十秒鐘後，回想所看到的東西，憑藉你的記憶，將能想起來的物體的名字寫下來，不要憑藉你已有的資訊和猜測來做記錄。連續操作十天，每天變換觀察的位置和視野，在第十天看看你的進步。

培養觀察力應從身邊的事物、所處的環境、人的特點著手：公司的擺設有些微變化、你的同事今天穿了一件新衣服、今天路上的車輛比以往少了一點（從此你可以去推斷為什麼少，發生了什麼事）、在餐廳吃飯時發現同事是個左撇子、你周圍的人的表情，穿著……等等。

想想看？

良好的觀察力能讓你快速發現別人不容易發現的問題，輕易分辨清楚令人頭昏腦脹的複雜問題，進而使你比別人更快、更好地解決問題，贏得別人的信賴和關注，擴大自己的氣場。如果你的氣場虛弱，就去培養你的觀察力吧！懷著一顆觀察的心並付諸實踐，長此以往，便可以訓練出潛意識的觀察能力和辨別能力。

你最擅長的是什麼

如果有一天你乘著船去尋寶，請發揮你的想像力，回答以下問題。最後再將分數加起來，測試一下你最擅長的是什麼。

01 你搭乘的船是哪一種？
A. 海盜船。
B. 小船。
C. 木筏。

02 有多少人和你一起去？
A. 幾十個人。
B. 幾個人。
C. 自己一個人。

03 如果可以帶一隻動物，你要帶哪一種？
A. 狗。
B. 貓。
C. 小鳥。

04 你認為什麼東西可以守護你？
A. 從母親那邊拿到的娃娃。
B. 從父親那邊拿到的寶劍。
C. 在海邊撿到的小石子。

05 船會往什麼方向出發呢？
A. 東。
B. 西。
C. 南。
D. 北。

06 你想要的東西是什麼？

A. 黑暗洞窟中的寶藏。

B. 沉在海底的寶藏。

C. 廢棄古老神殿中的寶藏。

07 當你朝大海前進時，海平線的那邊出現了一個巨大的黑影，你認為那是什麼？

A. 別的船經過。

B. 一大片烏雲。

C. 大恐龍出現了。

08 在航海途中，有一樣東西遺失了，是什麼東西？

A. 水。

B. 食物。

C. 火。

D. 指南針。

09 經過長久的航行，終於抵達藏寶地點，這時有一位惡魔出現，並在你身邊說了一句話，你覺得他說了什麼？

A. 根本就沒有寶藏，你被騙了。

B. 寶藏早就被拿走了。

C. 你不可能找到寶藏。

10 終於找到了寶藏了！當你打開箱子的那一剎那，你看到了什麼？

A. 金銀珠寶。

B. 可以看見未來的鏡子。

C. 可以將你所帶的動物變回人類的解藥。

將下列計分表中你選擇的選項對應的數字相加，即得出你的答案。

題號	1	2	3	4	5	6	7	8	9	10
A	1	1	1	2	1	1	1	2	1	2
B	2	2	3	1	3	2	2	4	3	3
C	3	3	2	3	2	3	3	3	2	1
D					4			1		

▶ 10 到 14 分的人→ A 型

▶ 15 到 19 分的人→ B 型

▶ 20 到 27 分的人→ C 型

▶ 28 到 32 分的人→ D 型

▶ 32 分以上的人→ E 型

A 型人

　　你的行動力和適應能力都超強，無論是在多麼大的逆境之中，都能過關斬將，開創出一番新天地。擁有如此力量的你，最適合做一些擧動身體方面的工作，比如運動選手、記者、外務員、業務員等。

B 型人

　　你非常喜歡和人交往，最擅長的就是觀察人心，不論是當一個聽眾還是說話的人，你對於處理複雜的人際關係都非常拿手。運用這樣的才能，你非常適合做接待客人的工作，比如店員、旅館的工作人員、櫃檯接待、自己開咖啡廳

當老闆等。

C 型人

你擁有非常敏銳的判斷力和一雙觀察入微的眼睛。知性就是你的武器，你非常冷靜且非常細心，再困難的問題都能迎刃而解！所以你應該去找一份能好好運用你聰明頭腦的工作。例如：老師、秘書、和電腦有關的工作、廣告公司、研究方面的工作，或是自己動筆寫書，都非常適合你。

D 型人

你對於美感、時尚非常敏銳，簡單地說，你是一個很感性的人。你非常喜歡運用自己的創造力去做出與眾不同的東西。不管是繪畫、裁縫設計或是樂器等等，你都得心應手。

如果要找工作，當然也是找可以激發你創作欲的工作！例如：雕塑家、珠寶設計、插畫家、室內設計師，都能將你的才能完全發揮出來！

E 型的人

你天生就具有一股不可思議的魅力，而且全身散發出神秘的氣息。你對於隱藏真正的自己非常拿手，有當藝人的天分，在大眾面前表演的工作最適合你，例如：模特兒、演員等，還有占卜師或算命，都可以嘗試看看！

全球華語魔法講盟

Magic

台灣最大、最專業的開放式培訓機構

兩 岸 知 識 服 務 領 航 家
開啟知識變現的斜槓志業

別人有方法，我們更有魔法
別人進駐大樓，我們禮聘大師
別人談如果，我們只談結果
別人只會累積，我們創造奇蹟

魔法講盟賦予您 **5** 大超強利基！

助您將知識變現，生命就此翻轉！

魔法講盟 致力於提供知識服務，所有課程均講求「結果」，助您知識變現，將夢想實現！已成功開設千餘堂課，常態性地規劃數百種課程，為目前台灣最大的培訓機構，在「能力」、「激勵」、「人脈」三個層面均有長期的培訓規劃，絕對高效！

loning

↓

coming

① 輔導弟子與學員們與大咖對接，斜槓創業以 MSI 被動收入財務自由，打造自動賺錢機器。
② 培育弟子與學員們成為國際級講師，在大、中、小型舞台上公眾演說，實現理想或銷講。
③ 協助弟子與學員們成為兩岸的暢銷書作家，用自己的書建構專業形象與權威地位。
④ 助您找到人生新方向，建構屬於您自己的 π 型智慧人生，「真永是真」是也。
⑤ 台灣最強區塊鏈培訓體系：國際級證照 ＋ 賦能應用 ＋ 創新商業模式。

魔法講盟 專業賦能，是您成功人生的最佳跳板！

只要做對決定，您的人生從此不一樣！

密室逃脫創業育成

Innovation & Startup SEMINAR

體驗創業 ➔ 見習成功 ➔ 創想未來

創業的過程中會有很多很多的問題圍繞著你，團隊是一個問題、資金是一個問題、應該做什麼項目又是一個問題……，事業的失敗往往不是一個主因造成，而是一連串錯誤和N重困境累加所致，猶如一間密室，要逃脫密室就必須不斷地發現問題、解決問題。

創業導師傳承智慧，拓展創業的視野與深度

由神人級的創業導師——王晴天博士親自主持，以一個月一個主題的博士級 Seminar 研討會形式，透過問題研討與策略練習，帶領學員找出「真正的問題」並解決它，學到公司營運的實戰經驗。

創業智能養成 ✕ 落地實戰技術育成

有三十多年創業實戰經驗的王博士將從
——價值訴求、目標客群、生態利基、行銷
& 通路、盈利模式、團隊 & 管理、資本運營、
合縱連橫，這八個面向來解析，再加上最夯
的「阿米巴」、「反脆弱」……等諸多低風
險創業原則，結合歐美日中東盟……等最新
的創業趨勢，全方位、無死角地總結、設計
出 15 個創業致命關卡密室逃脫術，帶領創業
者們挑戰這 15 道主題任務枷鎖，由專業教練
手把手帶你解開謎題，突破創業困境。

保證大幅提升您創業成功的機率增大數十倍以上！

公眾演說　A⁺ to A⁺⁺
國際級講師培訓

面對瞬息萬變的未來，你的競爭力在哪裡？

學會演說，讓您的影響力與收入翻倍！

公眾演說四日完整班

好的演說有公式可以套用，就算你是素人，也能站在群眾面前自信滿滿地開口說話。公眾演說讓你有效提升業績，讓個人、公司、品牌和產品快速打開知名度！公眾演說不只是說話，它更是溝通、宣傳、教學和說服。你想知道的——收人、收魂、收錢的演說秘技，盡在公眾演說課程完整呈現！

兩岸 PK
保證 有舞台
國際級 講師

國際級講師培訓

教您怎麼開口講，更教您如何上台不怯場，保證上台演說 學會銷講絕學，讓您在短時間抓住演說的成交搬步，透過完整的講師訓練系統培養授課管理能力，系統化課程與實務演練，協助您一步步成為世界級一流講師，讓你完全脫胎換骨成為一名超級演說家，並可成為亞洲或全球八大名師大會的講師，晉級 A 咖中的 A 咖！

魔法講盟 助您鍛鍊出自在表達的「演說力」，

從現在開始，替人生創造更多的斜槓，擁有不一樣的精采！

為您塑造價值・讓您傳遞價值・幫您實現價值！

魔法講盟

台灣最大、最專業的 開放式培訓機構

別人有大樓，我們有大師！
別人有方法，我們更有魔法！
別人只談如果，我們保證有結果！
我們為您提供知識服務，幫助您將您的知識變現！

魔法講盟 開設保證有結果的專業級課程，能幫助每個人創造價值、財富倍增，
得到財務自由、時間自由與心靈富足，是您成功人生的最佳跳板！

Business & You　　區塊鏈　　WWDB642　　密室逃脫　　創業／阿米巴經營

公眾演說　　講師培訓　　出書出版　　自動賺錢機器　　網路／社群營銷

真 永是真讀書會　　大咖聚　　八大名師　　MSIR　　春翫・秋研　　無敵談判

唯有第一名與第一名合作，才可以發生更大的影響力，
如果您擁有世界第一・華人第一・亞洲第一・台灣第一的課程，
歡迎您與行銷第一的我們合作。

合作專線 02-8245-8318　　合作信箱 service@book4u.com.tw

國家圖書館出版品預行編目資料

氣場：吸引力倍增的關鍵五力 / 王晴天著. -- 初版.
-- 新北市：創見文化出版, 采舍國際有限公司發行
2021.06 面；公分. -- (成功良品；114)

ISBN 978-986-271-901-5(平裝)

1.自我實現 2.生活指導 3.成功法

177.2   110003810

氣場

吸引力倍增的關鍵五力

The Power of Charisma

成功良品114

氣場

本書採減碳印製流程
並使用優質中性紙
（Acid & Alkali Free）
最符環保需求。

出版者／創見文化
作者／王晴天
總編輯／歐綾纖
文字編輯／牛菁　　　　　　　　美術設計／Mary

台灣出版中心／新北市中和區中山路2段366巷10號10樓
電話／（02）2248-7896
傳真／（02）2248-7758
ISBN／978-986-271-901-5
出版年度／2021年6月

全球華文市場總代理／采舍國際
地址／新北市中和區中山路2段366巷10號3樓
電話／（02）8245-8786
傳真／（02）8245-8718

全系列書系特約展示
新絲路網路書店
地址／新北市中和區中山路2段366巷10號10樓
電話／（02）8245-9896
網址／www.silkbook.com

本書於兩岸之行銷（營銷）活動悉由采舍國際公司圖書行銷部規畫執行。

線上總代理 ■ 全球華文聯合出版平台 www.book4u.com.tw
主題討論區 ■ http://www.silkbook.com/bookclub　　　◎ 新絲路讀書會
紙本書平台 ■ http://www.book4u.com.tw　　　　　　◎ 華文網網路書店
電子書下載 ■ http://www.silkbook.com　　　　　　　◎ 電子書中心

Ｂ 華文自資出版平台　　全球最大的華文自費出版集團
www.book4u.com.tw
elsa@mail.book4u.com.tw　　專業客製化自資出版‧發行通路全國最強！
iris@mail.book4u.com.tw

COUPON優惠券免費大方送！

全球最大的
自資出版平台
www.book4u.com.tw/mybook

出書5大保證

創意寫作 1

寫作培訓：創作真簡單！
我們備有專業培訓課程，讓您從基礎開始學習創作，晉身斐然成章的作家之列。

2 專業諮詢

意見提供：專業好建議！
無論是寫作計畫、出版企畫等各種疑難雜症，我們都提供專業諮詢，幫您排解出書的各環節問題。

規劃編排 3

編輯修潤：編排不苦惱！
本平台將配合您的需求，為書籍作最專業的規劃、最完善的編輯，讓您可專注創作。

4 印刷出版

成書出版：內外皆吸睛！
從交稿至出版，每個環節均精心安排、嚴格把關，讓您的書籍徹底抓住讀者目光。

通路行銷 5

品牌效益：曝光增收益！
我們擁有最具魅力的品牌、最多元的通路管道，最強大的行銷手法，讓您輕鬆坐擁收益。

打造優質書籍，
為您達成夢想！

香港 吳主編 mybook@mail.book4u.com.tw
北京 王總監 jack@mail.book4u.com.tw
學參 陳社長 sharon@mail.book4u.com.tw
台北 歐總編 elsa@mail.book4u.com.tw

COUPON 優惠券免費大方送！

COUPON優惠券免費大方送！

COUPON 優惠券免費大方送！

打造屬於你的印鈔機
多元收入培訓營

教你建構 MSIR
自動化賺錢系統，
保證賺大錢，
解鎖創富之秘！

免費入場

主講人 »
王晴天、
吳宥忠、
Jacky Wang
……等大師

台北矽谷國際會議中心（新北市新店區
北新路三段 223 號）大坪林站）

2021/**8/28**（六）13:00～21:00
2021/**8/29**（日）09:00～18:00

更多詳細資訊請上 *silkbook○com* www.silkbook.com 查詢

憑本券即可
免費入場

出書出版
實 務 班
超強陣容

王晴天
何牧蓉
吳宥忠
Jacky Wang

素人崛起從出書開始！
讓您借書揚名，建立個人品牌，
晉升專業人士，帶來源源不絕的財富。

2021 **8/14**（六）
13:00～21:00

地點：台北矽谷國際會議中心
（新北市新店區北新路三段 223 號）大坪林站）

更多詳細資訊請洽（02）8245-8318 或上官網 *silkbook○com* www.silkbook.com 查詢

打造自動賺錢機器

迎接新零售與社群電商新時代，
讓你以最輕鬆的自動賺錢系統，
產生倍數型成果，創造可觀收入！

台北矽谷國際會議中心（新北市新店
區北新路三段 223 號）大坪林站）

2021/**10/16**（六）13:00～21:00
2021/**10/17**（日）09:00～18:00

憑本票券 **免費入場**

主講人 ▶
王晴天、陳威樺
Jacky Wang
Terry Fu

更多詳細資訊請洽（02）8245-8318 或上
silkbook○com www.silkbook.com 查詢

公眾演說
速成精華班

2021 **9/4**
13:00～21:00 六

實務演練｜銷講絕學｜知識變現
讓您故事力・溝通力・思考力一次兼備！

主講人 ▼
王晴天・吳宥忠・何牧蓉
Jacky Wang

原價 $69,800 元　憑本票券即可 **免費入場**

地點：新店台北矽谷（新北市新店區北新路三段 223 號）大坪林站）
更多詳細資訊請洽（02）8245-8318 或上 *silkbook○com* www.silkbook.com 查詢

國際級 講師培訓

2021
12/11
9:00～18:00 六

保證上台 ✕ 銷講絕學 ✕ 知識變現

讓你的影響力與收入翻倍！
替人生創造更多的斜槓，擁有不一樣的精采！

超強陣容 ▶ 王晴天、何牧蓉
吳宥忠・Jacky Wang

原價 $69,800
憑本券酌收場地費
$100
即可入場

地點：采舍魔法教室
（新北市中和區中山路 2 段 366 巷 10 號 3 樓）捷運中和站 or 橋和站之間）
更多詳細資訊請上 *silkbook○com* www.silkbook.com

行銷戰鬥營

憑本券 **免費入場**

市場 *ING* 的秘密 ✕ 絕對完銷系統

2021
11/13 六
13:00～21:00
11/14 日
9:00～18:00

重量級講師
王晴天、吳宥忠
Jacky Wang
……等大師

地點：台北矽谷國際會議中心
（新北市新店區北新路三段 223 號）大坪林站）
更多詳細資訊請洽（02）8245-8318 或上官網 *silkbook○com* www.silkbook.com 查詢